Dedicatória

Agradeço a Deus por seu imensurável amor e por permanecer ao nosso lado, derramando sabedoria, coragem e fé;

a Jesus pela instrução, pelo sagrado e eterno amor que nos direciona à luz do cristianismo;

aos benfeitores espirituais, pelo auxílio carinhoso, pois sem eles não poderia sequer segurar uma simples caneta ou continuar sentindo o maravilhoso perfume da vida;

aos amigos do chão, pela paciência nas horas de alegrias ou tristezas;

às equipes de trabalho (do plano físico e espiritual) que estiveram envolvidas na elaboração deste livro;

a toda humanidade, pela oportunidade de poder participar dela.

Com carinho e gratidão,
Gilvanize Balbino

Gilvanize Balbino

Natural de São Paulo, onde reside e atua profissionalmente como administradora de sistemas de informação, área na qual se especializou. Descobriu-se médium ainda na pré-adolescência e destina grande parte do seu tempo à divulgação do espiritismo, sua crença de fé.

É presidente do Núcleo Espírita Lar de Henrique, fundado por ela no ano de 1993, onde participa de trabalhos voltados para a assistência espiritual e social.

Palestrante e estudiosa das obras básicas de Allan Kardec, psicografou, entre outros livros, *Os anjos de Jade*, *Um amanhecer para recomeçar*, *Horizonte das cotovias*, *Salmos de redenção*, *Lanternas do tempo*, *Lágrimas do sol*, *Cetros partidos*, *Verdades que o tempo não apaga*, *Só para você... Construir um novo caminho* e *Superação*, nos quais se destaca a mensagem de renovação da alma pela prática do amor e da caridade.

Quem é Ferdinando e Bernard?

Ferdinando é o nome utilizado pelo espírito que se apresentou em 1979, assumindo a responsabilidade espiritual pelo trabalho mediúnico da médium. Sua missão junto à médium é relembrar e divulgar a genuína mensagem do Cristo, propositadamente esquecida nesses dois mil anos que nos separam de sua estada em nosso planeta.

Bernard faz parte da equipe de Ferdinando. Colabora ativamente com essa missão cristã, apoiando seu conhecimento como historiador, no resgate de fatos históricos sobre o cristianismo.

Coordenadora editorial: Tânia Lins
Assistente editorial: Mayara Silvestre Richard
Coordenação de comunicação: Marcio Lipari
Capa e Projeto gráfico: Jaqueline Kir
Diagramação: Rafael Rojas
Preparação e revisão: Vera Rossi

1ª edição — 1ª impressão
5.000 exemplares — junho 2015
Tiragem total: 5.000 exemplares

Dados Internacionais de Catalogação na Publicação (CIP)
(Câmara Brasileira do Livro, SP, Brasil)

S598

O símbolo da vida / [pelos espíritos] Ferdinando e Bernard ; psicografado por Gilvanize Balbino Pereira. - 1. ed. - São Paulo : Vida & Consciência, 2015.
408 p.

ISBN 978-85-7722-430-2

1. Espiritismo 2. Romance brasileiro I. Pereira, Gilvanize Balbino.

15-20334 CDD: 133.9
CDU: 133.9

Índices para catálogo sistemático:
1. Romance espírita : Espiritismo 133.9

Este livro adota as regras do novo acordo ortográfico (2009).

Editora e Gráfica Vida & Consciência
Rua Agostinho Gomes, 2.312 — São Paulo — SP — Brasil
CEP 04206-001
editora@vidaeconsciencia.com.br
grafica@vidaeconsciencia.com.br
www.vidaeconsciencia.com.br

O
símbolo
da vida

Sumário

Não tema recomeçar. Lembre-se
dos apóstolos eternos que fizeram
do mundo sua casa.

Breve relato

Leitor amigo, com grande alegria nos aproximamos de seu coração, neste conjunto verídico de fatos e emoções.

Após nosso silêncio de algum tempo, mais uma vez estamos de volta, envolvidos por esta missão cristã, com o especial desafio de narrar esta história que resgata as raízes do cristianismo no Egito.

Amparado pela sublime essência do amor de Jesus Cristo e de amigos dos quais jamais poderei prescindir — especialmente de Bernard, com quem atravessei muitas estradas que nos transformaram em irmãos em Cristo — rogo ao Senhor que os ilumine, porque com eles divido todos os méritos desta obra e, sem eles, por certo, seria muito difícil chegar ao fim destas páginas.

Como sempre, reitero nossos propósitos; não temos o intuito de ditar um compêndio de normas de conduta ou de desrespeitarmos os nobres historiadores, responsáveis por manter acesos os fatos ocorridos em diversas gerações nas lembranças da história.

Nossa tarefa é buscar nas linhas do cristianismo primitivo o amor incondicional, pilar que formou a doutrina do Cristo e que levou civilizações a modificarem suas leis para compreenderem a sabedoria de Deus manifestada nos feitos de um homem que, de fato, foi o marco eterno de transformação do planeta Terra, o Nazareno.

Visando respeitar as individualidades e lugares que compõem estas páginas, as personagens e as regiões aqui apresentadas foram preservadas.

Leitor amigo, aqui você encontrará alguns corações eternos que, ao longo de um tempo, mantêm-se unidos sob a força do ideário cristão vinculados por um indescritível e soberano amor.

O apóstolo Marcos foi um dos exemplos vivos de fé, pois, apesar de não ter conhecido Jesus, conseguiu registrar a passagem do Mestre por meio dos relatos de Pedro, que o considerava um filho amado, incluindo os escritos de Estevão, quando esteve ao lado desse apóstolo, registrando carinhosamente as palavras do ex-pescador da Palestina.

Buscamos registrar aqui os textos de Marcos não incluídos no Novo Testamento e conhecidos hoje como apócrifos.

Mesmo adequando-os à atualidade, não perderam sua autenticidade e representam os ensinamentos de Pedro reportados ao grande apóstolo.

Registramos também os aspectos marcantes sobre o processo mediúnico tão evidente entre os apóstolos de Jesus, assim como em Maria de Magdala, os quais, ao longo da história, até a atualidade, foram omitidos ou interpretados como milagres.

Respondendo às questões a mim encaminhadas quanto à ligação com o livro *Salmos de redenção*, ressalto que esta história ocorreu em paralelo às páginas de *Salmos de redenção* e os fatos aqui relatados pelo apóstolo Marcos sela a união de fé com o "apóstolo do coração" Bartolomeu[1], na missão de disseminar o Evangelho após a passagem de Jesus Cristo.

Não me prolongarei mais neste prelúdio e, com o coração cheio de gratidão, sem pretensões, ofereço ao caro leitor estas páginas, para que possa encontrar mais um registro da misericórdia do Senhor, que sempre ampara, compreende e auxilia aqueles que buscam a libertação de suas mentes pelo cristianismo libertador.

Ferdinando
São Paulo, 12 de agosto de 2013.

---

1 (Nota da Médium) A história desse apóstolo foi relatada nas páginas do livro *Salmos de redenção*. Ressaltamos aqui a importância de Nathanael "Bar-Tolmai filho (Bar) de Tolomeu (Tholmal ou Talmai)" que nasceu em Canaã, mais tarde foi conhecido pelo nome de Bartolomeu, apóstolo do nosso Senhor Jesus Cristo citado em João I, 45:51.

Reencontro

Amigos! Com o espírito banhado de alegria e fé, volto ao chão, por meio do instrumento mediúnico, fazendo com que as palavras se convertam em páginas de esperança e de lucidez.

Ao lado do eterno amigo Ferdinando e de outros inumeráveis e grandiosos companheiros de meu mundo, divido este trabalho histórico, buscando resgatar os fatos que compuseram a vida real de muitos corações.

Sob ordens superiores, eu e Ferdinando buscamos evidências históricas para registrar, ao contrário do que muitos acreditam, a força da fé cristã no Egito, conforme os registros do Evangelho de João escrito em língua copta. Com o passar dos anos, devido a muitas perseguições religiosas e a imposições do islamismo, o cristianismo passou a ser conhecido como o "cristianismo copta". Os coptas eram um dos principais grupos etno-religiosos do Egito. O termo era utilizado para todos os egípcios e, com o tempo, passou a ser usado para identificar os cristãos naquele país.

O Evangelho de Marcos prima pela simplicidade e, ao mesmo tempo, por uma maneira clara e sintética, comparando-se aos demais evangelistas, para traduzir

Jesus Cristo. Sem conhecer o Senhor Nosso, conseguiu eternizá-lo brilhantemente, focando em sua obra a paixão e os milagres. Marcos dedicou-se a expressar os ensinamentos do cristianismo primitivo aos cristãos oriundos do paganismo, o que o impedia de ser complexo na linguagem, optando pelo simples, sem perder a profundidade do Cristo.

Em razão das muitas versões dos evangelhos publicados ao longo da história, o Novo Testamento, a versão conhecida atualmente, está resumido a apenas 661 versículos, sendo que os demais textos, como os que serão encontrados neste ensaio, foram retirados e censurados durante a Idade Média.

Enfim, por que associamos essas recordações à "Ankh", a qual traduzimos como "Jesus, O Eterno Símbolo da Vida"?

Reunido no meu mundo com os amigos que ajudaram a compor estas páginas, buscamos nas simbologias egípcias algo que pudesse nos auxiliar a modificar a concepção de morte que a cruz inspira e fazer com que os cristãos vejam nela a continuidade da vida e da esperança, mensagem de amor que Jesus deixou em sua passagem pela Terra.

Após a crucificação de Jesus Cristo, a cruz foi eleita para simbolizar o cristianismo e, com o passar do tempo, acreditava-se que representava a morte. Em nosso conceito, contudo, a cruz representa a vida, pois o Senhor continua vivo em nossos corações e mentes.

Fizemos essa alusão ao "Ankh", "Símbolo Sagrado da Vida"[2], utilizado pelos antigos egípcios na representação

---

2 (N.M.) "ANKH - CRUZ DE ANSATA – A Cruz da Vida (ou Ankh), era símbolo da reencarnação. Representava, como o próprio nome diz, a vida. Conhecido também como símbolo da vida eterna. Os egípcios a usavam para indicar a vida após a morte. A alça oval que compõe o Ankh sugere um cordão entrelaçado com as duas pontas opostas que significam os princípios feminino e masculino,

de poder e vida eterna, transformando-a em "Jesus, o Eterno Símbolo da Vida", que nada mais é do que o cristianismo redentor.

Assim, convido você, leitor, para mergulhar conosco nestas páginas e viajar sobre a história do nosso Eterno Símbolo da Vida, o cristianismo.

Bernard
São Paulo, 12 de agosto de 2013.

---

fundamentais para a criação da vida. Em outras interpretações, representa a união entre as divindades Osíris e Isis, que proporcionava a cheia periódica do Nilo, fundamental para a sobrevivência da civilização. Neste caso, o ciclo previsível e inalterável das águas era atribuído ao conceito de reencarnação, uma das principais características da crença egípcia. A linha vertical que desce exatamente do centro do laço é o ponto de intersecção dos polos e representa o fruto da união entre os opostos. Apesar de sua origem egípcia, ao longo da história o Ankh foi adotado por diversas culturas. Manteve sua popularidade, mesmo após a cristianização do povo egípcio a partir do século III. Os egípcios convertidos ficaram conhecidos como Cristãos Cópticos, e o Ankh (por sua semelhança com a cruz utilizada pelos cristãos) manteve-se como um de seus principais símbolos, chamado de Cruz Cóptica." Texto extraído de "Centenas de curiosidades egípcias - parte 2". Disponível em: <http://www.khanelkhalili.com.br/curiosidades%202.htm>. Acesso em: 8 de abril de 2015 – Ankh como hieróglifo: http://www.ancientscripts.com/egyptian.html e Ankh – origem: http://www.ancientegyptonline.co.uk/ankh.html Acesso em: 9 de abril de 2015.

Com licença, amigos...

Peço licença para incluir esta página em um livro de Ferdinando e Bernard, afinal conheço muito bem minha posição como médium.

Gostaria de agradecer a muitas pessoas deste plano físico e do plano espiritual, mas são tantas que poderia ser injusta e esquecer alguém.

Nesta poesia, encontrei a harmonia das palavras para expressar gratidão a vocês e, se eu pudesse ter a capacidade de saber que morreria agora, diria, valeu a pena, porque, em minha vida, conheci vocês, meus amigos... E, com vocês, faria tudo de novo, talvez com mais inteligência.

Grande abraço.
Gilvanize Balbino

Poesia: "Ser seu amigo" – José Fernandes de Oliveira, também conhecida como "Se eu morrer antes de você, faça-me um favor..."

"Se eu morrer antes de você, faça-me um favor.

Chore o quanto quiser, mas não brigue com Deus por Ele haver me levado.

Se não quiser chorar, não chore.

Se não conseguir chorar, não se preocupe. Se tiver vontade de rir, ria.

Se alguns amigos contarem algum fato a meu respeito, ouça e acrescente sua versão.

Se me elogiarem demais, corrija o exagero.

Se me criticarem demais, defenda-me.

Se me quiserem fazer um santo, só porque morri, mostre que eu tinha um pouco de santo, mas estava longe de ser o santo que me pintam.

Se me quiserem fazer um demônio, mostre que eu talvez tivesse um pouco de demônio, mas que a vida inteira eu tentei ser bom e amigo.

Se falarem mais de mim do que de Jesus Cristo, chame a atenção deles.

Se sentir saudade e quiser falar comigo, fale com Jesus e eu ouvirei. Espero estar com Ele o suficiente para continuar sendo útil a você, lá onde estiver.

E se tiver vontade de escrever alguma coisa sobre mim, diga apenas uma frase 'Foi meu amigo, acreditou em mim e me quis mais perto de Deus!' Aí, então derrame uma lágrima. Eu não estarei presente para enxugá-la, mas não faz mal. Outros amigos farão isso no meu lugar.

E, vendo-me bem substituído, irei cuidar de minha nova tarefa no céu. Mas, de vez em quando, dê uma espiadinha na direção de Deus. Você não me verá, mas eu ficaria muito feliz vendo você olhar para Ele.

E, quando chegar a sua vez de ir para o Pai, aí, sem nenhum véu a separar a gente, vamos viver, em Deus, a amizade que aqui nos preparou para Ele.

Você acredita nessas coisas? Sim ???

Então ore para que nós dois vivamos como quem sabe que vai morrer um dia, e que morramos como quem soube viver direito.

Amizade só faz sentido se traz o céu para mais perto da gente, e se inaugura aqui mesmo o seu começo. Eu não vou estranhar o céu... Sabe por quê? Porque... Ser seu amigo já é um pedaço dele!"

“Degitor sui ipsius nemo esse potest, est quam et fide.”[3]

Ferdinando

“As mudanças que ocorrem na vida são as estradas que conduzem à felicidade, entretanto, sem levar consigo a fé no coração, o que resta é apenas um vazio.”

Bernard

3 (N.M.) “Ninguém pode dever a si mesmo, tampouco a sua fé.”

Capítulo 1

Contexto histórico, vidas e esperança

"Acontece com o Reino de Deus, o mesmo que com o homem que lançou a semente na terra: ele dorme e acorda, de noite e de dia, mas a semente germina e cresce, sem que ele saiba como. A terra por si mesma produz fruto: primeiro a erva, depois a espiga e, por fim, a espiga cheia de grãos. Quando o fruto está no ponto, imediatamente se lhe lança a foice, porque a colheita chegou."

Marcos, 4:26-29

No solo Egípcio, a crença no Deus único disseminada pelo povo judeu que, no passado, viveu naquela região, crescia e se dividia com as diversas religiões locais e suas divindades mitológicas, marcadas pela busca da imortalidade.

O cristianismo chegou àquelas paragens quando o evangelista Marcos evangelizou aquele povo, no primeiro século da era cristã, e onde fundou a primeira igreja, por volta do ano 42 d.C.. Consolidou-se com a contribuição de outros apóstolos, como Bartolomeu, André e Filipe, que também atuaram de forma marcante naquela região e depois seguiram para outras localidades, para cumprirem suas missões.

Os primeiros cristãos do Egito eram principalmente judeus oriundos da cidade de Alexandria[4]. No contexto histórico desta história, ressaltamos a influência do Império Romano, que dominava aquela região.

Após a passagem de Jesus Cristo, seus apóstolos, durante o domínio do Império Romano, foram designados a levar o Evangelho a diversos lugares, com o objetivo de manter vivos os ensinamentos do Mestre na História, ameaçados pela ignorância das civilizações.

Durante o período do imperador Nero, o apóstolo Marcos fundou a igreja e um grande número de egípcios se converteu à fé cristã. Ao longo do tempo, esta fé se espalhou pela região do Egito, disseminando, assim, o cristianismo na terra dos faraós...

---

4 (N.M.) "A Cidade de Alexandria, principal porto do norte do Egito, fica localizada no delta do rio Nilo, numa colina que separa o lago Mariotis do mar Mediterrâneo. Nesta cidade sempre existiram dois portos, dos quais o ocidental é o principal centro comercial, com instalações como a alfândega e inúmeros armazéns. O porto foi construído com um imponente quebra-mar que chegava até a ilha de Faros, onde foi erguido o famoso Farol de Alexandria, conhecido como uma das sete maravilhas do mundo e que simbolizava o status cultural de Alexandria. A cidade foi fundada em 331 a.C., por Alexandre, O Grande, para ser a melhor cidade portuária da Antiguidade. Alexandre construiu uma passarela entre os portos, anexando Faros à ilha principal. Ainda hoje, a passarela existe e é patrimônio antigo da cidade moderna. A cidade se tornou a capital do Egito com os Tolomeos, que construíram muitos palácios, além da Biblioteca de Alexandria. Atingiu o nível de centro científico e literário da época, fato que se prolongou durante os primeiros anos da dominação romana. Desde o ano 2000 que arqueologistas têm encontrado sob as águas, pedaços de prédios oficiais, partes de palácios e do porto da antiga cidade, localizada no meio da curva do porto oriental." Disponível em: <http://www.apolo11.com/volta_ao_mundo.php?id=dat_20041019-212216.inc>. Acesso em: 2 de abril de 2015.

E foi assim que, no ano aproximado de 52 d.C., a caminho de Alexandria, em uma província próxima de Jerusalém, o apóstolo Marcos parou para encontrar Pedro.

Naquela noite, após calorosas saudações, Marcos lhe apresentou as últimas inscrições das recordações do amigo sobre a passagem de Jesus Cristo, quando Pedro interveio:

— Meu amigo, estou feliz por ter registrado minhas memórias. Eu conversava com meu irmão André, e ele dizia que você é o eco de minha voz — suspirando, continuou: — Tudo que vi e vivi ao lado do Mestre lhe passei e, com o dom de suas mãos, agora as próximas gerações conhecerão os feitos de nosso Senhor.

— Serei eternamente grato pela confiança que depositou em mim, pois estão concluídos meus registros e quero sua aprovação.

— Sabe bem que sou um homem simples, e as palavras para mim são muito complexas. Não possuo a habilidade de escrever, mas sim de falar. Tenho consciência de que fez o melhor. Como não aprová-las? Muitas de suas inscrições já foram distribuídas aos convertidos das regiões onde nossos amigos passaram, inclusive chegaram a Bartolomeu, a quem muito estimo — com um breve sorriso, disse: — Seus escritos serviram de apoio como fontes fundamentais para que Mateus e Lucas também registrassem os feitos de Jesus, os Evangelhos. João trabalha fervorosamente para não deixar se perderem os ensinamentos do nosso Mestre, registrando e distribuindo-os entre muitos... Jesus sabiamente identificou entre nós os nossos dons, e, em cada um, confiou seus ensinamentos... Mesmo com as diferenças e fortes personalidades, os apóstolos cumprem a missão deixada pelo Senhor e os ensinamentos do Mestre Jesus se espalham e se sedimentam nos corações de muitos.

— Sempre procurei ser fiel às suas palavras e, sobretudo, à minha fé. Por isso, meu trabalho fluiu com tamanha facilidade, pois me sinto útil à obra do Senhor.

Pedro, após breve pausa, suspirando alterou o rumo da conversação:

— O cenário político nos remete a um período de muita agitação. Não podemos desistir do propósito da divulgação e expansão dos ensinamentos de Jesus. Orientei nossos amigos a se separarem e seguirem para paragens longínquas, mas não podemos ficar invigilantes, pois o momento é de reforçarmos a fé e nos prepararmos para os infortúnios que poderão surgir.

— Passei alguns anos em Roma, contribuindo com a evangelização — disse Marcos. — Mas, após ter pregado o Evangelho no Egito e paragens vizinhas, quero fixar-me em Alexandria, lugar onde consegui conquistar muitos corações.

— Você sempre foi para mim mais que um filho, meu filho dileto, e seu trabalho é digno no meio cristão, suas pregações aproximam os convertidos da perfeição de Jesus. Seu trabalho estendeu-se a muitos. Os anos de dedicação não foram em vão, mas agora temo o amanhã. Os líderes religiosos se sentem incomodados com a expansão de nosso credo, e muitos são os boatos que se unem aos poderes de Roma para se fortificarem contra nós.

— As dificuldades são muitas: ignorância, seitas religiosas que se manifestam contra o Cristo, interesses políticos; mas nada há de nos calar.

— Não é seguro permanecer muito tempo por estas paragens — disse Pedro. — Vivemos momentos de grande tensão e fúria. Além das páginas em que registrou a história do Cristo, Ele vive em seu coração. Lembre-se que não há cristianismo sem sentimento. Distribua os textos por onde passar, sem guardá-los consigo. A luz não pode ser apagada jamais e em suas mãos estão a força e a coragem para prosseguir. Além do mais, as notícias que chegam a mim não são boas, pois nosso amigo Paulo continua preso e a revolta se estabelece em nosso meio. Preocupo-me com o destino, mas não podemos parar agora...

As estrelas bordavam e iluminavam o céu, enquanto aqueles corações amigos permaneciam em trivial conversação sobre os trabalhos e as pregações que ocorreriam no dia seguinte.

Tempo depois, um homem maduro, barba vasta e uma feição furiosa, adentrou o recinto, aproximou-se e, tomado por grande ansiedade, disse:

— Pedro! Não continuarei servindo a Jesus, as obrigações cotidianas me chamam. Minha esposa reclama minha atenção e diz que, depois que me converti, me esqueci das responsabilidades familiares. Além do mais, nada recebi em troca por tanto me dedicar ao Cristo — concluiu: — Cansei de tanto lutar contras as intolerâncias religiosas e temo que elas fiquem mais violentas, podendo levar-me à morte. Tanta dedicação e nada recebi em troca, senão problemas e dúvidas. Minha família continua praticando o judaísmo e decidi voltar a praticá-lo. Por agora, basta de Cristo para mim.

Antes que Pedro pudesse se manifestar, o homem saiu apressadamente com passos duros. Marcos, percebendo a tristeza do amigo, disse:

— Presenciei incontáveis demonstrações de fraqueza como essa. Tive muita sorte de encontrar apoio em Alexandria dos irmãos de Damasco, Ambrosio e

Tercio, que muito tem feito em favor da causa cristã naquelas paragens. Entretanto, muitos convertidos, diante das responsabilidades, desistem por causas muito pequenas.

Pedro, pensativo, intercedeu:

— Amigo, muitos, ao conhecerem Jesus, se empolgam com os ensinamentos iluminados e não se convertem por inteiro. Esquecem que, para servir ao Senhor, é importante fazer escolhas e renunciar a algumas coisas da vida. Jesus não exigiu muito, mas somente um pouco de boa vontade para construir uma obra no bem. Não devemos julgar aqueles que ainda não estão preparados para esta missão, mas, sim, silenciar e compreender. Um dia também fraquejei diante das dificuldades cotidianas e quase desisti de seguir o Senhor — com os olhos umedecidos, continuou: — Há uma história que guardo comigo há muito, porque me envergonhava de minhas fraquezas. Neste momento sinto que talvez elas sejam, de alguma forma, em suas mãos úteis — buscando inspiração no suspiro prolongado, prosseguiu: — "Recordo-me[5] de uma inesquecível noite, quando o Mestre ainda estava entre nós, e seu perfume mesclado de amor preenchia diversos corações necessitados que lhe buscavam o acalanto e a luz. Jesus trazia a feição cansada, mas sempre disposto a elucidar e educar aquelas mentes ainda apegadas a toda sorte que as

---

5 (Nota do Autor Espiritual Ferdinando) A informação a seguir faz parte de textos retirados das escrituras no 10º Concílio Ecumênico em 1139 d.C., em que foi estabelecido o celibato para o clero na Igreja Ocidental. Isso fez com que todos os textos que remetessem aos apóstolos vidas matrimoniais ou vidas como homens comuns fossem excluídos, para fortalecer a imagem de apóstolos celibatários. Assim ocorre com os demais textos que traremos ao longo destas páginas. Para facilitar a compreensão, faremos a tradução do original, buscando trazer o entendimento para a atualidade, sem perder sua essência e o teor da mensagem central.

vidas cotidianas apresentavam. Recordo-me que Ele estava sentado na varanda de minha casa, quando minha sogra fez-se ouvir. Ela me cobrava os provimentos para manter o sustento de minha família. Cobrava-me as responsabilidades de esposo e pai, pois desde a presença de Jesus Cristo naquela casa, os provimentos ficaram mínimos e minha vida havia se voltado à feição dos ensinamentos do nosso Mestre, fazendo-me esquecer das minhas obrigações como homem comum. Entre aquele conflito familiar, Jesus se mantinha em silêncio — suspirando, prosseguiu: — Eu, como de hábito, agindo por instinto, como um simples e rude pescador, comecei a lançar palavras que expressavam minha raiva e ira ao ar e sentado cobri meu rosto com minhas mãos, tentando buscar alívio a minha tormenta interior. Neste ínterim, meu amigo Bartolomeu e sua esposa Ruth, observando as ocorrências, se aproximaram de Jesus. Bartolomeu, preocupado, disse: 'Senhor, como faremos para ajudá-lo? Ele sofre a incompreensão por segui-Lo. Como fazer com que encontremos o equilíbrio de nossa fé e da responsabilidade das quais estamos hoje vinculados, e como faremos para não abandonarmos nossa fé? Como continuar, Senhor, se a vida de um lado nos chama a razão e responsabilidade, e, de outro, a fé que impera dentro de nós fala mais alto?' Ruth, esposa de Bartolomeu, em um gesto espontâneo, como de hábito, surpreendeu a todos com sua simplicidade e amor. Sentou-se ao meu lado e, com bondade, tentou consolar-me: 'Pedro, somos convidados a buscar outros segmentos da vida, mas Deus, em sua infinita misericórdia, nos colocou em regime temporário e missionário junto a corações enfermiços para que eles possam crescer e nós mesmos encontrarmos a nossa paz. Não deixemos os nossos lábios manifestarem palavras inconformadas com aqueles que nos dividem a estrada. Permita-me compartilhar de suas tristezas, silencie a ira e deixe no seu coração a certeza de que aquele que ofende é também um atormentado da alma, que necessita de amparo e luz. Aquele que nos julga pode ser também um enfermo que necessita da atenção de Deus, porque muitas vezes, quando olhamos e apontamos as deficiências dos outros, estamos nós mesmos descrevendo nas páginas de nossas vidas as imperfeições que ainda residem em nós. Guarde-se em silêncio, porque em seu coração há fé. Confie na misericórdia divina. Hoje a dificuldade de entender as diferenças existe porque o seu coração foi escolhido por Deus e nada, ao certo, lhe faltará.' Sem conter a lágrima, com respeito, segurei as mãos daquela bondosa mulher e disse: 'Bem-aventurado é Bartolomeu, meu irmão de coração, que tem como companhia a sua feição doce e misericordiosa. Que Deus abençoe seu coração, porque entre todas as deficiências de minha vida, choro porque sei que na minha estrada caminharei só'. Jesus Cristo, observando-nos, não tardou em aproximar-se. Com os olhos brilhantes e benevolentes, interveio: 'Diante das provações naturais da vida, os filhos de Deus se comportam tais quais pássaros feridos, esquecendo-se de que são criações de Deus livres e belas, que, além de quererem um ninho reconfortante, alimento e proteção, possuem em si a fé e estão prontas para alçarem um voo pleno, dividindo a plenitude dos céus. O casamento é tal qual dois pássaros voando juntos, respeitando os limites individuais de cada um e, sobretudo, lutando pela felicidade de aprender compartilhar, pois ninguém está ao lado do outro pelo acaso, mas, sim, pela necessidade de serem melhores que o próprio passado. Em cada nova aflição ou lágrima, sempre existirá um novo recomeço e expressão de coragem para alçar um voo em direção aos céus e ao objetivo da vida, que nada mais é do que o coração de Deus. Na família está a primeira lição de paciência e transformação. As dificuldades nas uniões refletem a volta dos filhos do passado e que requerem regeneração, educação e brandura para viver sob a luz de um mesmo teto. A esposa difícil de hoje, que não compreende as escolhas pelas veredas da fé, é alguém que reclama o refazimento dos elos do coração rompidos no passado, e também pode ser o meio utilizado pelas sombras para afastar aqueles que me amam do caminho que indiquei. A vida apostólica requer renúncias, mas não ausência das responsabilidades individuais. Pedro, olhe dentro de seu coração e fortaleça-se, pois, enquanto a sua estrada for cheia de indecisões e a sua fé for tão frágil, os seus ouvidos sempre escutarão as vozes dos homens. Quando você se firmar em sua fé e acreditar na força dela, há de levantar-se confiante e de compreender as diferenças que não o impedirão de seguir. Quando estiver a ponto de desistir de mim, estarei sempre aguardando o seu recomeço, porque as suas dúvidas também silenciarão o seu medo de seguir o coração de Deus...'"

Marcos, emocionado, ouvia atentamente aquela história, e, após secar a lágrima tímida, disse:

— Que as palavras de Jesus Cristo se firmem em nossos corações. Muitos passam pela vida preocupados e indecisos. Vivem buscando riquezas, perdendo tempo e acreditando-se inaptos à obra do Senhor, esquecendo que são os pássaros citados pelo Mestre prontos para voar e recomeçar.

— Todos os dias, vejo aqueles que se dizem convertidos abandonarem a fé diante do primeiro obstáculo — complementou Pedro. — Cheios de dúvidas, perguntam se vale a pena continuar servindo, principalmente quando perseguidos... Reclamam suas vidas, suas riquezas, seus amores. Dizem que recebem muito pouco ou quase nada por seguirem Jesus. Renunciam, mas reclamam recompensas, sentem-se incapazes de contribuir, mas possuem o saber necessário para a obra de Deus. O Senhor escuta as preces e nos pede para continuar e vencer as nossas dificuldades, mesmo com o coração ferido. Lembremos, amigo, que, em cada novo renascer, ali estão as oportunidades de sermos felizes, porque somos filhos de Deus e, mesmo diante das dificuldades naturais da vida, devemos voar em direção à vitória e não devemos desistir de nossa fé e ideal.

A noite presenteava aqueles corações com as estrelas no céu e, em breve pausa, Pedro, após profundo suspiro, emocionado, orou:

— Senhor Jesus, ensine-nos a recomeçar mesmo cansados ou fatigados. Dê-nos a emoção de sentirmos Suas mãos sobre as nossas, para que possamos, em preces benditas, ouvir nossa voz cantando salmos de glória, exaltando Seu amor. Ensine-nos, Senhor, a darmos graças em Seu nome e cumprirmos com razão aquilo que é hoje a verdade de nossas vidas — seus ensinamentos. Se porventura nos sentirmos sós, dai-nos o calor do Seu amor. Mesmo quando o medo cala a esperança e as dúvidas interferem na marcha para o futuro, dê-nos, mais uma vez, a oportunidade de revermos os nossos pensamentos e ações, para que possamos fielmente construir uma vida, não somente de ilusões, mas real e firmada no propósito de uma fé verdadeira...

As estrelas bordavam o céu com um brilho singular, enquanto aqueles corações permaneciam em conversação, banhados de profunda emoção.

Capítulo 2

Sublime encontro de fé e a conversão de Levi, o Publicano

"Se alguém tem ouvidos para ouvir, ouça! E dizia-lhes: Cuidado com o que ouvis! Com a medida com que medis será medido para vós, e vos será acrescentado ainda mais. Pois ao que tem, será dado e ao que não tem, mesmo o que tem lhe será tirado."

Marcos, 4:23-24

Na tarde seguinte, num vilarejo afastado, um recinto simples unia os corações que fervorosamente buscavam, junto aos apóstolos, esperança e força para curarem suas chagas íntimas.

Após encerrarem a pregação daquele dia, Pedro e Marcos conversavam, quando uma mulher visivelmente desesperada, carregando um rosto marcado pelo sofrimento e os olhos cheios de lágrimas, ajoelhou-se diante de Pedro:

— Senhor, vim até aqui em busca de socorro. Mesmo sendo inocente e carregando meu coração livre de qualquer falta, meu marido, tomado de grande loucura, afirma que eu o traí com seu próprio irmão e agora quer justiça. Rogo ao Deus que ama e a Jesus, o Mestre, que me ajudem a enfrentar, mesmo sendo inocente, a sentença a qual serei submetida. Rogo, ainda, que os corações de minha família sejam abençoados, pois estão enfermos.

Neste ínterim, a sogra daquela mulher, acompanhada dos dois filhos, adentrou o recinto e, aos, gritos disse:

— Como pode tratar em igualdade e respeito uma mulher adúltera, que visivelmente traz as marcas do erro na própria face?

— Observe a atitude da mulher que dizem ser adúltera. — disse Pedro. — Mesmo sendo inocente, chora em desespero e roga por seus corações. Permitam o tempo agir por si e caminhar como vento sem parar, pois a verdade é soberana e nada é oculto aos olhos de Deus. Não queiram punir munidos pela emoção do sofrimento e da dor. Voltem aos seus caminhos e levem no coração as máximas do perdão. Não podemos ocupar os tronos dos juízes das leis, portanto, esqueçam a alucinação temporária antes que o mal se estabeleça.

Forte era o magnetismo emitido nas palavras de Pedro. O cunhado, caindo sobre os joelhos, encobriu o rosto com as mãos e, diante de todos, confessou:

— Meu irmão, perdoe-me. Nada aconteceu entre mim e minha cunhada, ela ama você e esse amor me causou grande inveja, por isto quis destruí-lo. Diante desses homens, não poderei suportar o peso desta mentira e suas consequências.

Grande agitação ocorreu no recinto. Marcos, tentando acalmar aqueles corações, disse:

— Esperança e recomeço. Eis as leis do Senhor. Jamais podemos seguir guiados apenas pelas leis dos homens. Devemos lembrar que Deus perdoa e esquece todos os julgamentos e que continua simples em suas atitudes, suplicando apenas que tenhamos fé, porque ninguém caminha sem ela, assim como ninguém caminha como se fosse o fim. Todos nós, filhos de Deus, na sua unicidade, na sua beleza e no seu amor, sabemos sempre que o nosso Deus de luz não faz o sofrimento terminar no próprio coração, mas em nossas mãos. Devemos transformar este momento em construções de luz, e recomeçarmos de onde paramos, pois nosso Deus abençoa o gesto de humildade e revisão de atitudes, sem julgamentos, aceitando com paciência as diferenças que se manifestam nas palavras, porque as palavras, como o vento, passam, mas não deixam em nós sequer uma expressão de destruição. Palavras ditas sem razão são como as aves do céu e, sem destinos, muitas vezes voam, mas sabem sempre que, dentro do coração de Deus, há acomodação para todos os seus filhos, mesmo aqueles que erram.

O recinto foi envolvido por intensa luz. Marcos, após um suspiro emocionado, orou:

— Senhor, em qualquer situação, ensine a não julgarmos aqueles que caminham ao nosso lado, a compreendermos as diferenças e valores religiosos ou comportamentais. Ensine-nos, Senhor, a termos esperança, porque a esperança também nos movimenta as atitudes melhores e modifica-nos para encontrarmos, em cada um de nós, a certeza de que não estamos sozinhos. Ensine-nos a recomeçar, para que possamos construir e não chorar as perdas de ontem, mas construir hoje, com todos os recursos que detemos em nossas mãos, o recurso da fé, do aprendizado, da sabedoria celestial, da paciência, e, com a Sua presença, conscientes de que somos sós, mas com o Senhor em nós, tudo podemos e assim Lhe suplicamos por fim: Dê-nos, Senhor, a certeza de que a esperança de nossas vidas é a consciência, a consciência cristã. E que o recomeço nada mais é do que a nossa transformação individual para um mundo melhor, mundo esse que começa em nós mesmos."

As palavras de Marcos marcaram os presentes. Tempo depois, o agrupamento se dissipou, ficando, naqueles corações, as emoções e as bençóes dos céus.

Antes de se retirarem daquele local, Pedro não conseguiu disfarçar sua preocupação. Marcos, com respeito, disse:

— Perdoe-me, mas, desde minha chegada, percebo que algo lhe aflige o coração. Permita-me auxiliá-lo?

— Meu filho! Sim, algo devastador me consome a alma. Mateus está enfermo[6] e, a cada dia, apresenta sinais de insanidade. Os rabinos estão se aproveitando desse fato para desprestigiar o Evangelho escrito por ele, assim como sua autenticidade.

— Por Deus, apesar de tê-lo encontrado em poucas oportunidades, sei que sempre foi um homem forte. O que aconteceu para deixá-lo dessa maneira?

— Sabe bem que a Palestina é uma província romana e os impostos cobrados são grandes e pesam sobre os judeus. Os cobradores de impostos são conhecidos como impiedosos, por isso, são odiados. Os judeus

6 (Nota do Autor Espiritual Bernard) Os registros sobre o estado de saúde de Mateus são muito precários e poucas são as referências no Ato dos Apóstolos. Entretanto, não podemos omitir o fato de que este apóstolo, após sucessivas prisões, tenha sido ferozmente acometido por insanidade mental. Esse episódio na vida desse respeitável e grandioso homem não retira os méritos de suas palavras no Evangelho, pois o que relatamos nestas páginas ocorreu após a conclusão do Evangelho de Mateus.

dividem esses homens em duas classes: dos *gabbai*, aqueles que estabeleciam impostos gerais sobre a agricultura e recenseamento e dos *mokhsa*, aqueles que eram judeus. Mateus pertencia à classe dos *mokhsa*, motivo pelo qual o povo judeu o desprezava e o considerava traidor de seu povo. Recordo-me de uma tarde, quando Jesus ainda estava entre nós. Eu e Bartolomeu retornávamos da pescaria e estávamos na praia, dobrando as redes, quando um publicano chamado Levi, filho de Alfeu, se aproximou. Confesso-lhe que meu coração estremeceu, pois acreditei que devia algo e que ele iria me cobrar, afinal, Mateus cobrava impostos dos barqueiros que transportavam mercadorias das cidades próximas, situadas na região dos lagos e de nós, pescadores, que viviam dos frutos do mar da Galileia. O amigo Bartolomeu, sempre muito humilde, bondoso, equilibrado e justo, me surpreendeu com uma atitude de bondade, a qual guardo no coração. Com brandura, interveio: "Pois não, meu amigo, em que podemos ajudá-lo? Estamos lhe devendo alguma coisa?" "Não vim cobrar nada, apenas estou aqui porque gostaria de conhecer o homem chamado Jesus, que é muito comentado na cidade. Sempre que posso, escuto-o falar, mas, por estar na posição social que me encontro, não é possível aproximar-me Dele. Tenho consciência que não sou um dos homens merecedores de conhecê-Lo, mas, algo mais forte que eu, direciona-me para Ele. Um dia em Cafarnaum, soube de Sua chegada, então busquei me disfarçar e me infiltrei em meio ao povo que O esperava, então O presenciei curar um paralítico, e, depois do que vi, não pude esquecer." Desconfiado e querendo proteger o Mestre, sem conter o ímpeto, respondi: "Não é possível, afinal, o que um publicano poderia querer de nosso Mestre?" Bartolomeu, cheio de bondade e compaixão, mas com profundo respeito, escondeu sua surpresa e interveio: "Jesus não escolheu os mais sábios, ricos ou aqueles que se encontram em posições sociais de evidência. Ele simplesmente estendeu a mão e acolheu a todos que se aproximaram com o coração cheio de vontade de conhecer sua mensagem de amor. Diante do Senhor, todos os patrimônios e glórias pertencem a Deus. Tudo no mundo passa e o que será conferido a nós é apenas: sabedoria e fé. O Senhor nosso Deus habita em nossos corações e Jesus nos exorta a manifestá-Lo, por meio da transformação pessoal e do trabalho, assim alcançaremos o reino dos céus. Antes de conhecer Jesus, conheça a si mesmo e busque forças para transformar as sombras interiores em luz, pois, quando as trevas e o apego à matéria vagueiam em nossos pensamentos, tudo em nosso redor será escuridão. Saiba que apenas o ato de acreditar nos feitos de Jesus não é suficiente; é preciso perseverar no bem, aprender a cada instante e ter força de vontade para renunciar ao próprio passado. Não, não estou aqui para ditar uma norma de conduta para o Cristo, tampouco condenar ninguém ou julgar os atos exercidos na vida do próximo. As leis divinas sempre direcionaram para o caminho reto, não importa o que fomos, mas, sim, o que fazemos com o conhecimento dos ensinamentos de Jesus. A imperfeição não poderá impedir a trajetória para frente, mas, sim, deve ser o motivo para o triunfo e a certeza que servir a Deus é um ato simples de amor."

— Então, quando Mateus se converteu de fato?

— Recordo-me do dia em que Jesus caminhava nas ruas de Cafarnaum e encontrou Levi, que não percebeu a presença do Mestre. Cruelmente, Levi obrigava um homem simples a pagar os pesados impostos. Após receber o dinheiro do pobre aldeão, enquanto Levi contava a quantia recebida, Jesus aproximou-se sereno, olhou-o profundamente e, com brandura, disse: "Por que reclama os tesouros ao seu próximo com o peso de um juiz, impondo-lhe sofridas sentenças? Abra as portas de sua alma e permita que um homem novo nasça agora. Tenha boa-vontade e desprenda-se de si mesmo, amparado pelo amor, convertendo-se e contribuindo com a prosperidade da humanidade. Para isto, deixa onde está seu passado e segue-me[7], consciente de que Deus confia em você para proferir a paz e estabelecer nas linhas de meus ensinamentos a fé." Uma força inexplicável dominou-o e, sob o poder exercido pelo Senhor, caiu de joelhos e chorou convulsivamente. Daquele dia em diante, foi colocado definitivamente no caminho da fé-cristã. Abandonou seu negócio tão rentável, recebeu um novo nome, Mateus, determinado por Jesus, mudou de vida e se converteu, seguindo o Cristo até o último dia do Mestre entre nós.

— Recebi de você tudo que sei sobre o cristianismo, mas os escritos de Mateus foram, para mim, uma fonte muito rica de informações sobre o Senhor e, entre outras passagens de Jesus, acentua que Ele é o Messias prometido. Ele conseguiu traduzir Jesus em sua essência.

— Devido aos seus ofícios passados, Mateus é um profundo conhecedor das letras, isso fez com que Jesus lhe desse a missão de registrar os primeiros feitos do Mestre, escrevendo, assim, as primeiras páginas do Evangelho. Ele acompanhou o Mestre em todas suas caminhadas e pregações na Palestina, o que lhe propiciou narrar a vida e morte do Cristo. Sua contribuição é, sem dúvida, um dos pilares de sustentação do cristianismo, mas agora temo pelo amanhã. Quando Bartolomeu seguiu para a Índia, levou uma cópia desse livro e evangeliza sobre os registros de Mateus.

---

7 (N.A.E. Bernard) Este relato de Pedro originou o capítulo 2:14, transcrito por Marcos em seu Evangelho e conhecido na atualidade.

— Como Mateus chegou a essa situação tão lastimável? — perguntou Marcos.

— Após a morte de Jesus, Mateus seguiu para evangelizar a Pérsia. Nessas paragens, os sacerdotes das seitas locais, contra os ideais cristãos que Mateus proferia, perseguiram-no impiedosamente. Lá, ele foi preso e torturado; um de seus olhos foi queimado com azeite quente. Um guarda que havia se convertido ao cristianismo o auxiliou, e Mateus fugiu do cárcere. Foi ajudado por uma família cristã e, quando se recuperou, seguiu para a Etiópia, onde, infelizmente, teve a mesma sorte. Os feiticeiros e sacerdotes locais, contrariados com o trabalho de evangelização de Mateus, iniciaram nova perseguição.

— A igreja da Etiópia é uma das mais ativas. O trabalho de Mateus naquelas paragens é digno de exaltação, ele conseguiu converter ao cristianismo um grande número de pessoas.

— Sim, essa igreja tem uma representação marcante na história de nosso amigo. Devido à graça divina, ele, por meio da fé, conseguiu curar o primogênito de uma rainha daquela região, que estava quase morto. Como o povo daquelas paragens era muito supersticioso, a imposição das mãos para proceder às curas, que para nós é um ato comum, para eles foi um ato sobrenatural. Esse feito deu a Mateus um pouco de paz e tempo para evangelizar aquele povo, mas não cessaram as perseguições, prisões e martírios no cárcere, o que o levou ao estado em que se encontra.

— Onde ele está agora?

— Ele está na cidade de Nadabá. Mesmo que eu insistisse muito para ele retornar, porque acreditava que poderia ajudá-lo, não tive êxito, pois Mateus não aceitou e preferiu permanecer ali. Meu coração está com Mateus, mas não posso omitir minha preocupação.

— Há algo que podemos fazer em favor de nosso amigo?

— Antes de mais nada, lembremos que somos filhos de muitas vidas, e trazemos oculta nossa própria história impressa nos atos que cometemos no passado. Não se pode fugir do processo reparador que envolve nossos corações. Apesar de Mateus ter sido consagrado com os deveres nobres que envolvem o Evangelho, ele não está livre de experimentar os desafios da vida para sua melhora pessoal. Deixemos as dificuldades de lado e respeitemos a individualidade de cada um na posição onde estejam. Infelizmente, temos de aceitar as escolhas alheias. Nem sempre poderemos interferir nos caminhos trilhados pelos nossos amores. Sejamos conscientes de que, para servir ao Senhor, devemos nos revestir de uma forte couraça de fé iluminada, com a qual enfrentaremos as sombras da noite que envolvem o trabalho no bem. O coração inspira o bem, mas as mãos exercem a tarefa de amor designada por Jesus, portanto, cabe a cada um indicar o caminho e se esforçar para também ser parte dele. É necessário revisarmos o que fazemos com nossas vidas, após conhecermos Jesus. Não há inação na obra do Senhor. O trabalho é lei, para sedimentar a fé, a transformação individual dos corações e, sobretudo, o amor, que faz com que nos amemos e nos melhoremos, para servir racionalmente aqueles que necessitam.

— Pedro — disse Marcos — suas palavras selam meus lábios, mas em que devemos nos apoiar?

— Filho — com paciência, Pedro respondeu: — Para isso, devemos nos apoiar nos principais mandamentos de Jesus, estabelecido como o resumo de todas as leis. Pois me lembro agora das palavras do Mestre: "O primeiro é: Ouve, ó Israel, o Senhor nosso Deus é o único Senhor, e amarás o Senhor teu Deus de todo teu coração, de toda tua alma, de todo teu entendimento, e com toda a tua força. O segundo é este: Amarás o teu próximo como a ti mesmo. Não existe outro mandamento maior do que este"[8]. Não podemos recuar do trabalho que o Senhor confiou a nós, porque Ele amorosamente estende suas mãos e nos acolhe em seu coração. Mesmo diante das dificuldades, limitações e sofrimentos, devemos elevar nossos pensamentos aos céus e entregar nossas angústias em Suas mãos.

---

8 (N.A.E. Ferdinando) Marcos, 12:29-31

Capítulo 3

Revelações e aparições de Jesus após a morte

"Aconteceu que, estando à mesa, em casa de Levi, muitos publicanos e pecadores também estavam com Jesus e seus discípulos – pois eram muitos os que o seguiam."

Marcos, 2:15

Antes de se retirarem daquele local, um mensageiro adentrou apressadamente o recinto e, após breve saudação, foi logo dizendo:

— Pedro, trago notícias de Paulo. Ele foi novamente preso e tudo indica que agora será bem difícil libertá-lo. Roma, que era tão tolerante com os cristãos, tornou-se hostil contra os convertidos — ofegante, prosseguiu: — Além do mais, dizem que estão em busca de apóstolos como você, Marcos e os demais.

Marcos não conseguiu esconder sua preocupação. Quando o jovem retirou-se, o apóstolo disse:

— Não me preocupo comigo, logo irei para o Egito — Marcos, após longo suspiro, continuou: — entretanto, recordo-me da primeira viagem a Antioquia, quando acompanhei Paulo e Barnabé. Minha ânsia em conhecer os ensinamentos do Mestre era tamanha que me submeti a todo tipo de trabalho e aos serviços gerais, sem reclamação. Queria apresentar um Jesus Filho de Deus, para isso, detive-me aos milagres operados por Ele. Creio que, entre outras coisas, isso não agradou Paulo... Não posso negar que tive muitas diferenças com Paulo, que, naquela oportunidade, ainda guardava resquícios de sua velha religião. Quando desembarcamos na pequena província romana de Perga, na Panfília, ao sul da Ásia Menor, decidi me separar deles e confesso-lhe que, para não gerar contendas desnecessárias, não lhes dei explicações e viajei a Jerusalém para encontrar você. Soube, mais tarde, que minha atitude não agradou a Paulo, que a interpretou como insegurança e fraqueza. Você conhece minha origem, eu era um judeu de uma das tribos de Levi e, por certo tempo, vivi em Tiberíades — após breve pausa, prosseguiu: — mas, desde o dia em que me deparei com os ensinamentos de Jesus, esqueci-me do meu passado e de mim mesmo. Renunciei o velho e aceitei, sem duvidar, o novo. Venho das mesmas escolas religiosas de Paulo, mas infelizmente, como o cristianismo não possui uma organização estruturada, ele tenta adequar a disciplina judia aos ensinamentos do Cristo, como forma de combater a infiltração de conceitos de seitas diversas ao meio cristão. Entendo e sei que é necessário, porque muitos cristãos ainda tentam cultuar deuses das civilizações antigas.

Pedro ouviu pacientemente e silenciosamente o relato de Marcos e, com carinho, interveio:

— Soube desses fatos. Saiba que Barnabé se afeiçoou muito a você e queria muito sua companhia, mas infelizmente Paulo, ainda contrariado com sua atitude, não concordou que você o acompanhasse nas viagens futuras. Fui surpreendido com a notícia que Barnabé viajou com você para Chipre, enquanto Silas acompanhou

Paulo à Síria, Cecília e Grécia. Além do mais, vejo que a separação entre vocês foi benéfica ao Evangelho, pois, assim, foi possível que as missões se multiplicassem por várias paragens, e a divulgação do Evangelho se expandisse com a dedicação dos apóstolos.

— Respeito Paulo — disse Marcos — mas confesso que ainda tenho dificuldade em aceitar seu jeito rude.

— Paulo é um homem que sempre demonstrou uma personalidade marcante e forte, o que, por vezes, causou diferenças entre os seguidores de Jesus. Entretanto, não podemos negar que, desde sua conversão, sua presença entre nós marcou o rumo do cristianismo de maneira muito positiva. Lembre-se que cada um possui uma história pretérita. Paulo, assim como você, não conheceu Jesus. Ele é um cidadão romano, natural de Tarso e, antes de se converter, era judeu. Gamaliel, um mestre das leis, foi seu tutor no setor da educação e transformou-o em um grande líder e um rabino autoritário, que perseguia os seguidores de Jesus até morte. Recordo-me das histórias que o cercam — após longo suspiro, Pedro continuou: — Paulo estava cego pelo poder. Detentor de uma brilhante inteligência e conhecimento sobre os ensinamentos de Moisés. Naquela oportunidade, ele estava decidido a calar o cristianismo, que era conhecido apenas como "Caminho" — secando uma lágrima tímida, Pedro prosseguiu: — Oh, Deus, lembro-me saudoso do jovem hebreu Jeziel[9], quando chegou a minha casa. Não tardou para acolhê-lo como um filho, assim como fiz com você, Marcos. Seu rosto reluziu quando lhe disse que o Salvador havia estado entre

---

9 (N.A.E. Bernard) Atos 9:1-9

(N.M.) No livro *Paulo e Estevão*, do espírito Emmanuel – psicografado por Francisco Cândido Xavier – o leitor encontrará a história desse grande ícone do cristianismo, assim como a conversão de Saulo de Tarso. Recomendo a leitura.

nós. Todos os pergaminhos que continham informações de Jesus eram absorvidos por ele com intensa rapidez e amor. Logo depois, não tardou para batizá-lo com o nome grego Estevão. Confesso-lhe que não vi em nenhum convertido a força de vontade desse jovem, que cuidava com muita dedicação dos enfermos. Suas pregações arrebanhavam muitos corações. Não tardou para acordar a fúria dos rabinos, inclusive a de Paulo, que ainda era Saulo de Tarso[10]. Após ouvirem uma pregação de Estevão em Jerusalém, infelizmente, nosso amigo Paulo e outros sacerdotes o levaram ao Sinédrio, onde foi

---

10 (N.M.) A história de Saulo de Tarso foi narrada no romance *Paulo e Estevão* – pelo Espírito Emmanuel – psicografado por Francisco Cândido Xavier – "Mas a confusão dos sentidos lhe tira a noção de equilíbrio e tomba do animal, ao desamparo, sobre a areia ardente. A visão, no entanto, parece dilatar-se ao infinito. Outra luz lhe banha os olhos deslumbrados, e no caminho, que a atmosfera rasgada lhe desvenda, vê surgir à figura de um homem de majestática beleza, dando-lhe a impressão de que descia do céu ao seu encontro. Sua túnica era feita de pontos luminosos, os cabelos tocavam nos ombros, à nazarena, os olhos magnéticos, imanados de simpatia e de amor, iluminando a fisionomia grave e terna, onde pairava uma divina tristeza.
O doutor de Tarso contemplava-o com espanto profundo, e foi quando, numa inflexão de voz inesquecível, o desconhecido se fez ouvir:
- Saulo!... Saulo!... por que me persegues?
O moço tarsense não sabia que estava instintivamente de joelhos. Sem poder definir o que se passava, comprimiu o coração numa atitude desesperada. Incoercível sentimento de veneração apossou-se inteiramente dele. Que significava aquilo? De quem o vulto divino que entrevia no painel do firmamento aberto e cuja presença lhe inundava o coração precipite de emoções desconhecidas?
Enquanto os companheiros cercavam o jovem genuflexo, sem nada ouvirem nem verem, não obstante haverem percebido, a princípio, uma grande luz no alto, Saulo interrogava em voz trêmula e receosa:
- Quem sois vós, Senhor?
Aureolado de uma luz balsâmica e num tom de inconcebível doçura, o Senhor respondeu:
- Eu sou Jesus!..."

acusado como blasfemo, caluniador e feiticeiro. Tanto eu como Felipe fomos presos, mas fomos absolvidos porque éramos casados. Estevão não teve a mesma sorte. Para dar exemplo e respeitabilidade ao seu credo, Paulo decidiu que um de nós deveria morrer — secando as abundantes lágrimas, prosseguiu: — Então, a sentença foi atribuída e Estevão foi sentenciado ao apedrejamento. Assisti ao martírio de meu filho dileto, amarrado ao tronco frio. E ali se calaria um dos melhores pregadores do "caminho".

— Pedro — disse Marcos — Paulo não havia noivado com a irmã de Estevão?

— Sim, Abgail era uma jovem linda e muito sábia. Infelizmente os fatos que cercaram seu coração massacraram também seu corpo. Após a morte de seu pai e a suposta morte do irmão, um véu de tristeza arrebatou-lhe o coração e turvou seus olhos, substituindo o brilho juvenil pela doença que lhe tomou o corpo. Recordo-me que, após Estevão ter sido morto, foi levado a uma sala onde, diante dos presentes, foi revelada sua identidade: era irmão de Abgail, noiva de Paulo. Paulo, aturdido e ofendido, cheio de orgulho e vaidade, cego e obcecado pela ideia de preservar o conjunto dos ensinamentos farisaicos, rompeu com a jovem ali mesmo. Atendendo ao nosso pedido e de Gamaliel, Estevão foi dignamente sepultado dentro de nosso credo.

— O que aconteceu com a irmã?

— Ela converteu-se ao cristianismo, mas o martírio do irmão e o rompimento do noivado abateram-na profundamente. Seus pulmões enfraqueceram e Paulo, ao saber de seu estado de saúde por Zacarias, foi visitá-la e soube que, naquele dia, ela se calou para esta vida.

— Desconhecia essa história — disse Marcos, emocionado. — Paulo pouco fala de seu passado, principalmente das questões pessoais.

— Depois disso, ele se converteu a caminho de Damasco, quando o nosso Senhor apareceu na sua frente e lhe perguntou: "Saulo, Saulo, porque me persegues?". E, dali para frente, a história de Paulo é conhecida por você...

— Pedro, confesso-lhe que até hoje carrego em meu coração essa divergência, e rogo a Jesus que me auxilie em transformá-la em luz, mesmo tendo reencontrado Paulo mais tarde em outras viagens e, também, na capital do império.

Pedro, olhando para o horizonte, buscou inspiração e disse:

— Meu filho, recordo-me dos primeiros dias após a partida do nosso Mestre. Enfrentei muitas dificuldades para conter o ímpeto dos seguidores com ideias tão diferentes, frear competições e até controlar a sede pelo poder, na tentativa de liderar o movimento que havia sido iniciado. Diante deste cenário conflituoso, uma noite sentei-me na praia sozinho, em prantos e orei rogando por orientação. Como abrandar os corações e fazer os ensinamentos de Jesus não serem matéria de discórdia? Sentia-me incapaz para essa missão apaziguadora, pensei em desistir e partir junto com meu amigo e irmão eterno, Bartolomeu. Tempo depois, um clarão se fez a minha frente e, em meio a grande emoção, o Mestre sereno apareceu[11], como quando estava entre nós, e disse:

---

11 (N. A. E. Ferdinando) A aparição de Jesus reportada por Pedro é de um processo mediúnico conhecido na atualidade como "vidência" e "audiência". Não podemos omitir que tanto Pedro, Bartolomeu e João, o Evangelista, eram dotados dessa entre outras faculdades mediúnicas. Entre os apóstolos, após a passagem de Jesus, essas faculdades ficaram mais evidentes, manifestando-se por meio da cura, visão, audição, entre outras.

(N.M.) "5. Médiuns videntes 167. Os médiuns videntes são dotados da faculdade de ver os Espíritos. Alguns gozam dessa faculdade em estado normal, quando perfeitamente acordados, e conservam

"Pedro, meu amigo, por que tanta dúvida diante da obra de Deus? Quando estive ao seu lado não lhe afirmei que estaria ausente das provas do dia a dia. Não lhe retirei o aprendizado da tolerância, tampouco lhe quis diferente. Apenas confiei-lhe a tarefa de unir meus amados e direcioná-los conforme minha orientação, afinal, apenas João, Bartolomeu e você detêm o dom de me ver como agora. Dentro das leis de amor divino, lembre-se que a candeia é que queima impiedosamente o óleo, mas, em verdade, sua missão é resplandecer a luz. A cada um o Senhor determinou um trabalho, seja em seus lares, nos templos ou na vida social a ser exercida de acordo com seu grau de amadurecimento ou entendimento. Assim sendo, é importante não duvidar e não parar a marcha em busca de explicações que ainda não são lícitas receber. A lei impulsiona para frente e pede, além de boa-vontade, a instrução e muito mais, a prática de todo aprendizado de amor, compaixão e misericórdia absorvido ao longo de uma vida. O trabalho não é ausente de testemunhos, dificuldades e até sofrimento, mas somente ele pode elevar os filhos da terra até Deus. Viver junto a um agrupamento requer o grande aprendizado de conhecer as diferenças, respeitar cada um, mas não permitir que o óleo contamine o lago chamado coração. Todos são livres para pensar, sentir e vivenciar seus credos e seus valores, mas, para aqueles que me conheceram e me amam, não pode haver dúvidas

---

lembrança precisa do que viram. Outros só a possuem em estado sonambúlico, ou próximo do sonambulismo. Raro é que esta faculdade se mostre permanente; quase sempre é efeito de uma crise passageira. Na categoria dos médiuns videntes se podem incluir todas as pessoas dotadas de dupla vista. A possibilidade de ver em sonho os Espíritos resulta, sem contestação, de uma espécie de mediunidade, mas não constitui, propriamente falando, o que se chama médium vidente..." Fonte: *O Livro dos Médiuns*, de Allan Kardec.

sobre suas responsabilidades e o trabalho designado individualmente a meus seguidores. Portanto, seque as lágrimas, retire as dúvidas de seu coração, restabeleça-se e retorne a sua missão. Os ensinamentos que deixei não devem ficar reservados apenas a sua casa, desta maneira, rogo-lhe que, a partir de hoje, cada um dos meus apóstolos siga para caminhos distintos e leve consigo a mensagem de amor que deixei. Que faça meu nome não ser sepultado comigo; que os povos futuros lembrem-se destas lições e as levem, de geração a geração, até àquelas que você não conhecerá nesta vida, mas também em outras... Levante-se com fé, Pedro, e siga sem vacilar, o escolhi porque sei que suportará tudo por mim..."[12]

Marcos ouviu aquelas palavras em profunda reflexão e logo após interveio:

— Meu amigo, as palavras de Jesus foram a bênção que abrandou minha alma. As diferenças são os degraus que elevam aos céus, porque nos fazem olhar para nós mesmos e buscarmos nossa transformação para a fé — alterando o rumo da conversação, continuou: — Magnífica essa passagem do Mestre com você, mas diga-me: essa foi a primeira aparição de Jesus depois de sua passagem?

— Não. Para mim, João, Bartolomeu e Maria de Magdala, que possuímos o dom da visão, Ele apareceu muitas vezes. Entretanto, uma aparição marcou o rumo de nossas missões — após uma breve pausa, continuou: — Dias após ter sido morto, Ele apareceu primeiramente a Maria de Magdala, de quem não poderia esquecer. Foi consolá-la e reafirmar Seu soberano amor, assim como lhe fortificar a fé e seus dons de cura e visão além-morte.

---

12 (N.A.E. Bernard) Estes relatos de Pedro, deram origem aos capítulos 1 e 2 transcritos por Marcos em seu Evangelho conhecido na atualidade.

Esse ato causou muito ciúme e discordância entre os seguidores de Jesus, não restando nenhuma opção a não ser pedir a ela que se afastasse de mim e das paragens onde Jesus e ela haviam vivido. Esse ato marcou meu coração, mas o Senhor sabe que, para protegê-Lo, essa foi a melhor maneira que encontrei. Naquela mesma madrugada da aparição a Maria de Magdala, Ele pediu que fosse a minha casa e me preparasse para recebê-Lo ao lado daqueles que estavam aflitos e perdidos com Sua morte. Essa mulher, cheia de coragem e esperança, obedeceu ao Senhor, porém, muitos não acreditaram no que ela havia visto. Foi vítima de grande escárnio, mas Bartolomeu, com sua bondade, não ousou contradizê-la e acolheu-a com incondicional amor paternal. Assim, eu, Bartolomeu, João e Maria, mãe de Jesus, começamos preparar o que comer e beber para servir àqueles que em breve chegariam. Em meio à madrugada, quando já estávamos reunidos, o Senhor fez sua aparição e disse: "Não há morte após a vida, somos filhos da eternidade e não podemos crer que o fato de calarmos para uma existência, morremos e encerramos o que somos. Os profetas disseram que do pó viemos e para o pó voltaremos, e isto significa que morremos para uma vida e voltaremos em outras sucessivas vidas. Por isso, estou aqui para confirmar aos incrédulos e àqueles que carregam a dureza de coração, que não acreditam em Maria de Magdala. Os presentes receberam suas missões, mas poucos que estão agora sob este teto suportarão a luta em meu nome. Muitos renunciariam a mim em virtude de suas necessidades pessoais. Entretanto, aqueles que permanecerem comigo deverão percorrer todas as paragens e sedimentar no mundo meu nome, proclamando o Evangelho a todo coração filho de Deus. Deverão ensinar o que é a conversão e expressão do batismo e renunciar aos credos passados e mergulhar no novo credo deixado por mim. Aqueles que continuarão comigo terão seus dons inatos exaltados. Alguns doutrinarão os mortos e falarão muitas línguas, imporão as mãos sobre os enfermos e os curarão como Eu os curei, verão os mortos e proclamarão a certeza que há vida no além-túmulo. Mergulharão no veneno mortífero das sombras para resgatar aqueles que sofrem de si mesmo, sejam vivos ou mortos, e nada sofrerão, pois sairão intactos, sob a proteção dos emissários que trabalharão para mim. Então, para alcançarem a boa ventura, deverão esquecer as causas pequeninas que os escravizam no chão e, libertos, deverão voar como os pássaros dos céus, levando consigo o meu Evangelho e o distribuindo à humanidade."

Pedro, emocionado, prosseguiu:

— Tempo depois, em meio a radiante clarão ao lado dos anjos, desapareceu e retornou ao mundo que ainda não habitamos, porque o Senhor está ao lado de Deus.

— O que aconteceu depois?

— Me restou orientar cada um a seguir uma estrada e um destino. E assim, seguimos a pregar pelo mundo.

— Ora, meu amigo, não guarde em sua alma o peso das diferenças, são elas que nos ensinam a fortificar a fé.

Percebendo a apreensão de Marcos, Pedro fervorosamente orou:

— Senhor, suplicamos que nos auxilie a modificarmos o que somos, porque temos consciência de nossas chagas, mas não em sua totalidade. Amplia-nos, Senhor, a razão e o nosso ser. Dê-nos calma para ter a compreensão de Seus passos. Ensine-nos a vencer o ego e o orgulho e, quando apontarmos queixas em nome de outros, deixe-nos, Senhor, compreendermos que as queixas que apontarmos contra nossos semelhantes nada mais são do que o reflexo das imperfeições que ainda habitam em nós. Ensine-nos a olhar o nosso semelhante como um mestre diferente, porque são eles que nos fortalecem e nos fornecem oportunidades benditas de praticarmos a calma, que é a cura das nossas chagas, fazendo-nos enxergar o que temos de modificar em nós mesmos.

Envolvidos pela emoção do momento, retiraram-se e encaminharam-se para a residência de Pedro.

Ainda envolvidos pela força do amor daquela reunião, chegaram à residência do ex-pescador tempo depois, e Pedro entregou a Marcos vários pergaminhos embrulhados em pele de cordeiro que trazia consigo.

Marcos, curioso, não tardou em passar os olhos e logo identificou:

— Por Deus! São os escritos[13] de Estevão...

— Sim — respondeu Pedro — confio-lhes a você para que sirvam para concluir seus escritos.

Marcos, tal qual uma criança ao ganhar um presente, leu rapidamente os escritos e ressaltou admirado:

— Aqui há detalhes sobre os milagres de Jesus e aqueles procedimentos de cura promovidos por você e os outros apóstolos. Além disso, há informações sobre a vida do Mestre ao lado de Maria de Magdala,

---

13 (N.A.E. Bernard) Estevão seria, sem dúvida, um evangelista e também seria conhecido como o eco de Pedro. Não podemos prescindir que no Evangelho de Marcos encontramos fortemente a expressão do jovem hebreu Estevão. Quando estava vivo, Estevão registrou os milagres de Jesus com um foco em suas próprias experiências de cura pela imposição de mãos. Sem dúvida, Marcos dedicou-se a catalogar os milagres de forma mais contundente e precisa, assim como Estevão.

incentivando-a a trabalhar em seu nome e apaziguar as vaidades entre seus seguidores — lendo rapidamente os escritos, ressaltou: — Pedro, aqui há algo curioso. Veja, aqui ele dedica páginas a uma jovem chamada Ester[14]. Diga-me, quem foi esta mulher aqui descrita com tantos detalhes e generoso amor? Por que dedicar tempo a ela?

— Meu caro, muitos conheci ao longo da vida, mas ouso afirmar que apenas poucos marcaram minha vida e, entre estes, Ester... Ela chegou a minha casa por meio de Ruth, esposa de Bartolomeu, acompanhada de uma linda mulher chamada Raquel. A pobre jovem foi perseguida injustamente por um crime que não cometeu.

— Ora! Se era inocente, por que a pobre mulher foi acusada?

— Ela foi escravizada e servia na casa de um nobre romano, onde sua esposa chamada Helena estava muita enferma. Ester era detentora de um encantamento especial e todos que a conheciam se afeiçoavam a ela. Não tardou para que a esposa do nobre também estabelecesse uma relação carinhosa. Por intermédio de Ester, Helena conheceu Jesus e converteu-se ao cristianismo, o que causou grande descontentamento no patrício. Entretanto, um dia, sua esposa foi envenenada e Ester foi acusada desse hediondo crime. Também foi acusada de ter convertido Helena ao cristianismo. Tentando salvar-se, Ester se refugiou em nosso grupo. Exatamente nesse período, Estevão atuava conosco e também se curvou aos encantos singelos dessa jovem. Com ela firmou um vínculo carinhoso. Tornaram-se grandes amigos, mesmo que por um período bastante curto. Nos dias

---

14 (N.M.) A história de Ester, Raquel e Tarquinius Lidius Varro foi relatada no livro *Salmos de redenção*, pelo espírito Ferdinando – psicografado por Gilvanize Balbino Pereira.

em que estiveram juntos, ele se dedicava a ensiná--la sobre Jesus. Pareciam amigos de muitas e muitas vidas pretéritas.

— O que aconteceu com ela?

— Infelizmente, o romano, cheio de ódio, quis vingar a morte da esposa e arregimentou um exército para encontrá-la. Ester foi encontrada, presa e sentenciada à morte. Na vinha de Deus, a verdade é soberana e a mentira não perdura por muito tempo. Quando Ester estava agonizando nos braços do romano, ele descobriu que era sua filha, a criança que havia sido raptada logo que o patrício chegara nestas paragens.

— Quem é este patrício?

— Tarquinius Lidius Varro, seguidor fiel de Bartolomeu, que compila, assim como você fez comigo, as lembranças de Jesus — após longo suspiro, continuou: — afinal, tanto eu quanto ele somos analfabetos e, se não fossem vocês, tudo que sabíamos do Mestre morreria conosco.

— Por Deus: ela é a filha de Tarquinius? Ele conhece estas linhas?

— Não, porque ele não teria maturidade, naquele momento, para acessá-las. Agora sei que está mais forte e, por isso, rogo-lhe: faça com que ele conheça estes registros de Estevão sobre sua filha. Sabe o quanto Estevão me é importante e esse foi um pedido dele a mim, dias antes de ser preso e sentenciado à morte. Não tenho como ausentar-me daqui e sinto-me impotente para atender-lhe essa requisição.

— Daqui seguiria diretamente para Alexandria, mas modificarei a rota e encontrarei Bartolomeu e Tarquinius. Não se preocupe, farei o que me pede, o amigo Tarquinius precisa saber o quanto era especial sua filha. Além do mais, respeito-o muito porque sua conversão é comentada por muitos e consolidada nos sólidos pilares do cristianismo.

Pedro, extremamente emocionado, disse:

— Marcos, quando Estevão morreu fiquei inconsolável. Ele era para mim um filho amado, por quem tinha grande afeição. Estevão anotava todas minhas lembranças de Jesus e as utilizava nas pregações, acreditava que ele seria um evangelista. Entretanto, a vida mostrou o contrário. Um dia, sozinho fui até a praia e orei, suplicando orientação, pois aquele que estava compilando as informações do Mestre para mim não estava mais entre nós. Foi então que o Mestre radiante apareceu e disse: "Pedro, não se preocupe com o dia de amanhã, pois eu lhe enviarei outro filho de Deus que levará consigo a missão de registrar meus feitos... E assim eternizar meus ensinamentos. Acima de todas as ocorrências da vida comum, o amor de Deus organiza as leis de equilíbrio e verdade. Portanto, confiar é a lei, mas agir é o que o Senhor espera de cada um de nós. O tempo tem suas leis e ele estabiliza as coisas que, aparentemente, estão longe do querer de Deus. Guarde-se em oração, trabalho e não perca a esperança, porque sempre há uma nova oportunidade para recomeçar." — após breve pausa, Pedro, com um sorriso largo, carinhosamente abraçou Marcos e disse: — Hoje não tenho dúvidas que este enviado prometido por Jesus seja você, Marcos, meu filho eterno a quem confiei minhas lembranças do Mestre...

Capítulo 4

Unidos pelo coração, necessária despedida

"Ninguém põe vinho novo em odres velhos; caso contrário, o vinho estourará os odres, e tanto o vinho como os odres ficam inutilizados. Mas, vinho novo em odres novos!"

Marcos, 2:22

Dois dias correram céleres.

Naquela noite, após as notícias recebidas, Pedro ficou preocupado com o futuro de Marcos. Com fé, o apóstolo buscava na prece as respostas às suas dúvidas, que o deixavam inquieto. Em silêncio, orava, rogava aos céus que Deus lhe desse os caminhos corretos para que as dúvidas e os medos ainda residentes em seu coração se afastassem.

Ao final, levantou-se, caminhou em direção a Marcos, abraçou-o como um pai e disse:

— A informação de que seu nome está sendo procurado nestas paragens me preocupou. Temo por sua segurança. Há divisão entre os seguidores de Jesus. Muitos ainda traduzem os ensinamentos do Senhor para outros seguimentos distantes do amor celestial. Muitos são os confrontos; judeus buscam no Cristo a força para levantar suas guerras, outros povoados e religiosidades se manifestam contrários à chama viva do amor. A mim restou ser o equilíbrio entre tantas diferenças — suspirando, prosseguiu: — Por motivo de segurança, até de meu amado amigo Bartolomeu tive de me separar e pedir para que seguisse outros caminhos e evangelizasse a região da Índia. Sei que ele cumpre sua missão e hoje está nas paragens da Armênia. Sua coragem é algo que guardo no coração, e especialmente os amigos que o acompanham a jornada, como os romanos convertidos Tarquinius Varro e Marcellus. Bartolomeu foi alguém muito importante para mim. Apoiou-me muito quando precisei e quase fraquejei na fé, no momento em que me afastei de Paulo. Recebi uma missiva dele e nela encontrei forças para seguir. Escute as palavras desse homem, digno de nosso respeito e admiração: "Pedro, amigo eterno, bem-aventurado é aquele que sabe que o erro corrigido é eternamente uma graça recebida e, quando diante dos testemunhos mais comuns apresentados na própria vida, liberta o coração e recomeça. Recomeça olhando dentro de si próprio, reconsiderando feitos, organizando os sentimentos e a sabedoria acumulada em tantos dias de vivência diante da força do Nosso Senhor convertida em expressões de amor. Dessa maneira, não há medo quando se tem fé, esperança, ou quando se é convocado a renunciar a tudo, ou se separar dos seus amores e até rever a vida em seus feitos, porque as atividades em nome do Senhor são as bem-aventuranças mais ternas que o nosso Senhor depositou em nossas mãos. Esqueça o passado porque ele é apenas uma lembrança. O agora é a coragem de avançar os portais do invisível sabendo que a morte não cala, mas que a morte fala além do nosso querer e da nossa expressão mais íntima. Lembremos que entre a vida e a morte existe a certeza de que sempre a vida prevalece e nos reencontraremos no aconchego do amor de Deus. Não permita a dor da mágoa tomar seu coração e invadi-lo de medo, porque o amor vence o medo e os fantasmas das lembranças tristes de um pretérito que não volta mais. Lembre-se que você carrega em si a sabedoria da continuidade da vida. Que sejamos aquele que testemunha com amor o esquecimento das faltas cometidas, porque sabemos que a vida não termina nos portais da morte, mas continua com a graça de avançarmos pela luz do vento e do tempo, encontrando nossos amores, sedimentando a nossa fé e sabendo sempre que, entre a mágoa e a vida, quem triunfará será o amor..." — Pedro, comovido e emocionado, após pausa, continuou: — Bartolomeu sempre foi um homem digno e, mesmo desconhecendo as brilhantes letras, articulava as palavras com sabedoria.

Marcos, respirando profundamente, após breve pausa, assentiu:

— Concordo com você a respeito de nosso amigo. Tem razão, pois todas as vezes que nos dedicamos à nossa fé, obstáculos aparecem em nossa frente. Perdemos aqueles que amamos, separamo-nos dos amigos que considerávamos fiéis seguidores das nossas causas, aqueles em quem confiávamos nos viram as costas e, hoje, encontramo-nos sós, diante daquilo que o Senhor nos reservou. Devemos aguardar e esperar a força do tempo, porque há de vir um dia em que todas as nossas dúvidas serão caladas em nosso coração e, quando perguntarmos se valeu a pena os nossos sofrimentos e renúncias em nome do Cristo Redentor, nós mesmos encontraremos as respostas no trabalho. Dediquei-me, por muitos anos, a erguer as igrejas cristãs em solos hostis. Veja o exemplo do Egito, uma terra legada a total idolatria. Hoje afirmo que é o refúgio de muitos cristãos. Orgulho-me da igreja de Alexandria e de seu esplendor. Lá, muitos cristãos seguem os conselhos do Evangelho, de modo perfeito. A igreja cresce dia a dia. Esse sempre foi meu ideal cristão, fazer com que os convertidos se libertassem de seus passados religiosos e encontrassem em Jesus os ensinamentos corretos para suas vidas. Mesmo confiando no Senhor, diante de tantas atrocidades, temo o amanhã.

— Tenhamos fé e lembremos os ensinamentos do Mestre: "Olhai as aves do céu: não semeiam, nem colhem, nem ajuntam em celeiros. E, no entanto, vosso Pai celeste as alimenta. Ora, não valeis mais do que elas?"[15]

Pedro respirou profundamente. Cheio de compaixão, secou uma lágrima tímida e, olhando nos olhos do amigo, disse:

— Não tema o amanhã. Sei que chegou o momento de nos despedirmos. Não nos encontraremos mais nesta vida, mas estaremos juntos eternamente. Entretanto, confio que o Senhor não nos abandonará e, um dia, voltaremos a nos encontrar em tantas vidas.

Pedro, buscando inspiração em seu coração, com carinho disse:

— Nas lutas da vida, persevere para que a luz de Deus recaia em seu coração Na doença, acredite na força da esperança e resigne-se sempre. Na angústia, levante-se confiante no amor de Deus e no amor próprio que modifica. No desespero, espere para que a força do tempo modifique o rumo dos seus sentimentos. No sofrimento sem causa, ore para que Jesus possa estar presente, auxiliando e incentivando a transformação que renova. No abandono, renuncie vigilante aos apegos doentios que ulceram, para que a felicidade celeste

15 (N.A.E. Ferdinando) Mateus, 6:26

toque o seu coração. Na solidão, preencha o vazio do coração com os bálsamos da fé que invadem os vales íntimos da alma e da mente, fazendo-o levantar-se em serviço ao bem comum. Nas sombras do mundo, acenda a candeia detentora de paz e divida com a família humanidade. Nos tropeços, reerga-se sem dúvidas, para que o seu esforço seja reconhecido no trânsito da vida. Na morte, fortifique-se para que a coragem indique o caminho certo da sustentação e resistência em nome de Deus. Em todas as ocasiões seja operante, encontrando motivação sempre, para que os véus do egoísmo não ceguem as existências e interrompam a trajetória individual de cada um. Reerga-se sempre, diz o Senhor, pois, com humildade, respeito, tolerância e carinho, a luz se fará presente, mesmo quando as sombras persistirem em cobrir os seus olhos em lágrimas de desespero. Fixemos as energias para os altos valores positivistas que renovam os nossos espíritos e trabalhemos: pelo amor, mesmo entre golpes, esquecimentos e injúrias; pela paz, mesmo entre a dor da tempestade avassaladora; pela resistência da fé, mesmo entre o sofrimento oculto; por Jesus, para sentirmos dentro de nós a semente da plenitude e da esperança germinarem, transformando fraquezas em silêncio, cicatrizado em nossas vidas, seguindo rumo ao encontro da vitória sob a luz e o amparo de Deus...

Marcos, reflexivo, interveio:

— Muito tenho a aprender, gostaria de permanecer ao seu lado por mais tempo... Necessito concluir meus escritos e me faltam mais informações.

— Meu filho — disse Pedro — também o queria ao meu lado, mas os fatos nos obrigam a sermos realistas e, por isso, rogo que parta o quanto antes. Soube que Bartolomeu está, temporariamente, na região do Delta, em Luxor. Há dias, enderecei-lhe uma missiva dizendo que, em breve, você estaria em Alexandria. Então, ele respondeu-me afirmando que aguardará sua visita. Filho, creia, assim poderá concluir seus escritos. Ele, ao certo, terá muito a contribuir.

Assim, aqueles homens, banhados por uma fé incondicional e pelo amor ao Cristo Jesus, continuaram conversando sobre o rumo de suas vidas, abençoados pelas estrelas que bordavam o céu...

Capítulo 5

No Egito – Bartolomeu e Marcos, ensinamentos e Evangelho

"A vós foi dado o mistério do Reino de Deus; aos de fora, porém, tudo acontece em parábolas, a fim de que vendo, vejam e não percebam; e ouvindo, ouçam e não entendam; para que não se convertam e não sejam perdoados".

Marcos, 4:11-12

Após os fatos relatados, Marcos seguiu para o Egito.

Após dias de difícil e sofrida viagem, chegou a uma região chamada Luxor. Situada ao sul do Cairo, Luxor desenvolveu-se sobre as ruínas de Tebas, antiga capital da civilização egípcia. Em toda parte, identificava-se a riqueza do passado, quando a cultura faraônica se mesclara com religiões locais. Naquele momento, a crescente crença no Deus único afrontava os cultos a diversos deuses mitológicos.

O lugar era presenteado pela beleza imponente do Nilo, que serpenteava a cidade e dividia-a em duas partes: oriental, onde se consagravam os vivos e se concentrava grande parte dos templos religiosos dedicados aos deuses mitológicos; e ocidental, onde se consagravam os mortos, centralizando as necrópoles do antigo Egito.

Ao fundo deste cenário, as imponentes pirâmides impressionavam pela magnífica e perfeita obra, consolidando o passado no presente. Marcos, sem demora, atravessou a cidade que já lhe era conhecida e chegou à residência de uma família cristã. Imediatamente, uma mulher madura recepcionou-o, acomodou-o em um assento confortável e, em seguida, serviu-lhe o que comer, enquanto seu neto foi notificar o avô Joel da chegada do apóstolo.

Naquela oportunidade, Bartolomeu havia saído da região da Palestina e, com ele, dois convertidos o acompanhavam: Tarquinius Lidius Varro, um romano de linhagem nobre que, após ter perdido sua amada filha e esposa, dedicava-se aos trabalhos realizados por Bartolomeu e registrava os episódios[16] da vida de Jesus narrado por Bartolomeu; e Marcellus, um ex-militar que também, ao lado ao amigo Tarquinius, acompanhava o apóstolo em suas jornadas cristãs.

Tempo depois, quatro homens adentraram o recinto: Joel, Bartolomeu, Tarquinius e Marcellus. Após calorosas saudações, os homens foram se sentar na varanda simples e, entre banal conversação, Marcos disse:

— Bartolomeu, meu amigo, fiquei feliz ao saber que o encontraria e, ao mesmo tempo, surpreso por estar nestas paragens.

---

16 (N.A.E Bernard) Os episódios aqui citados referem-se aos textos descritos nos Evangelhos Apócrifos, os quais Bartolomeu, pelas mãos do romano Tarquinius Lidius Varro, compilou e distribuiu na região do Oriente, região essa na qual registra-se a passagem do apóstolo.

(N.M.) Foram detalhados no livro *Verdades que o tempo não apaga*, dos espíritos Ferdinando e Bernard – psicografado por Gilvanize Balbino Pereira.

— Filho, estou de passagem. Meu destino é a Índia,[17] mas recebi uma missiva de Pedro pedindo para encontrá-lo. Disse-me que seria muito importante, porque necessitava de algumas informações sobre os milagres do nosso Jesus que somente eu possuía. Meu caro, não ousaria deixar de atender uma solicitação de Pedro, então, acreditei ser melhor permanecer por aqui um pouco mais.

— Meu amigo, recebi de Pedro um amor incondicional. Desde o dia em que me converti e abandonei o judaísmo, ele me acolheu na condição de um filho amado. Entretanto, você sempre me apoiou e me protegeu das diversas críticas que recebi. Como alguém que sequer conheceu Jesus poderia ter a audácia de registrar seus feitos? — depois de prolongado suspiro, continuou: — Lembro-me de Ruth, sua esposa, quando a vi pela primeira vez, não tardou para acolher-me como uma mãe caridosa.

— Digo o mesmo — disse Tarquinius, com os olhos brilhantes. — Além de acolher a mim e Marcellus, foi alguém que jamais esquecerei. Tomou em seus braços minha filha e foi a mãe que ela precisou...

— Sim, meu amigo — disse Marcos — também estou aqui porque Pedro me pediu para lhe entregar essa missiva. Não a entregou antes, pois precisava ter certeza de sua convicção cristã e, sobretudo, que estaria maduro para receber e compreender as palavras aqui escritas. Disse-me ainda que lhe perdoe. Quando escreveu a missiva, o autor dividiu com Pedro cada linha, mas agora é importante que tome conhecimento de seu conteúdo.

---

17 (N.M.) Bartolomeu iniciará, no ano aproximado de 59 d.C., seu apostolado na Índia, conforme citado no livro *Salmos de redenção*, do espírito Ferdinando – psicografado por Gilvanize Balbino Pereira. Cap. IV (parte II).

Tarquinius, surpreso, recebeu-a e, imediatamente, a abriu, acreditando conter alguma instrução a ser repassada a Bartolomeu. Ao iniciar a leitura, não escondeu a emoção. Marcos, percebendo a atitude do amigo, disse:

— Caro, permita-me que leia para você.

Tarquinius não recusou e Marcos, com brandura, iniciou:

— "Amigo, inicio desta maneira porque, depois de ter conhecido sua filha Ester, não poderia ser diferente, afirmo diante de Jesus que você é meu amigo... Não tenho certeza que esta carta chegará às suas mãos, mas conheci sua história e de nossa Ester. Jovem que guardo no coração, assim como sei que também a guarda em sua alma. Há dias, a vi sair da casa de Pedro acompanhada pela guarda ordenada por você, mas, desde aquele dia, sei o quanto seu coração de pai há de sofrer pelo equívoco cometido. Por essa razão, dividi com Pedro minha preocupação e decidi registrar estas linhas. Sei que nada poderá modificar o passado, mas sei que, no presente, poderá despertar a fé e o amor ao Cristo Jesus, que abrandará sua alma após o sofrimento que foi acometido. Fui agraciado por poder compartilhar alguns momentos ao lado de sua filha Ester e confesso que jamais vi tamanha força, coragem e fé emanarem dos olhos de uma simples mulher... Encantei-me ao ouvi--la falar de Jesus, pois não conheci o Mestre e todos que se aproximam de mim trazendo informações sobre Ele são importantes. Entretanto, mesmo tendo ouvido muitos falarem do Senhor, com ela foi diferente, porque, ao falar do Cristo, sentia, por sua doçura e humildade, que o Senhor vivia em seu coração e tocava minha alma. Ainda sinto em mim o perfume de suas palavras ao falar do Mestre...Em uma noite, ela me disse que sabia que da sua sentença de morte, mas que, antes de morrer, gostaria de olhar em seus olhos e dizer: “Pai, amo você e lhe perdoo, mas não se revolte contra Jesus, viva por Ele até o final de seus dias... Pois meu único desejo é que ele conheça nosso Mestre Jesus”. Oh, Deus, jamais vi alguém ser coroada por intensa luz ao apenas pronunciar uma frase tão banhada de perdão e entendimento. Essa frase calou-me no coração, de alguma maneira você precisaria saber disso. Não veja este ato meu como um julgamento. Você é um homem que conhece as leis, mas um dia conhecerá as leis supremas regidas por nosso Deus e estabelecidas por Jesus. As escolhas em nossas vidas, muitas vezes, nos cegam, e não sabemos para onde conduz os nossos atos. Respeito seu sofrimento. Quando Ester foi tirada brutalmente dos braços de Helena e ceifada de suas mãos, transformou-se em um homem frio, tentando proteger-se da dor que habitava em seu ser. Com essa perda, a enfermidade de sua esposa selou seus sentimentos ao silêncio profundo. Entretanto, aquela que tanto amava na figura de sua filha foi sentenciada por você à escravidão. Perdoe-me, mas não posso omitir as lágrimas que voluntariamente marcam meu rosto e a emoção me toma o coração, porque minha história se assemelha à história de Ester, ambos éramos escravos, com uma diferença: ela servia ao próprio pai e mãe sem sequer ter conhecimento. Sinto-me na obrigação de revelar que, sim, Tarquinius, Ester, além de sua filha, era inocente e não tirou a vida de sua esposa Helena. Essa jovem, que se assemelhava a um anjo do Senhor, aceitando silenciosamente os desígnios de uma vida marcada pela insensatez e dor, serviu a você e a Helena na condição de escrava, sem sequer saber que tratava de seus pais, pessoas tão necessitadas do amparo do Senhor. Entendo que a maior dor que podemos sentir é saber que esqueceremos, ao longo do tempo, as feições daqueles que amamos um dia... Sinto apenas por você não ter conhecido sua filha como eu conheci, mas, em minhas orações, suplico que sempre ela lhe seja presente em suas recordações, como o é para mim. O objetivo de Ester era vê-lo convertido ao Cristo, então, lembre-se: Chamando a multidão, juntamente com seus discípulos, disse-lhes: "Se alguém quiser vir após mim, negue-se a si mesmo, tome a sua cruz e siga-me. Pois aquele que quiser salvar a sua vida, irá perdê-la; mas, o que perder a sua vida por causa de mim e do Evangelho, irá salvá-la."[18] Mesmo que perseguições gratuitas, enfermidades, solidão, calúnias recaiam sobre seus ombros em razão de sua conversão; suporta, pois nada e ninguém poderá fazer você renunciar a tarefa renovadora. Recorde-se que o tempo é o juiz de todos e pode ser silencioso e impiedoso, mas, para aquele que serve ao Senhor, o amor celestial restabelece as energias e abençoa o esforço individual, trazendo a paz do dever bem cumprido. A dedicação ao bem, por menor que se apresente, diante do Senhor é o registro iluminado de amor ao próximo. O espírito de sacrifício em nome de Jesus será sempre acolhido pelo coração do Altíssimo e nada lhe faltará. Rogo que um dia viva a grandeza divina, servindo e amando ao cristianismo, pois acredito que Jesus chamou a muitos, mas escolheu poucos, entre poucos está você. Portanto, utilize seu conhecimento em favor da causa do Cristo, porque ela precisa de alguém com seu discernimento, aquele manifestado quando era um homem de Roma. Mas exalto agora o homem novo, homem do Senhor. Do amigo e servo de Jesus: Estevão"[19].

---

18 (N.A.E. Ferdinando) Marcos, 8:34-35

19 (N.A.E. Ferdinando) Estevão, cheio de compaixão, não poupava dizer que "suas histórias eram semelhantes em estradas diferentes,

Tarquinius não suportou a emoção, chorando caiu sobre os próprios joelhos e, encobrindo o rosto, começou a soluçar tal qual um menino. O silêncio foi rompido pelo soluço desesperado, todos inertes ouviram aquelas palavras e não omitiram a emoção, pois a situação do romano era digna de compaixão.

Bartolomeu, com carinho, levantou-o e disse:

— Conheci a jovem Ester, não foi difícil amá-la como a uma filha. Entendo a página deixada por Estevão e compartilho com ele a certeza de que, quando a conhecemos, é impossível esquecê-la. Também sei de todos os detalhes de sua história. Possuímos um passado que está ligado ao presente por meio de uma ponte. Temos de escolher entre voltar por esta ponte e viver o passado ou destruí-la e viver no presente de forma a encontrarmos novas oportunidades para continuar. Entretanto, quando escolhemos seguir adiante, temos de destruir a ponte que nos remete ao passado. Isto não significa esquecer nossos amores, mas, sim, nos libertarmos. Nada ocorre pelas linhas do acaso. Sua filha marcou muitos corações e direcionou todos aos braços de Jesus. Vejo, todos os dias, seu esforço em modificar sua existência e rumar seus dias para o Cristo. A conversão é igual a uma árvore que necessita de trato e poda.

---

mas ambas convergiam a Jesus", isso fez com que nos dias em que Ester viveu na casa Pedro, Estevão e ela estabelecessem uma relação próxima de amor. Infelizmente, os fatos aqui relatados não poderão ser encontrados nas versões atuais do Novo Testamento, por terem sido retirados ao longo da história, especificamente no período da Santa Inquisição. Os bispos, buscando manter a divindade de Paulo, retiraram quaisquer aproximações femininas da imagem de Estevão, para que não houvesse nenhuma possibilidade de associações de sua imagem a um homem comum.

(N.M.) Essa história foi relatada no livro *Salmos de redenção*, do espírito Ferdinando – psicografado por Gilvanize Balbino Pereira.

Sua origem romana é de um homem das leis e do pensamento, mas sua essência como filho de Deus não lhe retirou a fé.

— Meu amigo — disse Tarquinius, com lágrimas orvalhando suas faces. — Como Jesus poderia aceitar alguém como eu? Um homem que sentenciou a própria filha à escravidão e à morte. Que, ao longo de seus dias, calou-se diante de tanta insensatez. Oh, Senhor, quando olho para mim, vejo apenas um vazio sem doma. Minha única certeza é de que o cristianismo é meu chão, sem o qual não poderei continuar. O nevoeiro passou, agora consigo enxergar melhor os fatos de minha vida e sei que minha fé me conduz a Jesus. Ela é a minha luz.

— Sabe bem — disse Marcellus — que também trago no meu silêncio a dor de minha insensatez, como ex-militar não posso omitir que pesa sobre meus ombros muitas faltas, mas acredite, Ester foi a grande razão de minha conversão, se não fosse ela, não estaria aqui. Fui treinado para utilizar a razão, mas Ester me fez entender o quanto é importante sentirmos. Hoje creio em Jesus e isso me é suficiente. As mulheres de sua vida marcaram seu coração, mas é necessário seguir e sei que Jesus já é uma verdade em seu coração. Para mim, você é um presente que agradeço por acompanhar-me ao longo de minha estrada. Sabemos que não há morte[20], vivemos além desta vida e sei que, um dia, a reencontraremos.

Marcos, pensativo, interveio com compaixão:

— Tarquinius, compreendo sua dor, mas saiba que não conheci Jesus. Eu era judeu pronto para seguir meu

---

20 (N.A.E. Bernard) Os conceitos sobre pluralidade das existências foram difundidos no cristianismo em seus primórdios, portanto, nos sentimos confortáveis em utilizá-los nesta obra, pois não podemos esquecer que a obra cristã sofreu muitas adequações e textos desta natureza foram retirados por causa da insensatez religiosa.

sacerdócio, porém, quando me deparei com o cristianismo, não posso omitir que também enfrentei grande conflito interior. Antes de decidir por minha conversão, também questionei quem eu era, minhas escolhas, medos aportaram em meu coração, especialmente porque sabia que deixaria para trás uma vida. Então, um dia, estava sozinho sentado na praia, buscando na oração forças para encontrar meu caminho, quando Pedro aproximou-se e, com respeito, disse: "Muitos sacerdotes dotados de inteligência convertem-se e, quando acreditam ter alcançado o ponto máximo do saber, esquecem-se da humildade e se colocam em uma posição elevada distante do Senhor. Estes mesmos sacerdotes, diante da missão apostólica, oferecem ao Senhor promessas de dedicação, fortunas e poder, mas, ao primeiro momento de provação, fogem de suas tarefas e entregam-se ao próprio desespero interior, chamado vaidade. O padrão de fé de Jesus brilha soberano sobre todos nós. Ele falou a todos sem distinção e empenhou-se a ensinar o povo a ser melhor. Do que adianta tamanho conhecimento ou inteligência, se repousam inertes no coração. Todos que se convertem deveriam calar na alma a oração que aprendemos com o Senhor:

Pai Nosso que estais no céu;
Santificado seja Seu nome, venha nós o Teu reino.
Seja feita a Tua vontade, assim na terra como no céu. O pão nosso nos dai hoje.
Perdoai nossas ofensas assim como nós perdoamos a quem nos tem ofendido.
Não nos deixei cair em tentação, mas livrai-nos do mal...

"Filho, Jesus espera por você, então, não perca mais tempo entre dúvidas ou medo, saiba agir e perseverar o quanto antes, pois não queira promover mudança em sua vida acreditando que estará ausente das provas. Lembre-se, sempre, que as provas são os alicerces de uma boa prática da fé."

Marcos, emocionado, não escondeu a lágrima tímida que lhe marcou a face e, depois de prolongado suspiro, continuou:

— Não posso omitir que, no início, sofri o escárnio de meu meio, ainda que nem tanto de minha família. Abri mão de um amor e de meus bens. Entretanto, daquele dia em diante, fiz minhas escolhas e não me arrependo, porque hoje sou um homem melhor do que fui ontem. Sei que o tempo confortará seu coração e abrandará sua alma afoita. Por agora, entregue a Jesus aquilo que não poderá modificar e busque na oração a força para seguir adiante.

Algum tempo depois, aqueles homens permaneciam em conversação. Bartolomeu, alterando o rumo da conversa, disse:

— Estou surpreso com o trabalho que fez nesta região em prol do cristianismo. Como cheguei antes de você, tive a oportunidade de conhecer as comunidades cristãs.

— Não posso negar que algo muito importante contribuiu na obtenção de tal êxito. O povo egípcio já trazia consigo o conceito do Deus único. As leis mosaicas colaboraram para que os deuses mitológicos dessem lugar ao Deus de Abraão. Isso facilitou a aceitação de Jesus, o Messias.

— Na missiva que recebi de Pedro, ele disse que você está quase no final do Evangelho e me pediu para cooperar com alguns episódios sobre as curas de Jesus.

— Sim, preciso de sua ajuda. Há fatos que Pedro não presenciou e disse que você seria o único que poderia relatá-los, sem alterá-los. Estou cuidadoso com estes registros, pois tenho enfrentado alguns rabinos que acusam os cristãos de afrontarem os mandamentos de Moisés. Baseados nas escrituras, Deuteronômio, capítulo 18, que proíbe a comunicação com espíritos, dizem que somos feiticeiros e citam, como exemplo, Jesus, que curou um possuído, o que desencadeou muitas discussões. Portanto, Pedro achou melhor encontrá-lo para elucidar o caso.

— Certa feita — ponderou Bartolomeu — disse a Pedro que tanto eu quanto ele somos privilegiados. Ele tem você, Marcos, e eu tenho Tarquinius, para registrarem as lembranças que carregamos do Mestre e, assim, fazer com que elas não sejam esquecidas. Somos homens simples, mas Jesus reconhece em cada um o seu dom. Em mim, o dom da cura e não das letras — buscando sua velha bolsa, retirou alguns escritos e disse: — Aqui está parte das escritas que Tarquinius compilou e que distribuímos no Oriente.

Marcos passou rapidamente os olhos e, emocionado, exclamou:

— São os textos descritivos sobre os milagres promovidos por Jesus, dos quais, segundo Pedro, somente você detinha os detalhes. Entre outros relatos, aqui está a cura do endemoninhado[21]; a cura do leproso — comovido, completou: — e, aqui está o que eu procurava há tempo, a descrição da cura do paralítico[22]:

---

21 (N.A.E. Ferdinando) Os textos recebidos de Tarquinius Lidius Varro serviram para o apóstolo Marcos completar seu Evangelho nos registros sobre as curas promovidas por Jesus.

22 (N.A.E. Ferdinando) Marcos, 2:1-12

“Entrando de novo em Cafarnaum, depois de alguns dias souberam que Ele estava em casa. E tantos foram os que se aglomeraram, que já não havia lugar nem à porta. E anunciava-lhes a Palavra. Vieram trazer-lhe um paralítico, transportado por quatro homens. E como não pudessem aproximar-se por causa da multidão, abriram o teto à altura do lugar onde Ele se encontrava e, tendo feito um buraco, baixaram o leito em que jazia o paralítico. Jesus, vendo sua fé, disse ao paralítico: “Filho, os teus pecados estão perdoados”. Ora, alguns dos escribas que lá estavam sentados refletiam em seus corações: “Por que está falando assim? Ele blasfema! Quem pode perdoar pecados a não ser Deus?”. Jesus imediatamente percebeu em seu espírito o que pensavam em seu íntimo, e disse: “Por que pensais assim em vossos corações? O que é mais fácil dizer ao paralítico: ‘Os teus pecados estão perdoados’, ou dizer: ‘Levanta-te, toma o teu leito e anda?’ Pois bem, para que saibais que o Filho do Homem tem poder de perdoar pecados na terra, Eu te ordeno – disse Ele ao paralítico – levanta-te, toma o teu leito e vai para a tua casa”. O paralítico levantou-se e, imediatamente, carregando o leito, saiu diante de todos, de sorte que ficaram admirados e glorificaram a Deus, dizendo: “Nunca vimos coisa igual!”

— Jesus — disse Bartolomeu — enquanto estava entre nós, demonstrou fortemente o poder da fé e o que ela pode promover quando estamos fielmente dispostos a servir. As imposições de mãos eram uma prática entre os nossos ancestrais e Moisés tinha consciência de sua importância. Entretanto, não podemos culpá-lo por condenar muitas manifestações envolvendo os espíritos. Lembremos que ele tinha a missão de ser líder de um povo que, mesmo consciente da existência do Deus único, ainda estava apegado às suas culturas e exercia as tarefas associadas a elas. Então, o que nos cabe é apenas desmistificar o ato dos milagres e divulgar aos povos por onde passarmos.

— Busquei ser extremamente imparcial — disse Tarquinius — detendo-me apenas nos fatos e não nas histórias que pudessem transfigurar a realidade em uma ilusão cheia de imperfeições. Jesus precisa ser retratado com amor, mas não podemos ser irracionais e proferir uma fé dogmatizada, que possa desviar os objetivos do cristianismo. Antes de qualquer coisa, devemos lembrar que somos apenas homens comuns e nossas limitações não podem modificar o que realmente é o Cristo, um ser perfeito, livre de qualquer prática inferior, promovida por nós mesmos.

— Amigo — disse Marcos — concordo com suas palavras. Acima de tudo e todos há o cristianismo e não podemos permitir que ele seja obscurecido pelas falhas de caráter que já se manifestam em nosso meio. O que escrevi foi muito criticado por muitos e não estive alheio às críticas feitas por alguns apóstolos. Diziam que minhas páginas eram frias e não expressavam a emoção que Mateus e João conseguiam manifestar. Eu era apenas o eco de Pedro. Confesso-lhe que, por não ter conhecido o Mestre, busquei informações em diversas fontes, mas Pedro, e agora Bartolomeu, foram as mais fieis. Muitos me descreviam o Cristo repleto de seu próprio eu, traçavam seus sentimentos e criavam um Senhor distante demais da realidade que vivemos. O Cristo que amo é real e fortaleceu o Senhor nosso Deus, resumindo os ensinamentos proferidos por Moisés em apenas dois, os quais são a razão de minha existência. Se estes dois mandamentos estão gravados em nossos corações, o que devemos fazer senão praticá-los com amor, razão e fé. São eles: "Um dos escribas que ouvira a discussão, reconhecendo que respondera muito bem, perguntou--Lhe: "Qual é o primeiro de todos os mandamentos?" Jesus respondeu: "O primeiro é: Ouve, ó Israel, o Senhor nosso Deus é o único Senhor e amarás o Senhor teu Deus de todo teu coração, de toda tua alma, de todo teu entendimento, e com toda a tua força. O segundo é este: Amarás o teu próximo como a ti mesmo. Não existe outro mandamento maior do que esses."[23]

— Alegro-me poder ajudá-lo — disse Bartolomeu — pois, logo pela manhã, partiremos. Deixaremos, eu, Tarquinius e Marcellus o Egito e seguiremos para o Oriente. Rogo ao Senhor que Ele acompanhe seus passos, mas guie sempre suas mãos, para expressar a verdade e imprimir na alma dos convertidos o amor de nosso Jesus...

Marcos, emocionado, abraçou calorosamente o "apóstolo do coração"[24], Assim, aqueles homens permaneceram em conversação, detalhando seus planos futuros e firmando em seus corações a força do cristianismo renovador.

---

23 (N.A.E Ferdinando) Marcos, 12:28-31

24 (N.M.) No livro *Salmos de redenção*, do espírito Ferdinando, ao consultar o autor espiritual sobre esta expressão, Ferdinando disse: "Bartolomeu era carinhosamente conhecido pelos seus companheiros de jornada como "apóstolo do coração". Tratamento esse utilizado intimamente somente em seu meio e não divulgado à história."

Capítulo 6

Alexandria, o cristianismo de Marcos

Jesus lhes disse: "Não são os que têm saúde que precisam de médico, mas os doentes. Eu não vim chamar justos, mas pecadores."

Marcos, 2:17

Após os fatos relatados, enquanto Bartolomeu e seus amigos seguiram seus destinos, Marcos permaneceu na região com a missão de evangelizar e reforçar os trabalhos cristãos em Luxor.

Enquanto isso, sob a luz do sol que coroava o Delta, na terra dos faraós, no coração de Alexandria, o Egito é o novo cenário desta história.

A cidade mantinha muito de seu esplendor, ostentava, com grandeza, uma das sete maravilhas do mundo antigo, o lendário farol e, até então, a maior Biblioteca da Terra, que, além de um símbolo da cultura, era também um centro religioso, onde se realizavam as cerimônias dedicadas aos deuses mitológicos. Ali, a fé aos antigos deuses era desafiada pela fé judaica e pela nascente sabedoria cristã.

Naquele entardecer, em meio ao agitado comércio, um comerciante chamado Ambrosio, natural de Damasco, mas residente de Alexandria, chamava a atenção por sua voz aguda, a se sobressair entre tantas outras... Homem maduro, tez dourada, cabelos e olhos escuros, faces afiladas. Estava acompanhado de Otila, uma mulher de olhos brilhantes e marcantes. Suas madeixas negras com mexas nevadas eram ocultadas por um manto, que não escondia, contudo, uma beleza simples, mas forte.

A união de Ambrosio e Otila foi presenteada com uma única filha chamada Tamara; uma jovem de aproximadamente dezessete anos, cabelos e olhos cor de ébano. Seu expressivo sorriso exaltava a beleza de um rosto dourado.

Tercio, irmão de Ambrosio, um homem de baixa estatura, tez branca e faces arredondadas, vivia com a família, auxiliando-os nos árduos trabalhos para manter a subsistência de todos.

Naqueles dias, Ambrosio viajou em busca de mercadorias, deixando seu maior patrimônio, Otila e Tamara, aos cuidados de Tercio.

Em meio ao agitado comércio de Alexandria, ao final de mais um exaustivo dia, Otila e o cunhado recolheram seus pertences e iniciaram a marcha com destino a sua residência.

Enquanto isso, o céu azul dava lugar às estrelas, que anunciavam a chegada da noite, com a beleza de uma escuridão iluminada pela luz daquela lua cheia.

Entre banal conversação, aqueles corações seguiram firmando os vínculos de amor que os uniam...

Tempo depois, Otila e Tercio chegaram a um local nas proximidades de Alexandria.

Ao fundo de pitoresco cenário, as águas silenciosas do Nilo presenteavam a todos como um bálsamo de paz.

Serpenteando a região em sua maestria e imponência, era ele formado pela convergência de três rios: o Nilo Branco (Bahr-el-Abiad), o Nilo Azul (Bahr-el-Azrak) e o rio Atbara.

Uma casa simples demonstrava que as condições financeiras do comerciante Ambrosio eram limitadas e que a luta era grande para manter a esposa, a filha e o irmão.

Após a ceia, como de costume, enquanto as mulheres estavam envolvidas com os afazeres domésticos, Tercio sentou-se na varanda para organizar as peças de couro, que seriam levadas ao comércio no dia seguinte.

Neste ínterim, rompendo o silêncio da noite, seu irmão Ambrosio aproximou-se com um largo sorriso entrevisto sob a vasta barba que lhe encobria o rosto e o turbante que lhe envolvia a cabeça. Sua vestimenta era uma "abaia", uma espécie de capa de lã, de cores vermelho e marrom.

Otila abraçou-o carinhosamente e Tamara, ao ver o pai, repetiu o gesto da mãe. Após afetuosas saudações, acomodaram-se nos assentos disponíveis, enquanto Otila servia-lhe um refresco, pois o semblante do esposo não omitia o cansaço da difícil viagem.

Após algum tempo, Ambrosio, com animação, disse:

— Meu irmão, trago boas novas! Em razão de nossos negócios, fui obrigado a passar por nossa terra natal, Damasco, e as notícias sobre o cristianismo são boas. Muito se fala sobre a conversão de Paulo, o apóstolo. Suas cartas sobre Jesus Cristo têm influenciado muitos naquela região e redondezas. Fiquei muito feliz em ver que nosso credo cresce fortalecido e que muitos seguidores estão estimulados a repassar os ensinamentos de nosso Mestre, como aqui em nossa terra. Todos os dias, agradeço ao Senhor por ter conhecido Marcos. O que seria de nós sem a coragem e o amor de nosso Marcos, o apóstolo do Cristo?

— Recordo-me do dia em que você me convidou para conhecer o primo de Barnabé, Marcos — disse Tercio. — Acreditei que estaria diante de um enganador de algum culto, mas, ao ouvi-lo, não pude deixar de curvar-me diante de tamanha sabedoria. Tanto eu quanto você somos homens simples, sem riquezas e fomos aceitos pelos seguidores dos ensinamentos de Jesus com muito respeito. Quando Marcos iniciou a fundação de nossa igreja aqui em Alexandria, acreditei que seria impossível, afinal, muitos líderes religiosos locais eram e ainda continuam contra, mas nossa fé vence a cada dia.

Ambrosio, com um semblante pensativo, alterou o rumo da conversação:

— Devemos manter a vigilância. Logo Marcos voltará, mas não podemos esquecer que o domínio romano aqui é evidente. Tenho consciência de nossas limitações, somos apenas comerciantes sem recursos financeiros, mas depois de havermos nos convertido, passamos a viver por nossa fé. Desta realidade não podemos prescindir. Estou preocupado com os lideres locais políticos e religiosos...

— Meu irmão, diga-me o que tanto agita seu coração? — perguntou Tercio.

— Sabe bem que, nestas paragens, temos a figura de Servio, o judeu mercador. É um dos homens mais influentes e, praticamente, domina todo o comércio desta região e proximidades. Para manter sua riqueza, estabeleceu estreita aliança com os sacerdotes locais e com os romanos. Entretanto, ele também é de Damasco e pertence à linhagem familiar de Paulo de Tarso. A conversão de Paulo levantou a fúria de muitos, entre eles, de Servio, que não esconde o ódio pelo apóstolo, principalmente por ter abandonado sua fé de origem e se convertido à fé proferida por Jesus. Servio tenta, de todas as maneiras, desmerecê-lo e ridicularizá-lo. Soube que a ira de Servio voltou-se para Marcos, por ser primo de Barnabé, amigo de Paulo. Servio também odeia Marcos e prometeu persegui-lo, gratuitamente. Temo nosso amigo sofrer o peso dessa ira, assim como, temo que Servio intimide nossa fé e inicie um período de tumultos.

— Lembre-se, somos conhecidos como os "irmãos de Damasco", então, não devemos temer — disse Tercio, pensativo: — Confiemos. Por vezes, me pergunto por que Marcos nos confiou alguns trabalhos vinculados à manutenção da igreja de Alexandria. Mas tenhamos fé, aquela que aprendemos com os amigos de nosso credo, pois eles precisam de nós.

— Minha fé me fortalece, mas os comentários sobre o ódio de Servio contra Marcos são muitos fortes, portanto, algo em mim diz que devemos estar atentos e reforçar nosso trabalho em nome de Jesus. Não posso negar que estou ansioso pela chegada Marcos. Essa viagem do apóstolo tinha o objetivo de concluir o seu Evangelho, e não vejo a hora de ver seus novos escritos. Enquanto isso, busquemos na oração forças para continuar e discernimento para enfrentar os desafios da vida, com resignação — com carinho orou: — Ensine-nos, Jesus: a ver com razão; a amar sem escravidão; a lutar sem morrer; a viver sem romper a fé dos nossos corações; a crer com precisão; a seguir sem ter medo de reconhecer a Sua radiante luz e nossa pequenez. Nas estradas da vida, sabemos que todas as concessões vêm das mãos de Deus e nada é insignificante quando enfrentamos lutas e desafios, pois todo sofrimento também tem a sua função e nenhuma tempestade dura uma vida inteira. Assim, Senhor, receba a nossa gratidão, porque temos consciência de que "Eu sou a luz do mundo. Quem me segue não andará nas trevas, mas terá a luz da vida"[25], e seguirá amparado por Suas mãos.

Tamara, acomodada ao lado do pai, permanecia em profundo silencio. Emocionada após ouvir o esposo, Otila segurou-lhe carinhosamente a mão preocupada.

Assim, a noite seguia para aqueles corações e as estrelas bordavam no céu um brilho singular, registrando a presença do Senhor entre aqueles que seguiam com fé.

25 (N.A.E. Ferdinando) João, 8:12

Capítulo 7

Um ato de bondade, um confronto entre a luz e as sombras

"Cumpriu-se o tempo e o Reino de Deus está próximo. Arrependei-vos e crede no Evangelho."

Marcos, 1-15

Três dias seguiram após a chegada de Ambrosio.

Servio, o judeu mercador, ostentava na cidade onde morava, Alexandria, uma vida de luxo e de excessos. Temido por sua posição, era respeitado por todos, inclusive pelos sacerdotes locais. Ainda jovem, consorciou-se com Rabiah, com quem teve um filho chamado Daniel. Entretanto, quando o filho ainda era pequenino, Rabiah contraiu uma grave enfermidade e morreu.

Servio, não suportando a viuvez, tempo depois se consorciou com Yara, com quem passou a dividir aquele solar. Uma mulher que, muitos anos mais jovem do que ele, esbanjava exuberância, beleza e sedução. Yara mantinha uma vida de aparências, totalmente voltada às futilidades de uma sociedade, muitas vezes, moralmente decadente.

Naquela oportunidade, Daniel era um jovem com aproximadamente dezoito anos, alto, tez morena, cabelos negros, rosto fino e olhos grandes. Preparava-se para ser um rabino e estudava sob a tutela do rabino Eliezer, o que avultava em Servio a obsessão por manter as tradições religiosas familiares.

Naquele entardecer, no centro do comércio de Alexandria, Daniel caminhava ao lado de um amigo chamado Abdias. Seguiam conversando animadamente, quando um tumulto iniciou-se entre o povo.

Nas proximidades das mercadorias da família de Ambrosio, um jovem, que havia furtado alguns tecidos de um comerciante, passou em desabalada carreira e, consequentemente, empurrou Daniel que, sem conseguir se equilibrar, foi lançado ao chão, batendo sua cabeça. Sem suportar o impacto, ficou desacordado. Enquanto isso, Abdias, desesperado, gritava pedindo socorro.

Os irmãos de Damasco, com rapidez, aproximaram-se para tentar socorrê-lo.

— Por favor, ajudem-nos... — disse Abdias, desesperado — Mal poderia explicar o que aconteceu. Foi tudo tão rápido, aquele marginal sequer poupou meu amigo.

— Acalme-se — disse Ambrosio, recolhendo o jovem nos braços e acomodando-o próximo a suas mercadorias.

— Diga-me! Moram perto daqui? — perguntou Tercio.

— Sim, terminamos nossas leituras das escrituras, então resolvemos passar por aqui para cortar caminho, quando fomos surpreendidos por este acidente. Ele é o filho de Servio e chama-se Daniel.

Os irmãos trocaram olhares preocupados, mas a compaixão tomava seus corações. Ambrosio, com firmeza, disse:

— Então, não percamos tempo. Tercio, fique aqui, que eu levarei este jovem para os cuidados de seu pai.

Em uma espécie de carroça, Ambrosio, com zelo, acomodou Daniel, que, mesmo recobrando os sentidos, sentia-se enfraquecido em razão das vertigens e da forte dor na cabeça.

Atravessando com dificuldade as ruas agitadas, chegaram ao destino. Imediatamente, Abdias chamou um servo, que correu para auxiliá-los.

Neste ínterim, Yara aproximou-se e, ao ver Ambrosio, sem pensar nas consequências, demonstrou-lhe sua exuberante beleza e agiu com sedução, enquanto Ambrosio manteve-se respeitosamente em profundo silêncio.

Em seguida, a figura austera de Servio surgiu no recinto. Abdias, agitado, resumiu-lhe a ocorrência. Nervoso, caminhava e gritava sem conter a fúria. Seus gritos podiam ser ouvidos no recinto:

— O que fizeram ao meu filho? Não medirei esforços para encontrar e punir o agressor. Encontrarei o ladrãozinho e sentenciar-lhe-ei a mais cruel correção, para que nunca mais ouse furtar alguém ou se aproximar dos meus...

— Senhor — disse Abdias — graças à bondade deste homem, fomos amparados. Senão tudo poderia ter sido pior.

Os olhos de Yara não desviavam de Ambrosio, que, totalmente incomodado com a situação, permanecia de cabeça e olhos baixos.

Servio, sem perceber as atitudes da esposa, olhou profundamente nos olhos de Ambrosio e, com ironia, prosseguiu:

— Eu o conheço. É um dos irmãos de Damasco. Quem diria! Um cristão sob meu solar... O último maldito cristão de quem tive proximidade foi meu primo Saulo, que enlouqueceu e renunciou ao nosso credo em favor dessa maldita "seita".

Ambrosio, percebendo a tensão do momento, com astúcia disse:

— Senhor, agora que seu filho está protegido em seu lar, tenho que partir, pois obrigações me aguardam.

Rápida e silenciosamente, retirou-se, sob o olhar impiedoso, severo e cheio de dúvidas de Servio.

Tempo depois, Yara chamou um servo chamado Benjamin e, em um local reservado, indagou:

— Quem é o homem que trouxe Daniel?

— Senhora, ele é Ambrosio, um comerciante cristão muito respeitado por aqui. Dizem que é um homem muito caridoso. Vive de maneira simples ao lado de sua esposa, da filha e de seu irmão.

Yara, com os olhos brilhantes e uma feição alterada pelo egoísmo, disse:

— Quero que me mantenha informada de todos os seus passos. Não se arrependerá em me ajudar. Sou muito caridosa com aqueles que me são fiéis.

O servo, mesmo sendo cristão e acompanhando o empenho dos irmãos de Damasco e de Marcos, foi seduzido pela possibilidade de ganho fácil. Sem medir as consequências, relatou-lhe as informações que possuía sobre aquele homem, descrevendo-lhe a família, especialmente sua esposa Otila.

Os dias correram velozes.

Yara não conseguia desvencilhar seus pensamentos de Ambrosio. Então, naquela manhã, decidiu ir até ao comércio acompanhada por Benjamin.

Mantendo-se à distância, observava-lhe os movimentos enquanto aguardava o momento oportuno para aproximar-se.

Tempo depois, Otila e Tercio se afastaram e Yara, percebendo que Ambrosio estava só, caminhou em sua direção. Aquele homem não escondia a preocupação e a surpresa daquela visita, quando Yara, cheia de atributos de sedução, disse:

— Meu caro, vim até aqui para lhe dar a oportunidade de estar junto a mim. Desde que você foi a minha residência, meus pensamentos não se desvinculam de sua imagem. Saiba que muitos homens já enlouqueceram e outros perderam a vida tentando desfrutar alguns instantes de intimidade comigo. Portanto, sinta-se um privilegiado... Pois escolhi você.

Ambrosio entendeu os objetivos daquela mulher e, com respeito, disse:

— Senhora, evitemos sofrimentos indefiníveis em razão da paixão temporária. As uniões procedem dos céus e não estamos junto a ninguém pela luz do acaso. Afastemos as fantasias dos prazeres temporários e alcancemos a paz e a felicidade que Deus nos reservou. Disse Jesus que cada um possui um caminho a seguir e ninguém atinge o pináculo sem experimentar as sombras da escalada. Sou um homem simples, não tenho tudo que quero, mas tenho o que preciso e agradeço ao Senhor a esposa e filha amada que me foram confiadas... Elas me são suficientes. De fato, você é uma mulher muito bonita e encantadora, mas suplico-lhe, retoma os devotados deveres de esposa. Acalma sua alma afoita e não se prenda às veredas das ilusões, pois o torpor da paixão fere profundamente o coração e talvez sejam necessárias muitas existências[26] para curá-lo, "e a renovar-vos pela transformação espiritual da vossa mente, e revestir-vos do Homem Novo, criado segundo Deus, na justiça e santidade da verdade."[27]

— Como ousa falar assim comigo? Como ousa me rejeitar? O que sabe de mim? — completamente

---

26 (N.A.E. Bernard) Não podemos omitir que faziam parte dos ensinamentos de Jesus Cristo os conceitos da reencarnação, que resgatamos no livro *Verdades que o tempo não apaga*, cujos textos apócrifos foram retirados das páginas da história.

27 (N.A.E. Ferdinando) Paulo. Efésios, 4:23-24

transformada e cheia de ódio, continuou: — As uniões não procedem do céu, mas, sim, da terra, do poder, do dinheiro e da luxúria. Fui entregue muito jovem a Servio e não acredito em amor, mas, sim, em paixão. Não venha com filosofias desse tal Jesus Cristo, que morreu por falar de bondade, comprovando que não existe amor, mas, sim, necessidades pessoais — alterando o rumo da conversação, sem piedade, sentenciou: — Creia, se arrependerá profundamente por ter me rejeitado. Farei tudo para destruí-lo, inclusive sua família. De agora em diante, farei de sua vida uma chama ardente de desespero e angústia.

Yara, contrariada, saiu sem dizer uma palavra, levando consigo as palavras de Ambrosio, que, em seu coração, representavam mágoa, vingança e um futuro cheio lágrimas.

Dois dias seguiram após a visita de Yara.

Naquela noite, na residência de Ambrosio, os irmãos estavam na varanda em banal conversação, quando cinco homens montados em seus belos cavalos chegaram. Eram Servio, Daniel e três homens que faziam a guarda e segurança.

Os irmãos, sem demonstrar a surpresa, receberam os visitantes com cortesia e simplicidade. Pai e filho acomodaram-se em dois assentos, quando Servio disse:

— Vim até aqui a pedido de meu filho, que fez questão de agradecer o que fizeram por ele naquele absurdo episódio no comércio. Depois que muitos se converteram ao cristianismo, percebo que houve um aumento no número de marginais que rondam essa região.

Daniel, percebendo que as duras palavras do pai haviam tocado, de alguma maneira, aqueles corações, intercedeu:

— Senhores, deveria ter vindo antes, mas meu pai, preocupado com minha recuperação, não permitiu que sequer continuasse meus estudos fora de nossa residência. Quero que saibam que sou grato pelo auxílio que recebi de ambos, especialmente de Ambrosio — com humildade, prosseguiu: — se não fosse sua ajuda, certamente não estaria aqui.

— Meu jovem — disse Ambrosio — não há o que agradecer. Foi vítima de uma situação que ocorre com frequência no comércio, antes mesmo da chegada de Marcos. Infelizmente, a cada dia, está mais violento.

— Depois que Marcos, seguidor do tal Jesus Cristo, veio para cá com as ideias desse cristianismo, muitos marginais foram atraídos a esta região, mas já estou tomando providências para reforçar a segurança — Servio, suspirando, continuou: — Esse Jesus veio destruir a lei e a paz; é nossa obrigação restabelecer o controle de nossa sociedade.

— Por diversas vezes — disse Tercio — Jesus foi acusado de desfazer a paz, mas, em sua saberia, respondeu: "Não penseis que vim revogar a Lei ou os Profetas. Não vim revogá-los, mas dar-lhes pleno cumprimento..."[28]

— Vejo que é um homem muito audacioso em falar assim comigo. Os ensinamentos de seu Jesus são, para mim, apenas um amontoado de ideias sem valor algum, não creio em nenhum deles — Servio, com ironia, prosseguiu — Esse termo cristão[29] deve estar associado a

---

28 (N.A.E. Ferdinando) Mateus, 5:17

29 (N.M.) Texto extraído do livro *Paulo e Estevão*, do espírito Emmanuel - psicografado por Francisco Cândido Xavier - em que Lucas (apóstolo) sugeriu o termo cristão para identificar os seguidores de Jesus "Irmãos, afastando-me de vós, levo o propósito

escória, pois aqueles que se converteram e desrespeitam o credo de meus antepassados não deveriam ser considerados como membros de nossa Alexandria.

— Acredite — disse Ambrosio — respeitamos os cultos de nossos antepassados. Ao longo de nossas histórias, acreditamos no poder de diversas divindades, mas acima de tudo e todos há uma força maior chamada Deus, o Deus único já pronunciado por Abraão e muitos outros profetas que aqui passaram. Jesus Cristo, o prometido, foi enviado a nós para sedimentar a fé, o amor e a sabedoria celeste de um Senhor que ama Seus filhos e os quer nas melhores condições de entendimento e transformação. Pelos ensinamentos deixados por Jesus Cristo, frequentemente procuramos a redenção e seguimos reparando nossos pensamentos e sentimentos, buscando na fé racional o romper das aflições e cegueira de nosso próprio egoísmo. O Mestre, mesmo sendo superior a todos nós, manteve-se humilde nas demonstrações de amor e caridade ao longo de seus dias na Terra.

Os olhos de Servio avermelhados ressaltavam sua ira e seu incômodo com o rumo daquela conversação. Levantando-se, caminhou pelo recinto e disse:

---

de trabalhar pelo Mestre, empregando nisso todo o cabedal de minhas fracas forças. Não tenho dúvida alguma quanto à extensão deste movimento espiritual. Para mim, ele transformará o mundo inteiro. Entretanto, pondero a necessidade de imprimirmos a melhor expressão de unidade às suas manifestações. Quero referir-me aos títulos que nos identificam a comunidade. Não vejo na palavra "caminho" uma designação perfeita, que traduza o nosso esforço, Os discípulos do Cristo são chamados "viajores", "peregrinos", "caminheiros". Mas há viandantes e estiadas de todos os matizes, O mal tem, igualmente, os seus caminhos. Não seria mais justo chamarmo-nos - cristãos - uns aos outros? Este título nos recordará a presença do Mestre, nos dará energia em seu nome e caracterizará, de modo perfeito, as nossas atividades em concordância com os seus ensinos."

— Meu primo Saulo enlouqueceu e se converteu a essa loucura e parece que, quando falo com um cristão, escuto sua voz. Vocês são todos iguais.

A tensão era evidente no ambiente.

Neste ínterim, Otila, acompanhada da filha, aproximou-se, trazendo um refresco. Otila, tal qual uma mãe amorosa, ao servir Daniel, disse carinho:

— Meu filho, quando soube da ocorrência a qual foi acometido, orei pelo seu restabelecimento. Estou feliz porque vejo que já superou o triste martírio daquela situação.

Tamara, em silêncio, sentou-se ao lado do tio. Nesse momento, a beleza da jovem despertou em Daniel um interesse que não conseguia disfarçar. Os olhos dela reluziam um brilho marcante e não desviavam do olhar que ele lhe endereçava.

Envolvidos por forte emoção, ambos eram cúmplices de um sentimento desconhecido, mas que preenchia seus corações com a força incontrolável. Iniciava ali o marco de um inocente amor, mesclado de medo, timidez e encanto.

Servio, visivelmente incomodado com as palavras de Ambrosio, levantou-se e disse contrariado:

— Para mim, basta. Chega das histórias cristãs, sinto um insulto ao meu credo — olhando para o filho, ordenou: — Daniel, vamos.

Os jovens não conseguiam desviar os olhares tímidos, mas guardavam em seus corações o desconhecido sentimento, o início de um grande amor.

Capítulo 8

Marcos, a chegada a Alexandria

"Em Betânia, quando Jesus estava à mesa em casa de Simão, o leproso, aproximou-se dele uma mulher, trazendo um frasco de alabastro perfume de nardo puro, caríssimo; e, quebrando o frasco, derramou-o sobre a cabeça dele. Alguns dentre os presentes indignavam-se entre si: "Para que esse desperdício de perfume? Pois poderia ser vendido esse perfume por mais de trezentos denários e distribuído aos pobres". E a repreendiam. Mas Jesus disse: "Deixai-a. Por que a aborreceis? Ela praticou uma boa ação para comigo."

Marcos, 14:3-6

Naqueles dias, em Alexandria, no meio cristão, a notícia da chegada de Marcos gerava grande expectativa.

As informações vindas do Império Romano não anunciavam paz àqueles que haviam se convertido, mesmo assim, os irmãos de Damasco continuavam trabalhando fielmente para manter a união e o trabalho que Marcos havia deixado.

Naquela noite, a lua clareava as estradas. Da varanda da casa de Ambrosio, em uma carroça simples, avistaram o apóstolo do Senhor acompanhado de dois seguidores.

Imediatamente, os irmãos de Damasco foram recebê-los. Após calorosa saudação, seguiram para o interior da residência. Otila e Tamara, com carinho e dedicação, buscavam confortá-los da difícil viagem.

Tempo depois, Tercio disse:

— Aguardávamos ansiosamente sua chegada, a igreja, sem sua presença, não é a mesma.

— Esta viagem para mim foi muito importante — disse Marcos, empolgado. — Encontrei Pedro e Bartolomeu e trouxe alguns textos novos para compartilhar com todos os amigos destas paragens — olhando para Tamara, continuou: — Por Deus, quando os conheci ela era apenas uma criança ensaiando os primeiros passos. Surpreendo-me todos os dias quando a vejo. Agora o tempo avançou e estou diante de uma linda mulher feita, um presente do Senhor.

— Meu amigo — interveio Ambrosio. — Tem razão, minha filha foi um presente do Senhor e, todos os dias, agradeço por minha família e, sobretudo, por todos estarem envolvidos com o cristianismo.

— Digam-me — disse Marcos — quais são as notícias de nossa igreja?

— Eu e meu irmão — prosseguiu Ambrosio — tentamos mantê-la conforme suas instruções. Mesmo encontrando muitos obstáculos, nosso Mestre nestas paragens é conhecido e glorificado como ensinado por você. Porém, algo nos preocupa. Percebemos que, em sua ausência, muitos surgiram querendo estimular o ganho fácil sobre as dores alheias, em nome da libertação de seus espíritos, cobravam vultosas fortunas por aconselhamentos distantes da luz dos ensinamentos de Jesus.

— Meu amigo, por onde passei, identificamos muitos que se dizem possuírem os poderes de nosso Mestre, promovendo milagres que jamais foram comprovados.

Dizem que são os eleitos e que possuem poderes especiais. Infelizmente, nada mais são do que mentes enfermas necessitando de auxílio. Devemos manter a vigilância e trabalhar pela ordem no meio cristão. Recordo-me das recomendações de Paulo, que dizia "Tende a mesma estima uns pelos outros, sem pretensões de grandeza, mas sentindo-vos solidários com os mais humildes: não vos deis ares de sábios."[30] Guardemos nossas preocupações e dediquemos nosso tempo no progresso e triunfo do cristianismo, pois foi para isto que fomos chamados; acender a luz onde se encontram as trevas na fé irracional.

Assim, aqueles amigos mantinham-se em conversação, dividindo experiências, preocupações e, sobretudo, fortificando a fé.

Na tarde do dia seguinte, Ambrosio, como de hábito, reuniu a família e, em companhia de Marcos, seguiram para a igreja onde o apóstolo faria a pregação.

Oriundas de muitas regiões, pessoas buscavam alívio e entendimento para suas dores e se acomodavam como podiam.

Tempos depois, Marcos, envolvido por forte emoção, iniciou a pregação[31]:

— "E disse-lhes: 'Se não compreendeis essa parábola, como podereis entender todas as parábolas? O semeador semeia a Palavra. Os que estão à beira do caminho onde a Palavra foi semeada são aqueles que ouvem, mas logo vem Satanás e arrebata a Palavra que neles foi semeada. Assim também as que foram

---

30 (N.A.E. Ferdinando) Paulo. Romanos, 12:16

31 (N.A.E. Ferdinando) Marcos 4:13-23

semeadas em solo pedregoso: são aqueles que, ao ouvirem a Palavra, imediatamente a recebem com alegria, mas não têm raízes em si mesmos, são homens de momento: caso venha uma tribulação ou uma perseguição por causa da Palavra, imediatamente sucumbem. E outras são as que foram semeadas entre os espinhos: estas são as que ouviram a Palavra, mas os cuidados do mundo, a sedução da riqueza e as ambições de outras coisas as penetram, sufocam a Palavra e a tornam infrutífera. Mas há as que foram semeadas em terra boa: estes escutam a Palavra, acolhem-na e dão fruto, um trinta, outro sessenta, outro cem.' E dizia-lhes: 'Quem traz uma lâmpada para colocá-la debaixo do alqueire ou debaixo da cama? Ao invés, não a traz para colocá-la no lampadário? Pois nada há de oculto que não venha a ser manifesto, e nada em segredo que não venha à luz do dia. Se alguém tem ouvidos para ouvir, ouça!'". Jesus — continuou Marcos — é a expressão viva de sabedoria e amor, portanto, nos dias de provação e dúvidas: levantar-se com fé e saber que tudo passa... Calar-se com compaixão porque palavras podem ser arte, mas também lâminas de fel... Seguir para a luz porque nela, na luz, tudo é mais leve e claro... Ter paciência para entender as diferenças próximas da ignorância, porque quem medita ouve Deus e quem escuta os outros se esquece de quanto Jesus é sua luz... Para qualquer situação de provação ou dúvida, lembre-se: você está agora onde precisa estar, recebendo dos céus mais do que necessita, e está saudável para cumprir uma única e simples tarefa, viver. Lembro-me de um dia, quando Pedro me relatou que, cheio de dúvidas, perguntou ao Mestre: "Como posso seguir os seus passos, como posso acreditar em tudo que fala? Como posso crer em um reino de amor, enquanto toda essa sabedoria recai sobre mim? Sou um homem ignorante não tenho estudo, mal sei grafar poucas linhas ou sei pronunciar palavras corretas, tenho uma família perturbada e empobrecida, não só da carne, mas de espírito. Como dividir a simplicidade da vida, enquanto o Senhor me chama para levar um império de Deus?' Jesus: 'O meu reino não é deste mundo. Ele não é calçado no mármore dos césares, tampouco bordado nos linhos que hoje fazem parte da toga dos senados do império. Meu reino não se estabelece nos tronos dos reis que antes de mim passaram, mas sim no coração dos homens e nas mentes daqueles que se convertem por inteiro. A vida avança além do limite do nosso olhar e do nosso espírito. A vida não morre na matéria, mas a matéria morre para o espírito. Enquanto estivermos voltados somente para as causas de aparência, para aquele querer imediatista, para termos somente aquelas respostas prontas e imediatas, estaremos cultivando o reino da terra e não o reino que é o reino meu que não pertence a este mundo. Não falo de renúncia enfermiça, mas, sim, de equilíbrio entre a vida terrena e a espiritual. Tenhamos paciência para compreender aqueles que não estão prontos para receber as informações do mundo de Deus. A vida não salta. Cada um, no momento oportuno, recebe as bênçãos do amadurecimento celestial. Amadurecimento este que não cobra, mas que espera e ensina, que não impõe e que sabe dividir, compreendendo a limitação daqueles que estão dividindo a existência conosco, marchando firme em busca da felicidade e da libertação das mentes. Enquanto estivermos voltados ao egoísmo, querendo sempre mais em conquistas passageiras, estaremos distantes do reino celestial e eterno e, para mudarmos isto, é necessário conservarmos uma fé duradoura, que instrui e que é racional. Esperemos operantes, porque em cada segmento do dia encontraremos uma nova oportunidade de transformarmos os nossos corações para um reino perfeito de amor, esperança e de paz. Uma paz poucas vezes é experimentada enquanto estamos na terra. Ela somente será experimentada como condição daqueles que completam suas missões e retornam ao mundo de meu pai. Somente esses conseguirão experimentar a paz plena de ter honrado com todos os compromissos assumidos no dia de ontem.'"

Marcos prosseguiu:

— Meus amigos, retornando dessas recordações para o presente, observemos os ensinamentos de Jesus e o que fazemos com nossos dias, com os nossos corações. Quantas vezes iniciamos uma batalha no dia de hoje e levamos uma derrota para o dia de amanhã, carregando conosco a amargura dos fracassos do dia anterior. Buscamos explicações e nos esquecemos que hoje é o momento oportuno para encontrarmos o glorioso recomeço. Não podemos transformar os outros, mas, sim, a nós mesmos, e esse é o início do encontro com o Reino de Deus que habita em cada coração. Somos detentores das leis celestiais e, em nossas vidas, as leis reencarnacionistas[32] que nos fazem encontrar amores e desamores, sabores e dissabores e testemunhar a fé. Nada poderá nos afastar do Senhor, portanto, reforçamos nossa fé em oração: "Senhor Jesus Cristo, plenos e conscientes estamos todos nós de Seu amor. Permita-nos transformarmos o Seu amor em realizações e em cada

32 (N.M.) No livro *Verdades que o tempo não apaga*, os espíritos Ferdinando e Bernard explicam a utilização do termo. Segue a nota do autor espiritual (Ferdinando): "Utilizamos a palavra reencarnação por não encontrarmos uma tradução exata da palavra utilizada por Jesus naquela oportunidade, não invalidando seu significado e relevância."

realização um recomeço, em cada recomeço um triunfo de tolerarmos um pouco mais. Ensine-nos a renunciarmos sem imposição ou cobrança. A entregarmos os nossos corações a Suas mãos sem contarmos como tempo perdido. Ensine-nos, a cada instante em que estamos em Sua proximidade, transformarmos minutos em horas e horas em eternidade. Permita-nos relembrar o passado como se fôssemos aqueles que só olham para os próprios triunfos, porque em cada triunfo, mesmo cheios de lágrimas, estão os instantes de sabedoria, sabedoria essa que jamais será sacada das nossas existências. Quando o véu turvo da dúvida recair sobre os olhos daqueles que se converteram a Sua verdade, transforme-o, Senhor, em luz, para que possam ver que além do próprio querer impera Suas leis, que sempre impulsionam para um mundo renovado sem temor. Ensine-nos a querer sem imposições, a esperar sem esquecer a importância do trabalho, a orar sem esmorecer, a ensinar, mas primeiramente aprender com o próximo a paciência, a lutar sem perder o brilho da luz da inocência, a ser cristão e tolerar as diferenças... E, por fim, Senhor, receba de nós a certeza de que somos sempre aqueles que exaltam o Seu nome diante da Sua luz e do Seu amor..."

As estrelas já bordavam o céu e iluminavam aqueles corações. Tempo depois, o recinto esvaziou-se e Marcos, acompanhado dos irmãos de Damasco, retirou-se, deixando para trás o perfume de coragem e força para aqueles que ali estiveram...

Capítulo 9

Diferenças religiosas, complexa convivência

"E fez um juramento: Qualquer coisa que me pedires te darei, até a metade do meu reino!"

Marcos, 6:23

Os dias se seguiram mais agitados que o normal.

A chegada de Marcos havia causado grande agitação no meio social.

Com suas pregações, agora mais conclusivas devido à ampliação que trazia de Pedro e às revelações de Jeziel (Estevão) e Bartolomeu, o número de convertidos ao cristianismo crescia e os templos esvaziavam. Com isso, acontecia o inevitável descontentamento dos líderes religiosos locais, que consideravam Jesus Cristo uma afronta aos deuses de seus antepassados.

Naquela tarde, na residência de Servio, o damasceno estava na biblioteca envolvido com seus negócios, quando um servo anunciou a chegada do rabino Eliezer.

Tempo depois, após calorosa saudação, sentou-se em um assento confortável, enquanto um servo servia-lhe um refresco.

— Meu amigo — disse Servio — quais são as boas novas que o trazem ao meu solar?

— Venho até você porque estou muito preocupado com a seita do Cristo. Nossos templos se esvaziam e muitos se refugiam na igreja fundada por Marcos. Esse agitador retornou ao nosso meio e agora, para dificultar ainda mais a situação, muitos dão ouvidos a ele e nos ignoram. Não podemos permitir tamanho desrespeito ao nosso credo. Temos que encontrar alguma maneira de calar esse homem.

— Não compreendo sua preocupação, afinal, você destruiu muitas religiões que tentaram se estabelecer nestas paragens.

O rabino, cheio de ira, prosseguiu:

— Agora é diferente, esse agitador tem um poder muito grande sobre o povo. Essas mentes fracas foram dominadas com os ensinamentos desse tal Jesus Cristo. Estamos enfraquecendo... Eles se organizaram de uma maneira que não consigo compreender. As figuras dos apóstolos foram importantes para mantê-los unidos — respirando profundamente, prosseguiu: — Não posso negar que o abalo maior em nosso meio foi a conversão de Saulo. Além de ter sido uma traição, incentivou muitos a seguirem o Cristo. A história da estrada de Damasco com a feitiçaria da aparição de Jesus foi um ponto de divisão entre os rabinos. Ele nos envergonhou... Muitos movimentos iniciaram-se para tentar calá-lo, mas não estamos tendo o êxito que queríamos.

Servio, pensativo, caminhou até o portal que dava para o jardim central e, olhando para o horizonte, disse:

— Para acabar com um inimigo é importante conhecê-lo profundamente, explorar suas fraquezas, e, assim, debilitá-lo. Dessa forma, será destruído. Então, por que não infiltra alguém de confiança entre os seguidores de Cristo? Com as informações que nos trouxer, podemos organizar a estratégia de expulsar essa casta daqui e de calar Marcos, nem que seja com a morte.

— Em nosso meio religioso — continuou o rabino — os boatos dos tais milagres de Jesus assustam a todos, além do mais, precisamos de pessoas de confiança.

— Ora, tenho muita influência por aqui, e muitos me devem favores. Tenho um homem que poderá ser útil; o nome dele é Hermes. Ordenarei agora mesmo um serviçal ir buscá-lo.

Enquanto conversavam, tempo depois, um homem forte, alto, cabelo e olhos negros, adentrou o recinto. Após as saudações, perguntou:

— O que querem comigo?

— Preciso de seus préstimos — disse Servio. — Precisamos conhecer a fundo a doutrina do tal Jesus de Nazaré. Queremos que se passe por um convertido e vivencie o credo deles. Depois nos reporte todas suas fraquezas.

Hermes, visivelmente incomodado, disse:

— Não compreendo. Por que querem saber?

— Nossos objetivos não lhe dizem respeito — disse Servio, com austeridade. — Lembre-se que, como me deve muito dinheiro, se fizer isso, lhe perdoarei a dívida.

— Pelo que sei — disse Hermes — esses homens são bondosos e desconheço qualquer ato que desabone suas condutas. Nada fazem contra ninguém, são pacíficos e ordeiros.

— Não quero acreditar que eu esteja diante de um convertido — prosseguiu Servio, com ironia — Deixe de ser tolo. O que importa, neste momento, é que possui uma dívida comigo e este é o único meio para saldá-la. Se não aceitar, vou reaver a posse das terras e lhe deixarei em uma mísera condição.

Hermes, em silêncio, desesperado e sem saída, acatou as ordens. Visivelmente contrariado, retirou-se. Servio, incomodado, disse:

— Eliezer, meu caro, assim que terminar com esses miseráveis, inclua a execução de Hermes. Sua atitude não me agradou. Ele, no futuro, poderá ser um problema para todos nós. Entretanto, assegure-me que nos manteremos informados sobre os atos desses cristãos. — Suspirando profundamente, continuou: — Ouvi dizer que em Roma há uma agitação para calar esses infames convertidos. Amanhã, enviarei um mensageiro a meu amigo Versus Lucius Antipas[33], temos muitos negócios em comum. Ele poderá nos ajudar...

Eliezer exibia uma expressão indigna de adjetivar e, com satisfação, disse:

— Agiremos oportunamente para eliminar Hermes. Também não se preocupe, já tenho uma pessoa de nosso meio religioso infiltrada na comunidade de Marcos sob minhas ordens — com ironia, continuou: — Afinal, precisamos conhecer o magnetismo que envolve as palavras desse tal Jesus, que afronta nossos antepassados.

— Ora, não me diga, alegro-me em saber disso. Temos que garantir que nosso credo esteja protegido desses insanos — após breve pausa, Servio continuou: — Pensando melhor, então não precisaremos de Hermes!

---

33 (N.M.) A história desse personagem foi relatada no livro *Salmos de redenção*, do espírito Ferdinando - psicografado por Gilvanize Balbino Pereira: "Ele é romano de nascença, mas sempre viveu por aqui. O atual governador, sabendo das suas ambições, determinou que ele exerceria um cargo público, restrito a este povoado, somente na substituição temporária de algum membro da nossa sociedade. Hoje não possui força de ação, porém tem grande influência junto ao povo que o teme devido ao seu rentável comércio de escravos. Acredito que é isso que o mantém aqui..."

— Amigo, precisamos de Hermes, sim, pois quem está lá não passa de um jovem tolo e inseguro. Apesar de ser meu aprendiz, não possui o brilhantismo de seu filho Daniel. O futuro de meu aprendiz já se determinou, pois estará eternamente subjugado a servir aos rabinos de alta posição.

— Então me diga: por acaso o conheço?

— Sim, conhece. É Abdias, amigo de Daniel, ambos eram meus alunos. Desde que soube do interesse de seu filho por aquelas pessoas, o coloquei lá, para vigiar os passos do amigo.

— Abdias! Aquele jovenzinho franzino? Como pôde depositar nas mãos dele uma missão tão grandiosa?

— Apenas o usei porque não tinha mais ninguém, e ele é fácil de ser manipulado, pois sempre o foi.

— Lembre-se, Eliezer, que por trás de todos os nossos esforços, para mim, virou uma causa pessoal, lembre-se da mancha deixada em minha família por meu primo Paulo de Tarso, com sua “revolta” intitulada de conversão, e agora a vergonha que meu filho imprimiu sobre mim, desistindo de uma vida nobre para seguir aquelas criaturas insensatas.

— Também tenho meus interesses nessa história. Não imagina o quanto quero limpar nossa Alexandria desses miseráveis cristãos. Muitas coisas estão ameaçadas com a presença deles aqui. Quero bani-los o quanto antes. Apesar de ser um rabino, tenho negócios nesta região que pretendo preservar. — Secou o suor da fronte e, dissimulando, continuou: — Sou um homem de Deus, mas, não, um homem complacente — com ironia, disse: — Mesmo assim, acredite, sou eternamente grato pela sua ajuda.

Sem manifestar um traço de comiseração, aqueles homens permaneceram em animada conversação, detalhando o futuro de um sombrio plano.

Capítulo 10

A conversão de Daniel

"E se tua mão te escandalizar, corta-a: melhor é entrares mutilado para a Vida do que, tendo as duas mãos, ires para a geena, para o fogo inextinguível."

Marcos, 9:43

Os dias não interrompiam a marcha dos personagens desta história.

Depois que Daniel, filho de Servio, encontrou Tamara, não conseguiu desvencilhar seus pensamentos da jovem.

Todos os dias, ele, ao sair de seus estudos, desviava o caminho somente para vê-la no comércio. À distância, admirava-a. Tamara percebia sua presença. Timidamente trocavam olhares e, de quando em vez, conversavam inocentemente. Assim, o inevitável aconteceu, o amor entre ambos se estabeleceu.

Naquele entardecer, Otila solicitou que a filha retornasse mais cedo para sua residência, para preparar o jantar, pois Marcos cearia com eles. Separando em um cesto frutas, frescas e pães, entregou para a filha que, sem ousar contradizer as ordens da mãe, seguiu seu destino.

De súbito, já longe do comércio, foi surpreendida por Daniel.

— Perdoa-me — disse Daniel. — Não queria assustá-la.

— Ora, não deveria estar aqui, seu pai não aprovaria isso.

— Não me importo com o que meu pai pensa, mas não poderia perder esta oportunidade para dizer o quanto você marcou meu coração, e não posso mais omitir o amor que sinto. Desde o dia em que a conheci, sei que você é parte de minha vida.

— Por Deus! O que diz? Sabe bem que nossos credos nos fazem diferentes. Além do mais, nossos pais estão em posições opostas. Servio jamais aceitará que uma jovem simples como eu se aproxime de seu filho, por certo ele tem outros planos para você — Tamara, com lágrimas nos olhos, continuou: — Suplico-lhe: não diga nada que não seja verdade e que possa marcar nossas vidas com o peso da insensatez.

— Há dias, acompanho seus passos, e hoje a coragem invadiu-me o ser. Decidi enfrentar meus próprios medos e revelar meus sentimentos para você — abraçando-a, prosseguiu: — Jamais lhe falaria ou faria algo para lhe ferir. O que digo é o que sinto e sei que você é a luz de minha vida. Aquele acidente não aconteceu por acaso, assim como não nos encontramos pela estrada da casualidade. Sei que algo maior que nosso entendimento nos uniu. Não sou cristão, não conheço Jesus Cristo, mas, por você, estou disposto a conhecê-lo. Assistirei às reuniões orientadas por Marcos, farei de uma maneira a não ser reconhecido — suspirando, continuou: — Para preservarmo-nos, não contemos a ninguém sobre nós.

Ambos permaneceram juntos, firmando seus sentimentos. Tempo depois, Daniel, próximo à residência dos irmãos de Damasco, partiu sem ser notado.

Enquanto a imagem de Daniel se perdia de vista, Tamara, com os olhos iluminados, elevou o pensamento e orou:

— Senhor Jesus, suplico-Lhe compaixão e deixo meu coração em Suas mãos. Busco sabedoria e equilíbrio para vencer o medo que se aproxima, procurando interromper o desconhecido sentimento que nasce em mim, e algo me diz que é amor. Ensine-me a não perder a razão diante de minha fé, pois o amor cristão que tenho pelo Senhor, aquele que aprendi com meus pais e com Marcos, me fez compreender a importância de renunciar e de manifestar a fé em ações, trabalhos e oração, o dever de todo cristão. Ensine-me a amadurecer e a aceitar as desconhecidas leis do Senhor, porque são elas que firmaram em mim Seu império indestrutível de amor, luz e misericórdia.

Naquela tarde, como de hábito, os irmãos de Damasco, Otila e Tamara estavam na igreja com o apóstolo Marcos.

Daniel, como havia prometido, assistia há dias, sigilosamente, as reuniões e as palestras de Marcos.

Os convertidos dividiam o espaço, enquanto o filho de Servio permanecia em silêncio e discrição. Marcos, buscando no ar inspiração, disse:

— Meus amigos, que a luz do nosso Senhor Jesus seja presente. Buscarei, nas lembranças de Pedro, a imagem de Jesus Cristo, para alcançar, pelo Seu entendimento, as palavras de nosso Mestre, e compreender, assim, as Suas leis e a difícil divisão religiosa que compõe o cenário político e social. De um lado, a força do judaísmo e do outro, o cristianismo, lutando para se manter genuíno em sua constituição. Naquela inesquecível primavera, Pedro foi procurado por dois nobres romanos, buscando entendimento para o rumo dos ensinamentos daquele que havia nascido na manjedoura e silenciado na cruz. Comparavam a sabedoria do Cristo com os deuses fictícios de um império decadente, com religiosidades da Índia, como a força do deus Shiva e os preceitos de Moisés, mas o apóstolo mantinha-se em silêncio, para evitar contendas. Deuses nascem e morrem todos os dias, mas o Deus único permanece. Com curiosidade, um deles perguntou: "Como poderíamos resumir os ensinamentos do Cristo?" Por tão somente duas leis, amor ao Deus único sobre todas as coisas e amor ao próximo sem distinção na universalidade dos nossos corações, assim como amamos a nós mesmos. A alma e o espírito de Jesus Cristo habitam em todos nós. Elas atravessarão a força do tempo, por meio de novas vidas, retornaremos e, nessas novas vidas, nos faremos vivos na comunhão do Nosso Senhor Jesus Cristo. Não há morte porque a vida continua; o amor do Nosso Senhor não silencia e nada é oculto diante da sabedoria celestial, porque somos convidados a experimentar a sabedoria do reino de amor e esperança. E, para que esse amor perpetue, não podemos nos reservar a uma única existência e, assim, somos nós filhos de muitas vidas. Normalmente encontramos os filhos de Deus, diante de suas individualidades e cheios de dúvidas em suas existências, confundindo o Cristianismo com estruturas religiosas formadas pelas leis dos homens. O cristianismo não é detalhado pelas mãos dos homens, mas ele se fez pelo coração de um único ser chamado Jesus Cristo, que confirmou a continuidade da vida, do amor universal, das sucessivas vidas, da fé racional e, sobretudo, ensinou que, com a instrução, não há sofrimento. A todos nós foram concedidas muitas oportunidades, e os limites de hoje são reflexos de nosso passado e que necessitam regeneração, mas o Mestre não abandonará os convertidos nas estradas das lágrimas ou da dor, pois prometeu o espírito da verdade. Muitas são as dificuldades enfrentadas: o matrimônio difícil apresenta a oportunidade de regeneração, pois, muitas vezes, o esposo ou a esposa de hoje nada mais é que um filho do passado reclamando atenção; o trato difícil com os filhos, que se apresentam tão distantes dos corações dos pais, também oferece grande ensejo para renovação, pois os pais e mães, em regime temporário de tutela paterna e materna, têm a especial missão de entregar os filhos de Deus melhorados, que amanhã serão homens e mulheres experimentando sonhos de ontem, lutando por felicidade e melhorando dia após dia em direção ao Senhor. E, por fim, encerrando as minhas palavras, que os nossos corações convertidos, quando olharem para trás e perguntarem qual estrada seguir, encontrem no cristianismo a fonte de equilíbrio de suas vidas. Não falo de segmentos religiosos transcritos pelas mãos dos homens, mas evoco a racionalidade dos corações, para que não se perca tempo duvidando do amor de Deus.

Marcos, envolvido por forte emoção, orou:

— Senhor, O saudamos e suplicamos que nos ensine a suportar a árdua jornada de nossa elevação individual, pois sabemos que evoluir significa enfrentar as próprias sombras. Ensine-nos a recomeçar sem nos lastimarmos pelas nossas perdas, conscientes de que tudo passa, exceto o Seu amor diante dos nossos olhos e Sua sabedoria, suficiente para não nos acharmos maiores do que Deus. Ensine-nos aceitar a Sua vontade, transformando nossas palavras em sentimentos e ações por toda a eternidade.

Enquanto o agrupamento se dissipava, Daniel permaneceu inerte, como se a voz do apóstolo invadisse seu coração de maneira inexplicável. O jovem não desviava os olhos de Marcos, mas, em silêncio, retirou-se antes que pudesse ser identificado.

Capítulo 11

Abençoada chegada, difícil separação

"Ninguém faz remendo de pano novo em roupa velha; porque a peça nova repuxa o vestido velho e o rasgo aumenta."

Marcos, 2:21

O inevitável havia acontecido. O amor entre Daniel e Tamara havia se estabelecido. Os dois mantinham encontros sigilosos, visando não levantar a fúria de Servio.

Dia a dia, o jovem se aproximava dos ensinamentos do cristianismo que, aos poucos, marcava seu coração de um modo muito especial.

Daniel havia conquistado o amor de Otila e, após seus estudos, passava todos os dias pelo comércio, onde permanecia em trivial conversação.

Naquela tarde, Otila, Tamara e Daniel foram surpreendidos pela presença de Marcos. Devido aos conflitos locais relacionadas à religião, o apóstolo evitava aparições públicas, mas, naquele dia, ele abriu uma exceção.

As mulheres, ao vê-lo, imediatamente o receberam com o costumeiro carinho, enquanto o filho de Servio não escondia uma mescla de constrangimento e medo.

Após as saudações, Marcos, reconhecendo o jovem, repousou a destra no ombro de Daniel e disse:

— Meu caro! Pelo que percebo, é um estudante das leis judaicas. Perdoe-me, mas percebi sua presença na igreja de Jesus. Estou equivocado?

— Senhor, de fato, não está equivocado. Tenho assistido suas pregações e nasce dentro de mim um grande conflito — pensativo, prosseguiu: — Meu pai é muito conservador e espera que eu siga a religião de nossas origens. Entretanto, os conceitos de Jesus Cristo me parecem tão perfeitos. Não posso omitir que grande dúvida impera em minha alma.

— Meu jovem, Jesus não veio destruir as leis, mas, sim, fazer com que sejam cumpridas. Minha origem religiosa também se baseava nas leis do judaísmo, mas, quando conheci os ensinamentos cristãos, não tive dúvidas, Ele é o caminho, a verdade e minha vida... As dúvidas são importantes para praticarmos a boa escolha, e não tenho dúvidas que Jesus sempre nos direcionará às estradas de Sua luz — descontraído, Marcos continuou: — Lembro-me que as principais leis do judaísmo são derivadas da Torá, os cinco primeiros livros da Bíblia (Gêneses, Êxodo, Levítico, Números e Deuteronômio); o amor à instrução é um alicerce de sua fé. Todos devem servir ao Deus único como um princípio monoteísta; a caridade que nasce no coração e se manifesta nas obras ao próximo; entretanto, crê na vinda do Mashiach (Messias) e não reconhecem que Ele, o Messias, já esteve entre nós e sedimentou a promessa de Deus sobre sua vinda.

— Como aceitar esta verdade, se Moisés foi o senhor das leis de nosso passado?

— Jesus Cristo resumiu os dez mandamentos mosaicos em apenas dois: "O primeiro é: Ouve, ó Israel, o Senhor nosso Deus é o único Senhor, e amarás o Senhor teu Deus de todo teu coração, de toda tua alma, de todo teu entendimento, e com toda a tua força. O segundo é este: Amarás o teu próximo como a ti mesmo."[34] Os mesmos princípios de amor, servir a Deus e a caridade, sustentam a sabedoria cristã. Entretanto, Jesus é o Messias esperado e nos deixou o legado de uma fé racional, ensinou os pobres e desprovidos de compaixão, amou incondicionalmente a humanidade e, por ela, entregou sua vida na cruz que o consagrou o grande rei. Foi simples no ensinar e grandioso nas demonstrações de amor, esperança e coragem. Foi paciente para compreender a ignorância e soube esperar para semear a semente de Deus entre nós. Foi eterno ao distribuir a luz sem tentar modificar aqueles que ainda não conseguem se livrar das trevas íntimas. Enquanto os profetas estabeleciam suas leis, Jesus exemplificou com compaixão cada uma delas. Portanto, o cristianismo nasce no coração, estabelece-se na consciência e manifesta-se nas ações.

— O nome de Paulo de Tarso, primo de meu pai — disse Daniel — é proibido em nosso meio. Sempre procurei entender sua atitude, mas meus professores diziam que ele estava tomado por uma essência do mal e sucumbiu aos demônios. Entretanto, após ter me aproximado de você, entendo sua decisão em seguir o Cristo e abandonar nossa fé. É impossível dominarmos o ímpeto depois de ter conhecido Jesus. Renunciar ao passado é uma força que não podemos conter.

— És muito jovem, não importa o que o induziu a conhecer o cristianismo, mas o que importa é que a fé, quando despertada em nós, é o alicerce que nos faz compreender quem somos e o que está designado para nós pelas mãos de Deus. Foi essa fé que provavelmente tocou a alma de meu amigo Paulo e que um dia tocará definitivamente a sua...

---

34 (N.A.E. Ferdinando) Marcos 12: 29-31

Assim, continuaram um pouco mais com aquela conversação e, logo, partiram. Daniel levava consigo, além do amor por Tamara, as lições de Marcos em seu coração.

Dias seguiram-se após os fatos relatados.

Naquela tarde, no comércio, Tamara apresentava-se indisposta. Otila, zelosa e preocupada, acolheu-a e disse:

— Minha filha! Há dias percebo que não está bem. Diga-me, o que está acontecendo com você?

Tamara, escondendo o rosto entre as mãos, não conseguiu conter as lágrimas. Entre soluços, relatou-lhe o envolvimento com Daniel. Otila, experiente, concluiu:

— Acredito que sei o que é seu mal-estar, pois tudo indica que está carregando uma criança em seu ventre.

— Por Deus! Perdoa-me! — chorando convulsivamente, continuou: — Jamais pensei em magoar ou decepcionar você e meu pai. Amo Daniel, apesar de nossas diferenças. Temo a reação de papai. Ele jamais aceitará isto...

Otila, com um semblante preocupado, acolheu-a carinhosamente. Abraçando-a afetuosamente, disse:

— Minha criança! Não existe acaso em nossos caminhos. Reconheço que, nas questões do coração, não podemos impedir o curso dos sentimentos, mesmo que agora meu coração não repousa tranquilo. Agora não pode recuar. Creio em Jesus, Ele nos mostrará como fazer para Ambrosio aceitar essa nova situação.

— Mãezinha, não me sinto preparada para ser mãe. Serei capaz de cumprir as obrigações que me reservam? Diga-me, o que significa ser mãe?

Otila, suspirando, com simplicidade, disse:

— "O espírito eterno que se acomoda em um corpo feminino, deverá ser o exemplo de caridade, renúncia, amparo, carinho e compreensão. Abra as portas do seu coração e acolha os filhos de ontem, seja no ventre que dá vida em luz ou do coração que dá luz em vida. Encaminhe seus filhos para os braços paternais de Deus. Utilize a oração rogando por equilíbrio e discernimento, para que eles vençam as experiências difíceis da própria vida, mesmo que estejam temporariamente, distantes do seu coração. Ensine a educação celeste ditada por Jesus, abrandando as criaturas amadas com carinho, mesmo que em muitas ocasiões receba espinhos em vez de flores. Ofereça a vida materna, mesmo quando não encontrar no recinto próximo uma atitude a seu favor e se porventura a amargura e a tristeza lhe invadirem a alma, busque o reconforto nos braços celestes que trarão luz a seu coração. Sinta com dignidade as dores dos seus amados sem tomá-las para si e quando a dor for muito forte, lembre-se de Maria de Nazaré que sentiu o sofrimento do seu filho Jesus, junto ao silêncio da cruz. Trabalhe com ternura e mansidão, mesmo que o seu trabalho não seja reconhecido. A tarefa foi designada por Jesus para que você instrua, para o caminho do bem, os seus tutelados, sem o sentimento de posse. Encontre sua felicidade nos rostos e nos corações de seus filhos, sem estagnação e sem esperar agradecimentos, lembrando que cada um, no processo evolutivo na Terra, poderá seguir caminhos que conduzam para outros braços e outros corações; caberá a você aceitar resignada as leis reencarnacionistas que regem todas as criaturas. Siga servindo com dedicação, ama sem apego, instrua e conduza com compaixão e candura os filhos de Deus, para as escolas da consciência. Resista às sombras do mundo e encontre no Divino Amigo a misericórdia da sua luz, sustentando a sua existência no amor e na coragem."[35]

Envolvidas por uma inexplicável paz, ambas permaneceram ali, acolhidas pelas mãos do invisível.

Enquanto Otila e Tamara confirmaram um amor incondicional entre mãe e filha, do outro lado da cidade, na residência de Servio, o afoito e contrariado coração de Yara permanecia em plena tempestade, ulcerado de ódio e inconformidade.

Demonstrando irritação, descarregava ira no trato com os servos. Com visível descontrole, chamou Benjamin em um recinto reservado e disse:

— Não consigo me desvencilhar de Ambrosio. Nenhum homem foi capaz de mexer comigo como ele. Todos os homens caem aos meus pés a simples olhar meu. Não entendo a resistência dele — com os olhos cheios de ira, prosseguiu: — Não sossegarei enquanto não o tiver para mim. Depois de muito pensar, acredito que ele não me quer por causa da sua esposa. Parece-me um homem fiel. Por que, então, não me livrar dessa mulher, minha rival? Tenho um plano e quero que você o execute. Não se arrependerá em me ajudar. Sei reconhecer aqueles que me apoiam, e você sempre me ajudou em meus casos de amor.

— Sabe bem que farei tudo que me pedir — disse Benjamin. — Diga-me, o que agora devo fazer?

---

35 (N.M.) A página "Recado para as mães", aqui citada, foi publicada no livro *Cânticos de luz*, do espírito Raquel - psicografado por Gilvanize Balbino Pereira.

— Encontrará alguém de inteira confiança. Quando a esposa estiver no comércio, ele deverá executá-la. Simulará um ato marginal, um assalto comum, para que não levante suspeitas. Tudo deve parecer uma casualidade e ninguém deverá desconfiar de mim. Com isso, Ambrosio ficará livre e será meu.

— Senhora, perdoe-me, mas não acha que essa decisão é muito extrema? Em outras ocasiões, não a vi agir dessa maneira.

— Quem pensas que é para ousar dizer-me isto? — em um gesto de fúria e descontrole, deferiu-lhe um tapa na face — Estou sendo generosa contigo, então, cala-te, senão eu também te executarei sem a menor piedade.

O servo, mantendo-se de cabeça baixa, calou-se e, após recompor-se, disse:

— Farei o que me pede, conheço alguém que perpetrará esse assassinato por algum dinheiro. Irei imediatamente buscá-lo.

Benjamin retirou-se e Yara, sem conter o ímpeto, permaneceu envolvida por uma indescritível sombra. Sozinha, emitiu palavras soltas no ar:

— Não permitirei que esse infame ameace meus planos. Assim que ele cumprir minhas ordens, tenho que eliminar qualquer prova contra mim, inclusive Benjamin... Sei que, depois que essa maldita mulher estiver morta, terei Ambrosio em meus braços. Depois, farei o possível para tirar de nossa proximidade o irmão Tercio e o tal Marcos. Esperarei calmamente, porque sei que triunfarei...

Otila, com preocupação e zelo, aguardava o momento oportuno para revelar a Ambrosio que, em breve, seriam avós.

Cautelosa, deixou que alguns dias seguissem e manteve normalmente as atividades diárias, sem nenhuma alteração.

Naquela inesquecível e triste tarde, os irmãos de Damasco estavam na igreja com o apóstolo Marcos, enquanto Otila e Tamara trabalhavam dedicadamente como de hábito, ambas alheias aos planos de Yara, quando três homens se aproximaram.

Seguindo as instruções de Yara transmitidas por Benjamin, simularam um tumulto nas proximidades do local onde Otila estava.

De pronto, um deles aproximou-se violentamente da inocente mulher e, sem que lhe desse tempo para perceber o objetivo, deferiu-lhe uma facada no abdômen. Após o hediondo feito, os homens saíram em desabalada carreira.

Tentando socorrer a mãe, Tamara gritava por ajuda, à medida que acomodava a cabeça grisalha em seu colo. Os olhos de Otila brilhavam. Em um gesto de despedida, a mãe levou com dificuldade a destra ao rosto da filha, enquanto a jovem chorava. Como uma vela que chega ao fim, Otila, em um último suspiro, despediu-se daquela vida.

Enquanto no mundo físico a agitação era evidente, no mundo invisível, duas figuras iluminadas por uma luz azulada aproximaram-se.

Eram os emissários enviados de uma morada espiritual chamada Jade[36], para acolherem carinhosamente

36 (N.M.) "Jade é uma cidade espiritual (socorrista), onde habitam filhos de Deus que já se encontram desvencilhados do corpo físico. Reservamos especialmente o próximo capítulo deste livro, para descrevermos uma pequena síntese dos detalhes dessa extraordinária obra de Deus." Detalhes dessa morada espiritual foram

Otila, que buscava libertar-se do suplício daquele corpo ulcerado.

Aquela mulher, diante de tamanho infortúnio, não ousou recusar o carinho que recebia e, aos poucos, foi envolvida por forte torpor, facilitando que emissários benditos atuassem para que não sofresse com as impressões corpóreas tão hostis.

Envolvida pela força daquela luz, a esposa de Ambrosio foi recolhida e, sem demora, retirada daquele local, para ser preservada do sofrimento de seus amores com a chamada partida.

Tempo depois, os irmãos de Damasco, acompanhados de Marcos, chegaram. Mas constataram a triste realidade: Otila estava morta.

Ambrosio não escondia o sofrimento. Desesperado, abaixou-se e aproximou carinhosamente a cabeça inerte da esposa junto ao seu coração. Em meio a uma prece fervorosa, disse:

— Senhor, por misericórdia, auxilie-me vencer a dor que arde em meu peito tal qual um punhal a rasgar-me o coração. Ensine-me a aceitar a separação, porque sei que Otila não está morta, mas, sim, segue em direção à verdadeira morada junto a Sua luz. Dê-me forças para ter coragem de querer despertar nas próximas manhãs, sabendo que não ficará mais ao meu lado o Sol de minha vida. Perdoe-me se porventura o lamento e a saudade assombrarem meus dias, dê-me o trabalho para que meus pensamentos estejam sempre na construção de Seu reino

---

relatados nos livros *Um amanhecer para recomeçar* e *Os anjos de Jade*, do espírito Saul, ambos psicografados por Gilvanize Balbino Pereira.

de amor e bondade. Se for merecedor, rogo-Lhe compaixão e permita-me sentir Suas mãos sobre as minhas, fazendo-me levantar de meu sofrimento, visando encontrar forças para simplesmente continuar...

A cena emocionante provocou o choro em todos os presentes, tocados por tão grande demonstração de amor.

Conscientes que nada poderiam fazer, restava-lhes apenas não perder mais tempo e assim, sem demora, retiraram-se, visando preparar o sepultamento de Otila.

Capítulo 12

Após a despedida, hora de continuar

"Passará o céu e a terra. Minhas palavras, porém, não passarão."

Marcos, 13:31

Cinco dias seguiram após o sepultamento de Otila.

Naquela noite, na residência dos irmãos de Damasco, Ambrosio estava só na varanda, contemplando as estrelas, quando Marcos aproximou-se. Ele, ao perceber a sua presença, secou a lágrima sofrida.

— Meu amigo — disse Ambrosio — agradeço a Jesus, porque estou ao seu lado e o cristianismo é parte de minha vida, mas confesso-lhe, é difícil compreendermos, na totalidade, as perdas em nossas vidas. A morte de Otila arde em meu peito, e tento buscar coragem para prosseguir, mas não consigo, sinto como se houvesse perdido o ar que respiro. Rogo ao Senhor que perdoe minha fraqueza, mas não consigo esconder tamanha dor.

Marcos, com respeito e tentando aliviar a dor do amigo, observou:

— São muitas as dificuldades e sofrimentos que nos assombram, principalmente quando nos deparamos com as perdas em nossas vidas. Não me detenho somente nas perdas para o além-túmulo, mas nas perdas diversas que, muitas vezes, somos convidados a experimentar com a finalidade de crescermos individualmente. Há homens que se dedicam ao seu matrimônio, mas, por razões tantas, a união se desfaz, e aqueles que proferiam tanto amor, seguem agora estradas outras. Há mulheres que sentem o peso da separação e, com a perda, se fecham integralmente para amor. Existem perdas diversas que acontecem naturalmente. Muitos perdem bens terrenos por acharem-se proprietários, mas ninguém é dono da matéria, o grande proprietário de todas as coisas. Sabiamente, o Senhor empresta em regime temporário um patrimônio para elevação de cada um. Diante dessas perdas, os homens convertem suas vidas em lágrimas e desesperos, observando somente o que perderam, não encontrando forças para recomeçar. O Senhor sempre oferecerá um novo dia para um novo trabalho se iniciar, e, assim, todos, sem nenhuma exceção, conquistarão novos desafios, aquilo que pertence na lei do tempo, na lei de Deus e no empréstimo que o Senhor faz quando todos estão maduros para absorver os presentes de Deus. É difícil entender as perdas pela morte, mas é importante entendermos que a vida não está no controle dos homens, mas, sim, nas mãos de Deus. É difícil quando experimentamos as lições que a morte traz às nossas vidas. Amores partem na idade madura ou não, mas o maior desafio é aceitar os desígnios de Deus. Devemos continuar mesmo quando não se pode desafiar a morte, que chega com as suas leis e, por vezes, dizendo "fim". Esquecemos que o suposto "fim" significa o retorno ao mundo espiritual. O maior desafio não é o medo da morte, mas é o medo da perda dos amores que foram firmados ao longo das estradas. Mas amores não se perdem, se perpetuam e, quando deixamos o medo de lado, compreendemos que a vida continua. A vida ou a morte não rompe com esses amores, permanecendo sempre em direção aos céus. Ali, fazemos com que as nossas almas e nossos espíritos se conformem, porque, do mesmo jeito que a morte para os encarnados é um grande desafio de medos e de perdas, para nós, espíritos, o nascer é a mesma circunstância. É importante não estagnarmos na lamentação, mas, sim, aprendermos a enfrentar as perdas, sejam elas quais forem, com maturidade, segurança e coragem. Transformemos a perda em recomeço, como a grande força que impulsiona os filhos de Deus adiante, sem chorarmos pelo que passou. A única vantagem do passado é que ele passou. Confiemos em Deus porque o Senhor sabe que estamos preparados para continuar, revestidos de fé, de coragem e de esperança, para nos colocarmos em pé e seguirmos adiante. Envolvidos por uma inexplicável luz, permaneceram noite adentro conversando sobre o futuro e acalmando seus corações.

Dois dias seguiram após os fatos relatados.

Sem Otila, os trabalhos no comércio exigiam a presença de Ambrosio e sua colaboração com o irmão e com a filha.

Naquela tarde, Yara não poupou adereços, próprios a vestirem sua aparência de beleza e excessos. Preparou sua imagem, excedendo nas joias, perfume e seguiu deslumbrante para o comércio, acompanhada de Benjamin e devidamente escoltada pela guarda que cuidava de sua segurança.

Ao chegar, aproximou-se de Ambrosio, que, constrangido, perguntou-lhe:

— Por Deus! O que faz aqui?

— Deveria estar feliz em me ver, afinal, vim prestar minhas condolências pela sua perda — esbanjando sensualidade, prosseguiu: — Agora que está livre, poderá recomeçar uma nova história de amor. Eu lhe perdoei por ter me rejeitado outrora, mas estou aqui para lhe oferecer uma nova chance ao meu lado. Sou uma mulher provida de muitas riquezas e podemos abandonar tudo e seguirmos para outro lugar.

— Por misericórdia, o que diz? O fato de Otila ter morrido não me exime das responsabilidades familiares às quais sou detentor. Além do mais, creio que as relações devem ser estabelecidas sobre os alicerces do amor, respeito e renúncia. Por motivos além de nosso conhecimento, estás ao lado de Servio e com ele deverá encerrar a história iniciada anos atrás. Além do mais, diante de mim, reconheço uma filha de Deus necessitada de luz e amparo. Portanto, retoma aos teus deveres de esposa e segue amparada por Jesus.

— Pela segunda vez fui rejeitada por um homem desprezível — disse Yara, visivelmente contrariada, envolvida por uma sombra de ódio e vingança. — Enquanto eu viver, farei tudo para destruí-lo, a começar por sua mísera família. Farei tudo para que nunca mais seja feliz. Dizem que seu credo maldito, o cristianismo, supõe outras vidas, a reencarnação[37], então, acredite, se isso for uma verdade, serei parte de todas elas até que se curve diante de mim...

Enfurecida, retirou-se, levando consigo o amargo gosto da rejeição e, em sua mente perturbada, os planos de vingança banhados de fúria e ódio.

37 (N.M.) Ver nota número 32

No mesmo dia, à noite, na casa dos irmãos, Tamara servia a refeição ao pai, que parecia distante e pensativo. Tercio, percebendo a preocupação do irmão, disse:

— Hoje, no comércio, não pude deixar de ouvir as loucuras de Yara, esposa de Servio. É melhor reforçar a vigilância, pois o coração ferido de uma mulher pode ser um reservatório de fel, ódio e morte.

— Meu irmão, sinto que se iniciou para mim um grande período de provação. Confio no Senhor e não sucumbirei aos caprichos de alguém que está, diante de Deus, tão enfermo. Que Jesus tenha compaixão desse coração enfermiço e traga a luz da razão e paz...

Tamara, ao ouvir as palavras do tio, retirou-se e seguiu para a varanda. Tempo depois, Marcos, com discrição e carinho, aproximou-se da jovem:

— Conheço-a desde quando Otila a carregava no ventre. Acompanhei minha criança crescer e agora é uma mulher quase feita. Seus olhos não são mais da pequenina que, para mim, era uma filha. Agora possuem um brilho maduro de alguém que traz consigo grande segredo. Diga-me, minha menina, o que perturba seu coração?

Tamara não conteve as lágrimas, espontaneamente correu e abraçou o apóstolo, buscando nos braços amigos, coragem e reconforto. Após refazer-se, respondeu:

— Foram tantas as ocorrências que cercaram nossos corações... Mas não posso mais omitir algo que carrego comigo. Eu e o filho de Servio, Daniel, nos apaixonamos. Devido às diferenças religiosas e sociais que existem entre nós, decidimos que nossos pais não deveriam saber — com abundantes lágrimas lhe marcando as faces, prosseguiu entre soluços: — Carrego no ventre um filho de Daniel. Relatei a minha mãe, antes de ela morrer. Ela havia prometido que me ajudaria com meu pai. Sem minha mãe, sinto-me perdida e com medo. Temo magoá-lo...

— Minha criança, independentemente do momento em que somos chamados a experimentar alguma provação, devemos entender que a vida possui suas leis, e é importante saber que as páginas de uma existência devem ser vividas em sua totalidade, pois o Senhor conhece nossos corações e sempre nos oferecerá as provas de acordo com a nossa maturidade — suspirando, prosseguiu: — Em matéria dos sentimentos que enveredam o coração, não sou muito conhecedor, pois, quando me converti ao cristianismo, era um jovem cheio de ideais. Entretanto, antes de abraçar os ensinamentos de Jesus, de conhecer Pedro e decidir seguir Paulo em algumas de suas viagens, estava preparado para constituir uma família, a seguir os preceitos das minhas origens. Consorciei-me com uma jovem como eu, mas sabia que minha fé gritava mais alto em mim, então, decidi ouvir o chamado de Jesus. No dia que comuniquei minha decisão, minha esposa, em um mescla de sofrimento e de alívio, me disse que havia se casado comigo por imposição de seu pai e que nunca havia me amado como uma mulher ama um homem. Apenas havia cumprido as ordens paternas, apesar de seu coração pertencer a um jovem, filho de um agricultor. Tivemos de enfrentar muitas contendas, mas nossas famílias perceberam que nada poderiam fazer, e, então, ela consorciou-se com o jovem, teve filhos, e eu segui meu destino. Não olho para o passado com peso em meu coração, pois cada um possui uma tarefa a cumprir na vida. Uns seguiram as causas de Deus, outros seguiram as causas do coração, mas todos serão abençoados quando encontrarem em si seus caminhos e a razão de suas existências. Não podemos nos arrepender de nossas escolhas. As ações trazem reações. A criança no seu ventre tem uma tarefa a cumprir, portanto, é hora de enfrentar a verdade e encontrar coragem para seguir seu caminho.

— Que Jesus me dê forças para aceitar Seus planos sobre minha vida.

Sem que percebessem, Ambrosio, parado sobre a soleira da porta, ouvia as palavras da filha e ali permaneceu inerte.

Caminhando lentamente, sentou-se em assento próximo e cobriu o rosto com as mãos, para esconder as lágrimas...

Tamara correu em direção ao pai, ajoelhou-se aos seus pés e disse:

— Perdoa-me, jamais pensei em magoá-lo, mas amo Daniel e agora não sei o que fazer. Por misericórdia, perdoa-me.

Cheio de compaixão e amor àqueles três, Marcos disse, buscando abrandar os corações amigos:

— Quando estamos envolvidos por sofrimentos ou situações que estão fora de nossos controles, devemos acalmar nossos corações para que possamos encontrar em Deus forças para prosseguir. Jesus, nosso Mestre amado, não nos abandonou, mesmo quando foi negado e esquecido por aqueles que tanto auxiliou com Sua bondade. Não exigiu mudanças de quem sequer poderia compreender o sentido de recomeçar. Não impôs leis sobre aqueles que sequer conseguiam entender a beleza da liberdade. Não exigiu de ninguém o perdão, mas ensinou que a indulgência é sinônimo de paz interior e amor eterno. Meu amigo, rogo-lhe que não enverede nos cipoais da ignorância, julgando sua filha no tribunal de suas leis. Creia no Senhor e entregue suas dores, dúvidas e tristeza às mãos de Deus, porque Ele conhece seu coração e agora lhe suplica que seja pai e não um algoz a sentenciar a maldade com maldade. Acolha sua filha pelas correntes do amor e suporte suas dores, sem que elas sejam para você o peso de uma triste derrota

— demonstrando um incontido e despretensioso amor, continuou: — Você não está sozinho, Jesus habita em você e, com Ele, tudo é triunfo.

— Meu irmão — disse Tercio. — Marcos está certo, minha sobrinha necessita de amparo. Além do mais, estamos aqui ao seu lado e, com Jesus, triunfaremos de fato.

Buscando forças, acariciou as madeixas de Tamara. Enfrentando a dificuldade do momento, disse:

— Agradeço a Deus por dividir meus dias ao lado de vocês, a amizade e o amor que nos une me fortalece — olhando com compaixão para a filha, continuou: — Oh, filha, eu lhe peço, perdoe-me a ignorância, pois sequer havia percebido que você cresceu. Meu egoísmo queria que permanecesse como a pequenina que carregava em meus braços. Daniel é um bom jovem, e creia, não a abandonarei, seja o que for e o que vier, não me ausentarei do seu lado. Jamais a desprezaria, tampouco o filho que leva consigo. Encontraremos uma maneira de solucionar a situação. Agora, abranda seu coração, Otila não está entre nós e Deus, em Sua benevolência, nos entregou um filho seu para nossa custódia... Conforme recomendado pelo amigo Marcos, por agora, entrego minhas preocupações às mãos de Deus...

O ambiente era envolvido por uma paz indescritível, assim, aqueles corações continuaram em conversação, estabelecendo no amanhã as lutas de suas vidas.

Capítulo 13

Egoísmo marcando vidas e alterando o futuro

"Em verdade vos digo que esta geração não passará enquanto não tiver acontecido tudo isso."

Marcos, 13:30

Os dias correram céleres.

Como de hábito, naquela tarde, Tamara e Daniel se encontraram longe dos olhos de todos, em um local reservado. Após calorosas saudações, Daniel disse, tentando consolá-la:

— Minha querida! Queria poder entrar em seu coração e retirar o sofrimento com minhas próprias mãos, mas agora temos de prosseguir, afinal, em breve, nascerá nosso filho e precisamos pensar no futuro. Quero me consorciar com você e estou pronto para enfrentar meu pai. Estamos unidos pelos vínculos do coração, e hoje mesmo procurarei meu pai para notificá-lo de nosso consórcio.

— Sabe bem que ele não aprovará, ainda mais porque o está preparando para ser um rabino, e nossa união se confrontará com sua religião e a posição social que ocupa.

— Desde o primeiro dia em que conheci Marcos, minhas convicções religiosas foram colocadas à prova. Não sei mais se creio nas escrituras das tradições de minha família, sinto-me como se os ensinamentos de Jesus tivessem tocado meu coração de maneira a fazer-me crer que sou um homem renovado na fé. Sinto-me como se Deus houvesse me chamado para seguir outro caminho. Dias desses, encontrei um rabino que foi amigo de Saulo de Tarso. Em nosso meio, seu nome foi proibido, pois é considerado um traidor das tradições religiosas. Meu amigo me disse que ele abdicou a tudo para seguir os ensinamentos de Jesus. Dizem que ele era um grande perseguidor dos cristãos, mas, um dia, foi interrogado pelo Cristo: "Porque me persegues?". Desse dia em diante, ele converteu-se, e muito se ouve falar de seus feitos no meio cristão, mas seu nome está proibido entre nós. Todos esses fatos me fortalecem na vontade de seguir Jesus. Sei que, se minha decisão for esta, meu pai não entenderá e será o meu maior perseguidor. Rogo a Deus que ilumine minhas escolhas, pois em Suas mãos entrego meu coração.

— Saiba que sempre estarei ao seu lado. Seja qual for sua escolha, não me ausentarei de seu coração — segurando as mãos de Daniel, cheia de inspiração, orou: — "Senhor, que: em espírito, façamos a luz; em corpo, sejamos trabalho; em amor, sejamos divisão; em divisão, sejamos irmãos; em irmandade, façamos a luz; em luz, brilhemos para sempre; em vida eterna, tenhamos força; em força, as nossas mãos brilhem; em brilho, sejamos humildade; em humildade, toleremos; em tolerância, vivamos; em vida, lutemos; em luta, tenhamos coragem. Em qualquer situação de nossas vidas tenhamos consciência de que tudo passa, porém jamais passará o seu eterno reino de amor, justiça e igualdade, que rege com bondade as nossas vidas..."[38]

Aqueles inocentes corações, envolvidos pela emoção do primeiro amor, sentiam as bênçãos dos céus depositarem em seus espíritos a coragem para enfrentarem as páginas que o destino lhes reservaria.

Naquela mesma tarde, em sua residência, Daniel aguardava a chegada do pai e, entre diversos pensamentos, tentava encontrar na oração forças para enfrentá-lo.

Tempo depois, Servio chegou acompanhado do rabino Eliezer. Imediatamente acomodaram-se em confortáveis assentos onde mantiveram uma animada conversação. Neste ínterim, Daniel adentrou o recinto e aproximou-se do pai com uma mescla de medo e coragem. Após as saudações, disse:

— Pai, precisamos conversar sobre algo muito importante que se passa comigo.

— Ora, meu filho, o que teria acontecido em sua vida que eu não saberia?

— Não mais continuarei meus estudos religiosos, conheci o cristianismo e nele me estabelecerei. Também me consorciarei com uma jovem que carrega no ventre um filho meu.

A feição de Servio se modificou. A ira tomou conta de seu ser e, entre gritos, disse:

— Está ensandecido. Jamais permitirei que abandone seu futuro como rabino, assim como jamais permitirei que uma jovem qualquer tenha o cegado a ponto

38 (N.M.) A página "Tudo é Luz", aqui citada, foi publicada no livro *Lembranças de outono*, do espírito Ferdinando – psicografado por Gilvanize Balbino Pereira.

de abdicar de tudo em razão de um passageiro amor. Vamos, diga-me quem é ela? Deve ser uma pobre infeliz, que alguns dinheiros farão com que se afaste de você.

— Estava cego, mas agora vejo e sei qual o caminho que devo seguir. A jovem a que se refere com tamanho desdém é alguém muito especial e por dinheiro algum seria capaz de aceitar uma proposta de se afastar de mim.

— Vamos, diga-me quem é ela?

— Tamara. É filha do comerciante Ambrosio, aquele que salvou minha vida. Quero que saiba que me consorciarei com ela.

Cheio de fúria, lançou-se contra o filho e, em sucessivos golpes, abriu-lhe o supercilio. O rabino segurou Servio e, tentando conter-lhe, disse:

— Daniel, você é muito jovem e não sabe o que diz. Um dia presenciei um gesto muito semelhante ao seu, feito por Saulo de Tarso. Acreditamos que estava ensandecido e espero que não repita suas ações, pois hoje ele é odiado e expulso de nosso meio.

— Não repito o feito de Saulo, pois não o conheci, apenas sigo minha consciência e meu coração. Não renunciarei a minha escolha, porque ela é agora a razão de minha existência.

— Se seguir esse caminho, acredite, não é mais meu filho. Não terás direito à herança familiar e farei tudo para apagar seu nome das escrituras familiares. Saia agora de minha residência e não ouse voltar mais, está banido de minha família.

Com dificuldade, Daniel saiu sem levar nada consigo, deixando para trás uma história familiar, que agora daria lugar a outras páginas, exigindo-lhe muita coragem para escrevê-las.

Yara, perturbada, mas em silêncio, presenciava a cena triste e, tempo depois, se aproximou. O rabino, inconformado com a atitude de Daniel, não media as ácidas palavras e acrescentava mais maldade ao coração endurecido de Servio que, sem esconder seu ódio, gritava ensandecido:

— Destruirei sem o mínimo de piedade esses malditos comerciantes e especialmente Marcos, que deve ter sido o causador dessa confusão na cabeça de Daniel. Não terei compaixão dessa jovenzinha maldita, apagarei os nomes de sua família e farei tudo para que eles sintam o peso de meus punhos. Não admitirei que meu próprio filho me desafie dessa maneira. Ninguém nunca ousou esse feito, creiam, não permitirei jamais que me humilhem dessa forma.

— Daniel era meu escolhido, depositei todos os meus créditos nesse jovem e agora me retribui com tamanha traição. Malditos cristãos. Temos que conter imediatamente sua influência em nosso meio.

— Travaremos uma guerra silenciosa, e contarei com o apoio de Versus, que já confirmou que estará ao nosso lado. Prepare uma reunião com todos os anciões mais influentes, porque baniremos Marcos e os seguidores desta região.

— Não se preocupe — disse o rabino, com ódio. — Hermes, mesmo contrariado, continua infiltrado entre os cristãos e me mantém informado dos seus passos. Com isso e com a ajuda de Versus, poderemos destruir, oportunamente, esses míseros.

Yara, envolvida por um manto de maldade e ainda carregando o ódio por Ambrosio, disse:

— Não devemos nos esquecer da família de Ambrosio, afinal ela também deverá ser punida, pois a tal Tamara será mãe de um filho de Daniel. Para atingirmos nossos inimigos, devemos ferir quem eles amam. Então, porque não fazer Ambrosio, o pai, ser sentenciado pela filha?

— Sempre foi uma mulher audaciosa e astuta, qualidades que reconheço em você, mas inteligência nunca foi seu forte, então, deixe-me ouvir: o que sugere? — perguntou Servio.

— Meu querido — Yara, com ironia, prosseguiu: — Confie em mim, eu tenho um plano para sua vingança. Peço apenas que me apoie com a guarda e deixe comigo as ações, pois, muito em breve, Ambrosio estará preso e sentenciado à morte. Enquanto isso, siga com seu plano contra os cristãos, pois essa luta não é minha.

Com os olhos avermelhados, Servio aceitou a ajuda de Yara e permaneceu detalhando os planos para conter os cristãos e, especialmente, para calar Marcos.

Na noite daquele mesmo dia, Daniel chegou à residência de Ambrosio. Tamara, preocupada, recepcionou-o e imediatamente acomodou-o para tratar de seus ferimentos.

Marcos, Ambrosio e Tercio ouviram em silêncio o relato do jovem. Logo após, Daniel concluiu:

— Senhor Ambrosio, rogo que compreenda minha atual situação, não sou mais um jovem nobre, fui banido de minha família e nada tenho para oferecer, mas peço que me conceda sua filha para que possamos formar nossa família sobre o seu amparo e também sobre os pilares cristãos.

— Meu filho, disse Ambrosio, nossos dias têm sido cheios de surpresas e até mesmo muitas tristezas, mas considero-o um jovem honesto desde o primeiro dia que o vi. Não foi por acaso que aquele acidente ocorreu próximo de nós, fazendo com que conhecesse minha filha. O coração é uma terra desconhecida, até mesmo por nós. Saiba que será, de agora em diante, meu filho, aquele que a vida não ofereceu, mas que em coração o acolho.

— Sei que ainda não posso me considerar um cristão, porque muito terei que aprender — disse humildemente Daniel. — Entretanto, para mim bastaria receber uma bênção proferida por Marcos.

O apóstolo, com simplicidade, uniu as mãos dos jovens e, com carinho e cheio de inspiração, disse:

— Senhor Jesus, diante de mim estão dois filhos de Deus que abrem as portas de seus corações para as novidades do amor. Permita que as bênçãos celestiais recaiam sobre seus corações e reconheçam-se, de agora em diante, como um só coração, que pulsa nos pilares do respeito, amor e perseverança. No ventre desta jovem, uma vida despertará e, nas estradas da vida que a conduziram a este encontro de luz, permita que seja ungida pela força da coragem e da fé. Porque sabemos que as uniões dos corações procedem dos céus, e aqueles que ouvem o chamado celestial e perseveram nos caminhos do bem são por Suas mãos acolhidas. Mestre eterno, que o manto de Sua compaixão recaia, quando as nuvens cinzas impedem de vermos a luz... Ou quando as noites parecem sem fim... Ou quando a vida perde a esperança... Ou quando a consciência arde pelos feitos e desfeitos...Que lembremos que as dificuldades são a anunciação de que Deus concede nova oportunidade para revermos nossas condutas e ajustarmos o passo, portanto, em nome de Deus, retoma a vida para si e, o quanto antes, se perdoe e siga adiante, sem parar na marcha do ontem e da reclamação vazia, pois o Senhor sempre compreende, tudo vê e abençoa os filhos de Deus que estão diante de mim, pois os entrego ao Seu amoroso coração.

Assim, com os corações refeitos, Daniel e Tamara iniciariam suas vidas com Ambrosio e Tercio, sob o apoio de Marcos, que acolheria o jovem com amor e misericórdia.

O tempo cumpriu sua missão e seguiu veloz e sem muitas alterações para a família de Ambrosio.

Daniel se adaptava às regras de uma vida simples, e seu rosto já demonstrava a imposição de um irreversível e breve amadurecimento, imposto pelo trabalho árduo e pela dedicação ao lado de Marcos, com quem aprendia os ensinamentos do Cristo. Além das tarefas para evangelizar os alexandrinos e moradores de povoados próximos ou distantes, ansiosos por encontrar um pouco de alívio no coração sofrido.

Naquele dia de primavera, o céu intensificava o azul. Um perfume especial de vida se misturava ao das flores e invadia o ambiente.

Havia chegado, enfim, o momento de o filho de Daniel e Tamara vir à luz de uma nova existência.

Por horas, a jovem não escondia o sofrimento, mas seu rosto iluminado pela força feminina não era capaz de ocultar sua beleza meiga e corajosa.

Uma anciã, que morava nas proximidades, com habilidade auxiliava Tamara e atendia-lhe as necessidades, substituindo a presença materna... Enquanto isso, Ambrosio, mesmo preocupado com a filha, tentava acalmar Daniel, que não escondia a inexperiência mesclada com o medo diante de tão importante momento.

Tercio atendia as requisições da amiga velha, que, com firmeza, ordenava-lhe a buscar água e panos para confortar a sobrinha.

Tempo depois, um choro agudo rasgou o recinto, anunciando a chegada da pequenina criança. Daniel, de sobressalto, correu para o lado da esposa, que estava com um semblante cansado, mas exibia um largo sorriso nos lábios. Ele aproximou-se e sentou-se ao seu lado, acariciando-lhe as madeixas molhadas de suor.

A anciã, finalizando os procedimentos básicos com o recém-nascido, envolveu-o em tecido alvo e, com habilidade, acomodou-o nos braços da mãe.

— Minha filha, aqui está seu filho, nasceu um menino forte igual a você... — emocionada, não escondeu a lágrima e disse: — Tamara, sua mãe ficaria orgulhosa neste momento, e posso imaginar o quanto ela abençoa você e esta criança.

As lágrimas incontidas marcavam as faces de todos. Tempo depois, Tamara, com dificuldade, acomodou o filho nos braços de Daniel que, sem jeito, segurava-o com intenso carinho.

Ambrosio beijou a testa da filha, e o tio repetiu o gesto.

— Meus amigos — disse a anciã. — Agora Tamara precisa descansar...

Ambrosio e o irmão saíram para seus afazeres, Daniel permaneceu ao lado do filho e da esposa, sem perceberem que, no invisível, os emissários benditos, seguindo as ordens de esferas superiores, ali permaneciam, imantando de amor e paz aquela residência.

Três dias seguiram após o nascimento do filho de Daniel.

Naquela noite, Ambrosio e Tercio conversavam na varanda, enquanto os jovens permaneciam juntos, cuidando do recém-chegado.

Marcos retornava de uma viagem a um vilarejo próximo onde fora levar os ensinamentos de Jesus. Após as saudações, os amigos o atualizaram sobre as boas novas.

Com os olhos marejados, aproximou-se de Tamara, que estava sentada em um assento na sala simples ao lado de Daniel.

A emoção tomou conta do apóstolo de Jesus que, com respeito, segurou o pequeno em seus braços e disse:

— Por minha fé, abdiquei da construção da família consanguínea que queria, mas, aqui, encontrei a família de que necessitava. Daniel e Tamara são os filhos que a vida não me concedeu, entretanto, habitam meu coração na condição de verdadeira e elevada estima. Entre vocês, encontrei paz e fui acolhido na condição de grande amigo, mas, acima de tudo, de um membro da família. Diante de Tamara, que vi nascer, se transformar em mulher e agora, mãe, não posso omitir minha emoção... — secando a lágrima que voluntariamente lhe marcou a face, perguntou: — Qual o nome que ofereceram a ele?

— Esperávamos sua volta — disse Daniel — porque todos nós decidimos que seria uma honra que meu filho tenha o nome escolhido por você.

Marcos não escondeu a emoção, por instantes, manteve-se em silêncio e, buscando inspiração, orou:

— Senhor, com o coração pleno de felicidade, em meus braços acolho um filho Seu que retorna ao chão na tarefa de iniciar uma nova história. Guarde seu olhar sob Seu amparo e registre com a tinta de Seu amor os ensinamentos de Jesus para que ele jamais se esqueça de onde veio, de Sua morada de luz. Em cada passo, auxilie-o a encontrar coragem em cada desafio que esta nova existência lhe proporcionará. Sem as lembranças do passado, faça, Senhor, que isso não o impeça de sentir Seu amor secular e, quando as lágrimas tocarem seu rosto, a esperança seja o lenço que seca as lágrimas e o impulsiona para frente. Cada dia, uma nova página a ser escrita com experiência e sabedoria, entretanto, sem Seu amor será impossível sequer respirar, então lhe conceda a coragem para ser um emissário da alegria de lembrar a tantos que o salvador das consciências um dia nasceu entre nós, Jesus Cristo. Enquanto o hálito da vida for uma verdade entre nós, seremos aqueles que não se esquecerão jamais de louvar Seu nome e de amar eternamente Seu coração... Por fim, suplico-Lhe Suas bênçãos a este que, de agora em diante, será conhecido como Davi, aquele que louva e louvará a Deus. Assim, Senhor, derrame sobre todos esses meus amores Sua mais sagrada luz...[39]

Nesse momento, no invisível, um emissário bendito aproximou-se de Marcos, expandindo-se em uma luz dourada, envolvendo-lhe com intenso amor, abençoando aquele instante em nome de Jesus e, em meio a tantos outros seres iluminados e anônimos que trabalhavam com os apóstolos, para que pudessem continuar suas missões em nome do Cristo.

---

39 (N.M.) Recomendamos a leitura do livro *O Evangelho Segundo o Espiritismo*, capítulo IV: "Ninguém poderá ver o reino de Deus se não nascer de novo". Nessas páginas, você encontrará esclarecimento sobre os conceitos da reencarnação.

Capítulo 14

No frio do cárcere, a força da fé

"Vai, tua fé te salvou."

Marcos, 10:52

Aproximadamente sessenta dias seguiram céleres.

Davi crescia em meio ao carinho de todos e, entre eles, o amor se consolidava. Entre trabalho, evangelho e esperança.

Entretanto, os dias tranquilos estavam prestes a serem rompidos pelo orgulho, ciúme, vaidade e ódio. Yara, que continuava disposta a vingar-se de Ambrosio, não perdeu tempo para colocar seu plano em ação.

Recebendo o apoio do esposo, contratou dois homens para acompanhá-la até o comércio. Ostentando grande colar de lápis-lazúli, aproximou-se do local onde Ambrosio e Tercio negociavam suas mercadorias. Disse, sedutora:

— Há tempo que não nos vemos, desde a morte de sua esposa — tentando mais uma vez envolvê-lo em seus encantos, prosseguiu: — Hoje decidi passar por aqui e ver se mudou de ideia, afinal, a viuvez é sinônimo de solidão, e um homem como você não merece viver só.

— Minha cara, mais uma vez recebo sua visita com respeito e compaixão, certo que o Senhor acolherá seu coração com as bênçãos dos céus.

Com discrição, Yara retirou o colar e o escondeu entre as peles que Ambrosio comercializava. Gritou dissimulando que havia sido roubada. Orientados, os homens aproximaram-se de Ambrosio e, vasculhando suas mercadorias, encontraram o colar.

— Homens, prendam esse ladrão!

— Senhores — disse Tercio, em meio à grande confusão. — Meu irmão é inocente. Por misericórdia, ele é inocente.

Sem nada dizerem, levaram Ambrosio para o cárcere. Aquele homem resignado não contestou a ordem e, sem violência, seguiu seu desconhecido destino.

Horas depois, Yara foi até o local onde Ambrosio estava preso e, ao vê-lo, disse:

— Por que, por que me rejeitou daquela maneira? Nunca, nenhum homem me tratou assim. Todos se matavam para ter minha companhia, mas você, não, e sempre se mantendo como alguém mais elevado que eu. Eu amei você e não tive recompensa por isto. Agora que estamos aqui, posso libertá-lo. Poderemos fugir deste local e viver uma vida só para nós dois.

— Mulher! Mais uma vez lhe digo que a solidão de minha viuvez me fez calar a paixão de um homem comum, dando lugar à minha fé, que me concede equilíbrio para suportar o sofrimento de meu coração. Não nego que é a mulher mais bela que já conheci e compreendo que muitos morreram para ter seu amor, mas acredite, diante de mim, você é tal qual uma filha de Deus, necessitando de amparo e luz.

— Maldito, não foi suficiente eu ter agido de forma a tirar a vida de sua Otila? Agora me leva pelo mesmo caminho. Se não será meu, não será de mais ninguém, a morte será minha recompensa.

— Por Deus! O que diz, mulher? Otila foi vítima de bandidos...

— Bandidos que estavam sob minhas ordens...

Ambrosio, não suportando o peso do sofrimento, curvou-se sobre os joelhos e, sem omitir as lágrimas, ouvia aquelas palavras como lâminas a lhe rasgar o coração.

Yara também não ocultava as lágrimas, mas o ódio era seu conselheiro. Com ira, sentenciou-o:

— Acredite, se arrependerá por ter me rejeitado... A sua morte me trará paz, pois sei, possuirei sua alma...

Em silêncio, retirou-se. Ambrosio, tentando buscar alívio ao coração, orou:

— Senhor, diante de Sua luz, suplico forças para suportar este momento, em que a verdade se descortina duramente diante dos olhos meus. Dê-me coragem para entender que o sofrimento nos encaminha à verdade, que a força eterna vem sempre dos céus; que o amor nos envolve os corações; pela dificuldade que ensina ver além de nós mesmos; que a esperança nos ergue do chão... Apesar de ter consciência de que o Senhor está eternamente em nossos caminhos, direcionando-nos rumo aos céus, suplico-Lhe, oh, Mestre Amado, permita-me sentir Suas mãos sobre as minhas, pois entrego ao Seu coração minha vida...

Ambrosio, no cárcere, foi proibido de receber visitas, mas a preocupação com sua família era evidente. Não suportando ver o sofrimento daqueles a quem tanto amava, Daniel foi à residência do pai sem que ninguém soubesse. Tentaria interceder em favor do amigo. Levou consigo o filho para conhecer o avô.

Ao chegar, um serviçal o recepcionou e se surpreendeu com a mudança física do jovem. Tempo depois, Servio, que estava com o fiel amigo rabino Eliezer na biblioteca, ordenou que o filho entrasse. Carregando o filho, Daniel cumprimentou-os respeitosamente. Seu pai, com austeridade, disse:

— Ora, o que o traz ao lugar renegado por você mesmo?

— Meu pai, vim por dois motivos: apresentar-lhe seu neto e interceder em favor de Ambrosio. Ele foi encarcerado inocentemente e lhe suplico compaixão.

Yara, cheia de ódio, ao saber da chegada do enteado, aproximou-se e permaneceu em silêncio, aguardando a resposta do esposo.

Servio, depois de prolongada e irônica gargalhada, disse:

— Como ousa adentrar este solar, trazer-me esse bastardo. E como tem a audácia de me pedir para libertar aquele marginal? Renegou nossas tradições, trocou o conforto desta família para viver entre cristãos miseráveis, abdicou a nobreza dos rabinos para viver ao lado do tal desprezível Marcos, que agora parece ser seu mestre nessa seita, a qual, um dia, verei calar — aproximando-se do filho, com a mão no queixo largo, continuou: — Olhe para você... Veja a sua aparência, assemelha-se mais a um pastor infeliz e digno de compaixão. Sequer parece meu filho, aquele que era bem tratado, aceito e respeitado em nosso meio. — Com profundo desprezo, perguntou: — E essa criança? Nasceu naquele meio e agora você quer que eu o aceite na condição estimada de meu neto? Está ensandecido.

— Pai, lhe suplico que, se está punindo Ambrosio por minha causa, liberte-o, por misericórdia. Diga-me, o que tenho que fazer para que o ajude a ser liberto?

O rabino aproximou-se do amigo e, após alguns instantes, pensativo, disse:

— Meu amigo, se seu filho aqui está, por que não aceitá-lo de volta? Conseguirei recolocá-lo entre os rabinos, mas será importante que ele abjure Jesus Cristo diante de todos. Isso seria de grande valia para desmoralizarmos a seita. Deixe a criança com aqueles imprestáveis e nunca mais ouse dizer que é seu neto. Além do mais, a atitude de Daniel, para mim, nada mais foi do que um momento de insensatez.

— Ora, ora, porque não pensei nisto? Estarei disposto aceitá-lo de volta, liberto Ambrosio, se, a partir de agora, esquecer essa loucura de cristianismo e, principalmente, essa história de ser pai desse menino.

— Meu pai — disse Daniel, com os olhos brilhantes. — Ambrosio é um homem generoso, o qual aprendi a amar como um pai desde o dia em que me amparou na condição de um filho, quando a morte me parecia uma verdade. Ele é o pai da mulher que amo, Tamara, mãe de meu filho Davi, que, querendo ou não, é seu neto, e nasceu em meio cristão. Jesus habita em meu coração e em minha alma. Não poderei abandonar minha fé, pois ela me sustenta, e não há negociações nesta escolha, pois estou seguro do que sou e do que quero. Não poderei esquecer a sabedoria de nosso Mestre porque Ele está em mim e é a razão de meus dias. No dia em que decidi seguir meu caminho, pela primeira vez, viveu a força de Deus em mim.

— Quanta arrogância — disse o rabino Eliezer. — Sequer parece um de nós.

— Não, não sou um de vocês. Também não compreendo seu espanto, foi você que me ensinou a amar minha fé e a não desistir do que acredito. Então, com a força de minha alma, lhe digo que amo o cristianismo. Acredito em Jesus Cristo. Renuncio o nosso credo e vivo pela sabedoria cristã e pelos ensinamentos demonstrados em exemplos deixados por Aquele que, um dia, eu mesmo cheguei a duvidar se seria mesmo o Salvador. Vivo, de agora em diante, buscando a instrução para me libertar da ignorância. Agradeço-lhe por ter conhecido as leis judaicas, mas agora escolhi meu caminho e este se chama amor.

O rabino, completamente perturbado com o que acabara de ouvir, não conteve a fúria e, descontrolado, esbofeteou o jovem. O instinto paterno aguçado impulsionou Daniel a proteger astuciosamente o filho, que nada sofreu. Com o lábio sangrando, o filho do Servio recebeu em silêncio e com humildade aquele ato insano. Completamente enfurecido, Servio apoiou o amigo e expulsou o filho aos gritos:

— Saia imediatamente de minha casa e leve esse bastardo com você, pois ele jamais será meu neto, assim como você não é mais meu filho.

Daniel, acolhendo com carinho o filho nos braços, buscou forças para carregar a dignidade que lhe era própria e saiu em silêncio e com resignação, deixando, definitivamente, a história que o vinculava àquele solar.

A atitude pacífica de Daniel enfureceu ainda mais o pai. Servio, aos gritos, ordenou que o chefe da guarda do cárcere onde Ambrosio estava fosse ter com ele uma conversa.

Ao chegar, após as saudações, Servio, imediatamente, conduziu a conversação para seus objetivos:

— Sei que é um homem ambicioso e estou disposto a pagar-lhe quanto for necessário para que se livre de um interno no cárcere local que está sob sua responsabilidade. Seu nome é Ambrosio.

— Senhor, de fato, sou responsável por esse homem, mas estou disposto a libertá-lo, porque não conseguimos provas suficientes para incriminá-lo. Além do mais, alguns nomes influentes também intercederam a seu favor.

— Como não há provas? — disse o rabino, descontrolado. — E o colar que esse maldito cristão sacou? Não é suficiente para levá-lo à morte?

— Deixemos de mesuras e vamos direto ao assunto — interveio Servio. — Sou generoso, e dinheiro não será um problema. Estou disposto a ofertar-lhe quanto for necessário para que o preso seja morto. A única coisa que deve fazer é providenciar sua execução e simular um simples suicídio. Ninguém desconfiará de nós e, por fim, me livrarei desse miserável.

O chefe, pensativo, não disfarçava a ganância de seus olhos e, ato contínuo, sem a menor compaixão, disse:

— Nada perderei com isso, então aceito.

Por mais alguns instantes, permaneceram ajustando o hediondo plano. Quando o chefe retirou-se, o rabino disse:

— Temos de pensar em nos livrarmos desse homem. A mim, não parece sábio ele permanecer entre nós após ter realizado essa tarefa.

— Tem razão, providenciarei para que, logo que recebamos a notícia da morte de Ambrosio, ele também seja executado de uma forma muito particular.

Entre sucessivas taças de vinho, aqueles homens brindavam seus planos envolvidos por uma densidade que encobria, no invisível, aquele ambiente; enquanto Yara, apresentando os sofridos sinais de insanidade, permanecia inerte, aguardando as novidades do amanhã...

Dois dias seguiram-se rapidamente.

Naquela tarde, uma carroça conduzida por Tercio aproximava-se lentamente de sua residência. Ao chegar, o irmão de Damasco, alheio aos planos de Servio, desceu, secando as abundantes lágrimas que lhe marcavam as faces. Imediatamente, Marcos, Daniel e Tamara correram e viram que o corpo inerte de Ambrosio anunciava o pior.

— Meus amigos — disse Tercio, sem esconder as lágrimas — mais uma vez, hoje tentei libertar meu irmão, mas, ao chegar ao cárcere, o chefe da guarda me disse que ele não suportou a humilhação da prisão e, sem nenhuma explicação, suicidou-se. Confesso-lhes que, naquele momento, não pude acreditar em tal situação. A dor que me tomou o coração fez com que meus joelhos vergassem. Ao me recuperar, supliquei que me deixassem dar a ele um sepultamento digno. O chefe, em primeiro momento, ficou reticente, mas depois pediu que eu o tirasse logo de lá. Cá estou com meu amado irmão morto. Oh, Deus! Tenha compaixão de todos nós... Perdoe-me, Senhor, mas não creio que Ambrosio tenha cometido suicídio, algo dentro de mim diz que ele foi morto.

A expressão de dor daqueles filhos de Deus era digna de misericórdia. Daniel auxiliava Tercio a preparar as exéquias de Ambrosio. Em seguida, Marcos, emocionado, disse:

— Com o meu coração marcado pela forte emoção, vou buscar nas palavras de nossos ancestrais as palavras que me faltam agora: "Elogiamos os homens ilustres, nossos antepassados, em sua ordem de sucessão. O Senhor criou imensa glória e mostrou sua grandeza desde os tempos antigos. Homens exerceram autoridade real, ganharam nome por seus feitos; outros foram ponderados nos conselhos e exprimiram-se em oráculos proféticos. Outros regeram o povo com seus conselhos, inteligência da sabedoria popular e os sábios discursos de seu ensinamento, outros cultivaram poesias; outros foram ricos e dotados de recursos, vivendo em paz em suas habitações. Todos esses foram honrados por seus contemporâneos e glorificados já em seus dias. Alguns deles deixaram um nome que ainda é citado com elogios. Outros não deixaram nenhuma lembrança e desapareceram como se não tivessem existido. Existiram como se não tivessem existido, assim como seus filhos depois deles. Mas eis os homens de bem cujos benefícios não foram esquecidos. Na sua descendência eles encontram rica herança, sua posteridade. Os seus descendentes ficam fiéis aos mandamentos e também, graças a eles, os seus filhos. Para sempre dura sua descendência e sua glória não acabará jamais. Seus corpos serão sepultados em paz e seus nomes vivem por gerações. Os povos proclamarão sua sabedoria a assembleia anunciará seus louvores." [40]

Em breve pausa, Marcos buscou forças diante da dor de insubstituível perda e continuou:

— Mas busco em Jesus o reconforto aos nossos corações machucados pela ausência do amigo que guardamos no coração: Senhor Jesus, grandiosa é a Sua luz. Muitas vezes é necessário perdermos aqueles

40 (N.A.E. Ferdinando) Eclesiástico 44:1-15

que amamos para sedimentarmos o amor. Hoje a dor não nos é ausente porque repousa nos braços Seus um homem digno, um amor eterno que a vida fez com que nos reconhecêssemos irmãos. Ensine-nos a continuar um pouco mais e a aceitarmos a ausência desse filho Seu. Alivie-nos a dor e transforme-a em fé e esperança. A morte é um novo recomeço e a vida para quem fica é uma nova oportunidade de recomeçar...

Envolvidos pela forte emoção daquele momento, as lágrimas nas faces de todos não eram ausentes. A fé em Jesus não permitia que duvidassem ou julgassem a situação. Dentro de seus corações habitava a dúvida sobre a verdadeira causa da morte de Ambrosio, mas caberia a eles seguirem suas estradas confiando no amanhã...

Enquanto isso, no invisível, em Jade, Ambrosio foi acolhido sob a luz da bondade celestial que emissários de Deus exerciam em favor daqueles que atravessavam os portões daquela grande Estação de amor.

Capítulo 15

Daniel, o convertido de Alexandria

"Porque tendes medo? Ainda não tendes fé? Então ficaram com muito medo e diziam uns aos outros: Quem é este a quem até o vento e o mar obedecem?"

Marcos, 4:40-41

Os dias decorreram céleres.

Marcos afeiçoara-se a Daniel e, tal qual um pai amoroso, dedicava-lhe horas a instruí-lo sobre os ensinamentos de Jesus.

Entretanto, a saúde do apóstolo apresentava-se sofrida, dia a dia. Os anos e as dificuldades de uma vida restrita massacrava-lhe o corpo franzino.

Naquela tarde, a família de Ambrosio estava na igreja de Alexandria, aguardando a preleção de Marcos. O apóstolo buscava forças, mas seus pulmões faziam-no padecer em crises respiratórias. Por estar debilitado e por confiar no novo aprendiz, Marcos pediu carinhosamente que Daniel o acompanhasse até diante do público. Após sublime oração, Marcos, colocou a destra no ombro do jovem e disse:

— Meus amigos, meu espírito é forte, mas meu corpo é frágil e limita meus passos. Hoje concedo minha palavra a Daniel, meu filho de coração, e rogo que o acolham como sempre fazem comigo.

— Ele é o filho de Servio, não o queremos aqui — disse um aldeão presente.

— Este templo acolhe a todos — disse Marcos — se me ama, como um dia me disse, acolham-no em seus corações e ouçam o que ele tem a dizer de Jesus.

Após o pequeno tumulto, mesmo alguns contrariados silenciaram. Entre os presentes encontrava-se Abdias, infiltrado naquela comunidade de acordo com as orientações do rabino Eliezer. Mantinha o rabino e Servio informados de todas as ocorrências daqueles seguidores do Cristo.

Daniel, surpreso e com medo, mas com coragem, buscou forças e inspiração para iniciar a preleção daquele dia:

— Compreendo a atitude de todos os presentes, ao rejeitarem minha origem e ao verem o filho de Servio neste templo de amor. Sim, fui educado para um dia ser um rabino e seguir as origens familiares de acordo com o nosso credo, o judaísmo, mas, quando me deparei com os ensinamentos de Jesus Cristo por meio de Marcos, não pude deixar de acreditar que Ele era, enfim, o Salvador Prometido. Entretanto, por mais que eu escutasse, era surdo; por mais que enxergasse, era cego; por mais que falasse, era mudo; pois minhas palavras eram vazias, sem a profundidade que Jesus solicitava a todos ao ouvi-lo. Creiam, eu ouvi, senti e esqueci meu passado para viver hoje minha conversão... Por amor ao Mestre, renunciei minha vida e aqui estou na condição, não de um professor, mas de um aprendiz que carrega no coração sede de aprendizado e compaixão pelos filhos de Deus. Jesus, em sua grandiosidade, não omitiu seu amor e sabedoria a ninguém, buscou na simplicidade da expressão a maneira de aproximar Deus aos corações daqueles que estão vivos, buscando regeneração e fé. O Mestre possui muitos ensinamentos, mas um deles tocou-me a alma no dia que Marcos compartilhou conosco: "E começou de novo a ensinar junto ao mar. Veio até ele multidão muito numerosa, de modo que ele subiu e sentou-se num barco que estava no mar. E todo o povo estava na terra, junto ao mar. E ensinava-lhes muitas coisas por meio de parábolas. E dizia-lhes no seu ensinamento: 'Escutai: Eis que o semeador saiu a semear. E ao semear, uma parte da semente caiu à beira do caminho, e vieram as aves e a comeram. Outra parte caiu em solo pedregoso e, não havendo terra bastante, nasceu logo, porque não havia terra profunda, mas, ao surgir o sol, queimou-se e, por não ter raiz, secou. Outra parte caiu entre os espinhos; os espinhos cresceram e a sufocaram, e não deu fruto. Outras caíram em terra boa e produziram fruto, subindo e se desenvolvendo, e uma produziu trinta, outra sessenta e outra cem.' E dizia: 'Quem tem ouvidos para ouvir, ouça.'" [41] O semeador semeia as palavras dos ensinamentos de Jesus e deverá entender que, muitas vezes, as lançará em corações que ainda não estão preparados para ouvi-las, diante da menor dificuldade sucumbem, e suas fraquezas as arrebatam de seu ser. Muitos corações são semelhantes ao solo pedregoso e, entre espinhos, recebem as palavras do Senhor com felicidade, mas sem raízes profundas, quando são deparados por perseguições ou angústias, logo são arrebatados pela fraqueza e não resistem. Há corações puros preparados para receber o ensinamento e, ali, é cultivado com amor, trabalho e fé.

41 (N.A.E. Ferdinando) Marcos, 4:1-9

Assim, Jesus concluiu: "Quem traz uma lâmpada para colocá-la debaixo do alqueire ou debaixo da cama? Ao invés, não a traz para colocá-la no lampadário? Pois nada há de oculto que não venha a ser manifesto, e nada em segredo que não venha à luz do dia. Se alguém tem ouvidos para ouvir, ouça." [42] A palavra de Jesus é igual à semente lançada sobre a terra. Somente germinará no dia em que estivermos abertos para permiti-la criar as raízes em nosso ser. Enquanto isso, seremos aqueles que ouvem sem ouvir, falam sem falar e amam sem amar. Quando Jesus adentrar as portas de nossos corações, aí sim, teremos um mundo estruturado no amor, misericórdia e fé...

O silêncio calou os presentes. No invisível, uma luz azulada envolvia os presentes, acalmando-os e trazendo uma sensação de paz, o que lhes tocava os corações.

Tempo depois, os presentes partiram, Marcos, visivelmente feliz, abraçou Daniel e disse:

— Hoje meu dia foi abençoado. Ao escutar suas palavras, meu coração foi coroado por imenso orgulho, pois sei que Jesus repousa em seu coração e em sua mente.

Antes de concluir a frase, o jovem Abdias lentamente aproximou-se de Daniel. Surpreso, o amigo o recepcionou com carinho e, com um abraço, disse:

— Que Jesus seja louvado! Vamos, meu amigo, diga-me, se está aqui conosco é porque se converteu ao cristianismo.

Abdias permaneceu inerte, não havia se convertido e, ali, apenas cumpria as ordens do rabino Eliezer. Com habilidade, disse:

— Não se engane comigo, não sou um convertido, apenas estou aqui para conhecer um pouco deste credo

---

42 (N.A.E. Ferdinando) Marcos, 4:21-23

— suspirando profundamente, alterou o rumo da conversação. — Desde o dia que renunciou de nós, quando posso, venho aqui assistir às preleções de Marcos. Hoje fui surpreendido em vê-lo, meu amigo, com tanto domínio dos ensinamentos cristãos. — Olhando para Tamara, continuou: — Percebo que o amor entre você e a filha do comerciante gerou um fruto. Não consigo compreender o que há em Jesus Cristo para fazer você e outros mais abandonarem suas vidas e viverem em condições restritas, incorporando a fé como a razão de suas vidas. Em tudo que presenciei em nosso meio, nada se compara com as demonstrações de fé que aqui vi. Apesar de os rabinos comentarem que sua conversão foi apenas uma atitude juvenil, e que logo retornará à palavra judaica — contemplou o amigo e continuou: — Veja, sua aparência está mudada, não parece mais alguém de nosso meio.

Daniel, em silêncio, segurou o filho nos braços e, com orgulho, disse:

— Sim, este é meu filho Davi e para ele oferecerei os ensinamentos que hoje são a razão de minha existência, o cristianismo. Não enlouqueci, tampouco minha atitude foi impensada ou inconsequente, sei o que quero e não voltarei a professar as palavras judaicas que não creio mais, apesar de respeitá-las. Ambrosio, quando estava entre nós, dizia sempre: "a vida nem sempre nos oferece o que queremos, mas tenho tudo do que necessito". Afirmo que é uma verdade, e eu tenho tudo do que necessito: meu filho, minha esposa e a companhia de Marcos e Tercio, de quem recebo as instruções do cristianismo com simplicidade, mas com a força dos céus. Sou feliz como sou e com o que tenho. Nada me falta.

— Não consigo compreender tamanha coragem para essa conversão. Nestas paragens, apesar da crescente expansão do cristianismo, já se ouve rumores do império segundo os quais foram iniciadas perseguições sanguinárias contra os cristãos. Não teme o amanhã?

— Não o responderei com um ensinamento cristão, porque sei que não me compreenderá, mas busco nas escrituras de nossos ancestrais as palavras que você conhece:

"O Senhor é meu pastor, nada me falta.

Em verdes pastagens me faz repousar.

Para as águas tranquilas me conduz e restaura minhas forças; ele me guia por caminhos justos, por causa do seu nome.

Ainda que eu caminhe por vale tenebroso nenhum mal temerei, pois estás junto a mim, teu bastão e teu cajado me deixam tranquilo.

Diante de mim preparas a mesa, à frente dos meus opressores; unges minha cabeça com óleo, e minha taça transborda.

Sim, felicidade e amor me seguirão todos os dias da minha vida; minha morada é a casa do Senhor por dias sem fim."[43]

— Sempre admirei sua força — disse Abdias. — Desde os dias em que estudávamos juntos, você demonstrava um grande diferencial, independentemente de ser o filho de Servio. Amigo, perdoe-me acreditar que, de alguma forma, o faria mudar de ideia.

— Compreendo sua posição — interveio Daniel — e sei que está aqui em busca do velho amigo, mas agora o que posso lhe oferecer é meu novo coração cristão.

Tempo depois, Abdias partiu entre sorrisos. Marcos, reflexivo, ouviu aquela conversa e disse:

— Sabe que, para mim, você é um filho do qual tenho muito orgulho. Em tão pouco tempo, sua dedicação já pode ser notada nesta comunidade — respirando

---

43 (N.A.E. Ferdinando) Salmo 23

com dificuldade, continuou: — Os dias, para mim, têm sido difíceis, e sinto que, em breve, não estarei mais aqui. Seu amigo está certo quanto às duras perseguições iniciadas contra o Cristo. Muitos se aproveitam da ensandecida ação de Roma. Portanto, temo o amanhã, mas confio em Jesus, porque sei que Ele não morrerá com os abusos que tanto se viu ao longo dos tempos. Você é jovem, mas carrega um espírito velho, e a única coisa que lhe suplico é que, diante de qualquer situação, não perca a fé. Tudo passa em nossas vidas, mas o importante é sabermos o que fazer com o que ficou ou se iremos recomeçar do nada. Mesmo diante de perseguições injustas, devemos manter a mente com o Senhor. Ninguém está alheio à vontade de Deus, e tudo se equilibra ao longo do tempo. O tempo é emissário do Senhor, e tudo se restabelece. O que fica é o aprendizado e a certeza de que Jesus não nos abandonou. Ele segue conosco. É a fonte viva de nossa esperança e a fortaleza de nossa fé. O vento sopra e passa. A chuva molha e passa. Os mares revoltos se acalmam e passam. O frio congela e passa. O sol queima e passa. A noite traz as sombras e passa, porque sempre um novo dia nasce. Jesus confia em cada um de nós, portanto, carregue sempre em seu coração a certeza de que na vida terrena tudo vem e passa, mas a fé consolidada com amor e esperança, essa permanecerá.

Capítulo 16

Marcos diante dos rabinos

"Vinde em meu seguimento e eu farei de vós pescadores de homens."

Marcos, 1:17

Em Alexandria, as ruas estreitas, naquela manhã, abriam passagem para uma luxuosa caravana vindo de Roma, trazendo Versus Lucius Antipas a pedido de Servio.

Ao parar em frente à residência, Versus imediatamente encaminhou-se para o interior, ignorando os servos que tentavam auxiliá-lo. Ao adentrar a biblioteca, Servio, que o aguardava, cumprimentou-o e ofereceu-lhe um refresco. Após as saudações, Versus foi direto ao assunto que o levou até lá.

— Meu amigo, sou romano de nascença, mas conheço muito bem esta região da Palestina. Meus negócios ficaram comprometidos, principalmente as transações com escravos, pois o império destacou alguns homens para averiguar a situação dos comércios. Infelizmente, o movimento cristão naquelas paragens teve uma influência muito grande em meus negócios. Os portos de Alexandria são estratégicos para mim, portanto, não permitirei que esse cristianismo impacte nossas negociações. Tive muito trabalho para transferir o comércio de escravos para cá e não estou feliz em saber que um líder cristão poderá ameaçá-lo.

— Sabe bem que compartilhamos da mesma opinião. Aqui, os cristãos se espalham como praga, e os trabalhadores dos portos estão abandonando suas posições para seguirem um apóstolo de Jesus, o tal de Marcos, que os influencia com as ideias de amor ao próximo, fé renovadora e outras tolices. Até meu filho Daniel se curvou a esse movimento — cheio de ódio, prosseguiu: — Solicitei sua presença, porque quero sua ajuda para calar esses malditos.

— Traga-me esse homem à minha presença, quero conhecê-lo. Em verdade, quero conhecer todos os que se dizem apóstolo de Cristo. Um tal Pedro me surpreendeu com sua arrogância, e dizem que Marcos foi seu seguidor. Afinal, temos que conhecer o inimigo para podermos exterminá-lo — suspirando, prosseguiu: — Será muito fácil para você, pois possui uma forte influência sobre os rabinos. Force-os a levarem o cristão ao templo judaico, para uma simples conversa, um esclarecimento sobre a conduta do cristianismo nestas paragens — com os olhos vermelhos, sem piedade, continuou: — Lembre-se, não podemos ser afrontados por esses infames, tampouco sermos impactados em nossos negócios. Não me faça agir contra você, sei muito bem o que faço com meus inimigos e com aqueles que me traem.

— Seria eu um louco de ir contra você, sei bem do que é capaz. Além do mais, meus interesses são muito claros: riqueza.

— E seu filho Daniel? Agora ele é um convertido. Além de dinheiro, não seria, também, uma vingança?

Servio, visivelmente incomodado com a questão, respondeu:

— Ele me afrontou e abandonou tudo que lhe dei em troca dessa fé maldita. Acredita que eu aceitei esta situação de forma pacífica? Não sossegarei um só dia enquanto não ver esse Marcos humilhado e morto. Já estou atuando para ver esse momento chegar. Não esqueça jamais que também venho de sua escola e entendo muito bem a matéria chamada vingança.

Assim, o dia seguia, enquanto Versus e Servio articulavam seus planos, buscando, com os rabinos locais, força suficiente para intensificar a perseguição aos cristãos.

Passaram-se dois dias.

Naquela tarde, um mensageiro foi à residência dos irmãos de Damasco para entregar uma missiva. Marcos, debilitado, recebia os cuidados de Tamara e Daniel, enquanto Tercio mantinha-se no comércio, negociando suas mercadorias. Após a leitura em voz alta, o semblante do apóstolo denunciava sua preocupação. Daniel, com respeito, disse:

— Não consigo compreender esta convocação imediata, ainda mais vinda do rabino Eliezer. Ele não é um homem de simples conversas, já presenciei muitas demonstrações de inflexibilidade por parte dele, que levaram muitos a suplícios incontestáveis — após breve pausa, continuou: — Seja o que for, devemos enfrentar. Então, eu irei com você, sua saúde não permite exposição.

— Meu caro, seja o que for, irei, pois não posso temê-los. Além do mais, já fui chamado muitas vezes a comparecer diante deles. Infelizmente, minha saúde está frágil, mas, mesmo assim, não recusarei.

— Por Deus — disse Tamara, visivelmente preocupada. — Essa missiva me tocou o coração e não posso omitir minha preocupação, algo em mim diz que não é infundada. Temo pela segurança de ambos.

— Minha amada — disse Daniel, depois de deitar um beijo na testa da esposa. — Ficaremos bem. Por agora, quero que cuide de nosso Davi e avise seu tio dessas ocorrências.

Sem demora, despediram-se de Tamara e seguiram para o templo judaico, onde os rabinos, orientados por Servio, aguardavam-no. Na tribuna, Versus mantinha-se com os olhos vermelhos e brilhantes, mas em silêncio.

Ao adentrarem, Daniel apoiava carinhosamente o amigo. Aquela cena enfureceu ainda mais Servio, que imediatamente passou a palavra ao rabino Eliezer:

— Não podemos negar que sua influência é uma realidade nestas paragens. Soubemos que, além das questões religiosas, agora interfere nos negócios locais. Soubemos que os trabalhadores das docas estão abandonando seus postos em razão da fé cristã — com arrogância, continuou: — Exaltam igualdade, amor, compaixão, conceitos tolos que somente esse Jesus foi capaz de proferir. Para mim, ele é uma loucura. E agora o chamamos aqui, porque queremos saber se você está incentivando a ação organizada desses homens.

O apóstolo, com humildade, mas com incontestável coragem, disse:

— Meus amigos, desde a passagem de nosso Senhor Jesus Cristo entre nós, busco transmitir sua vida e seus ensinamentos, demonstrando, por meio de ações, que, como filho de Deus, posso ser um homem verdadeiro e melhor. Enquanto o hálito da vida agir em mim, anunciarei e testemunharei a boa nova, na qual me estabeleço.

— Diga-nos — interveio Eliezer. — Qual é sua origem?

— Nasci na Palestina e venho de uma família boa. Meu nome hebraico é João, mas, com o nome romano Marcos, recordo-me do dia em que me reuni com os primeiros seguidores do Senhor, em Jerusalém. E foi lá que Pedro, a quem minha alma se curva e com quem registrei muitos fatos da vida do Mestre, refugiou-se após ser libertado do frio cárcere.

Versus, sem poder interceder, mantinha-se silencioso e pensativo. O rabino, com ira, prosseguiu:

— Vocês, cristãos, são infames e insolentes. Conheci muitos homens insolentes, entretanto, acreditei que não os veria mais. Sua empáfia me chama a atenção. Afirmo que você não é autêntico, apenas é o eco de Pedro, quem já ouvi em algumas ocasiões.

— Não me importo que pensem assim. Para mim, Pedro é um pai dileto, e tudo que escrevi em Roma sobre Jesus seria impossível se não tivesse sua ajuda. Tentei registrar todas as suas recordações dos ensinamentos do Senhor, principalmente porque foi aquele que esteve mais próximo Dele. Compartilhou com o Cristo os dias, as alegrias e, sobretudo, presenciou seus feitos. Não escutei, tampouco acompanhei o Senhor, mas Pedro, sim, ele tinha em si todo o conjunto de informações a serem traduzidas e registradas.

— O que me surpreende nesses cristãos — disse o rabino — é a resistência. Vivem em nosso mundo e professam uma fé irreal. Esse Jesus fala de um reino sem sequer ter tido um, pois era um homem comum e nada possuía de celestial. E tampouco foi um rei.

Marcus, buscando inspiração, disse:

— Recordo-me de um ensinamento do Mestre que disse: "Meu reino não é deste mundo. De onde venho meu reino não é calçado no mármore dos césares, tampouco bordado pelos linhos que hoje fazem parte dos trajes nobres de homens importantes da sociedade. Meu reino não se estabelece nos tronos dos reis que passaram antes de mim; se estabelece no coração dos homens e nas mentes daqueles que se convertem por inteiro e quando colocam as causas mínimas sem importância. Muitos em nome da religião escolhem posições de destaque e utilizam o nome de meu Pai em razão das causas da vida corpórea e as suas necessidades pessoais. Entretanto, esquecem que a existência de cada um avança além do limite do olhar e do espírito, pois este não morre na matéria, mas a matéria morre para o espírito. Enquanto os homens estiverem voltados somente para as causas imediatistas, buscar respostas imediatas em seus credos estarão estes homens que se dizem representantes de Deus cultivando o reino terreno e não aquele proferido ao longo dos tempos, estruturado em amor e compaixão. A sabedoria de minhas palavras vencerá a fúria dos tempos, preencherá de luz os lares cheios de cólera... e o coração daqueles que estão vazios será iluminado pelas lições que deixarei sobre a Terra, mas sei que ninguém se modifica de um dia para outro, o amadurecimento espiritual chega no tempo de Deus, porque o Senhor não cobra, mas espera, ensina e compreende a limitação daqueles que estão distantes de meu coração. Creio que um dia libertarão suas mentes, mas respeitarão aqueles que vieram antes de mim, preparando minha chegada ao chão. Conservemos uma fé racional, duradoura e que instrui para que as coisas terrenas não modifiquem o rumo dos corações daqueles que se dizem trabalhadores de Deus. Cada dia, uma nova oportunidade para transformar os caminhos da vida em um reino perfeito de esperança e paz, para encontrar em cada ato a certeza de que um dia retornará ao chão para consciência da missão assumida e cumprida diante de Deus e da humanidade."

— Maldito — disse o rabino. — Não me engana. Por acaso, está tentando julgar as atitudes de nossos milenares ancestrais? Fala de um reino eterno de luz e afronta a sabedoria das páginas de Abraão. Moisés operou com as mãos fortes e fez curvar a humanidade aos seus pés. Estas terras foram ungidas pelas pegadas de Moisés, que selou entre nós a força de uma vida. No coração de nosso livro sagrado encontramos a história perfeita de nossas origens, a criação do mundo, nossa origem, Abraão dedicando-se a Deus em um pacto de amor, a libertação dos filhos de Israel do Egito e a peregrinação de quarenta anos até a terra prometida. Se não fosse Moisés, não estaríamos aqui, pois foi entregue às suas mãos a missão de ensinar um povo ignorante, que lhe foi dado em regime de custódia temporária, por Deus. Não me venha ensinar nada, pois não preciso das lições do carpinteiro, em cuja existência, aliás, sequer acredito. Vocês invadiram nossas terras como uma peste que se espalha sem doma, mas creia, nenhuma peste vive eternamente, e vamos calar esse Jesus em solo egípcio.

Percebendo que Daniel iria se manifestar, Marcos conteve seu ímpeto em gesto espontâneo, ao segurar-lhe o braço. Com uma expressão serena e madura, disse:

— Não, não desrespeito o passado, porque ele foi importante para todos nós, mas o próprio Moisés disse que, um dia, Deus enviaria o prometido, e Ele é Jesus. Aprendi, ao longo de meus dias, que iniciamos muitas batalhas, mas não podemos levar para o dia de amanhã a amargura de uma derrota. Não busco explicações para os fatos de ontem, apenas os respeito. Hoje é o momento para buscarmos novos caminhos e recomeçarmos. Para que as sementes da sabedoria germinem, o coração deve estar preparado para o novo. Esta transformação é própria, e não daqueles que seguem ao nosso lado. Somos guardiões das leis celestiais, mas não somos proprietários. Somos cristãos autênticos e amamos Jesus, porque somos resultados de muitas vidas, porque nossa fé nos estabelece firme em um solo chamado vida. Em conclusão, mesmo diante das leis passadas representadas por esta tribuna, vivo e morrerei dizendo Ave, Cristo, porque, sobre seus passos, caminhamos. Em seu coração, sentimos e, nos seus ensinamentos, nos firmamos, porque o amaremos eternamente.

Nesse momento, os presentes sentiram-se visivelmente incomodados. Uma confusão iniciou-se, mas o rabino Eliezer, tentando controlar a situação, disse:

— Infelizmente fui traído por alguém a quem dediquei meus dias, meu aluno transformou-se em um cristão e apoia esse marginal. Então, que se cumpra a lei para ambos. Tirem esses infames daqui.

Marcos, apoiado por Daniel, em silêncio, retirou-se, enquanto aqueles homens continuaram reunidos. Após muitos comentários, Servio interveio:

— Nobres amigos, esse homem é uma afronta a nossa sociedade. Temos que agir rapidamente.

— Senhores — disse Versus, com visível ódio — estou de passagem por esta região e parto amanhã, mas, se querem calar o movimento cristão em Alexandria, a única maneira é silenciar o líder. Confesso que esperava um homem forte, mas o que se apresentou aqui não passa de um enfermo, em fase final de vida. Se Marcos morrer, morre com ele a coragem de seus seguidores. Os trabalhadores das docas deverão ser punidos e obrigados a voltarem ao porto. Com isso, o poder religioso local continuará em suas mãos — pensativo, prosseguiu. — Sugiro que não percam tempo, porque, se ele morrer de morte natural, nas mãos dos cristãos, seu nome se fortificará. Mas, se fizerem dele um exemplo em suas mãos, aí, sim, terão o controle da situação.

Nova discussão iniciou-se, Servio com frieza disse:

— De fato, Versus tem razão, temos de agir com destreza e banir essa casta maldita destas paragens. Terão meu apoio, mas basta encontrar uma acusação, uma única acusação fatal para que Marcos seja levado ao cárcere. Lá, poderemos agir de maneira muito particular. Não nos esqueçamos de que o homem que vimos há pouco, aqui, está muito enfermo. Poderemos usar sua enfermidade como causa de sua morte, enquanto estiver preso. O corpo será entregue a vocês, para que façam um exemplo de seus poderes sobre o povo.

— Tem razão — disse Eliezer — faremos com que ele seja calado o quanto antes.

Assim, aqueles homens continuaram a definir a estratégia para levar o apóstolo ao cárcere...

Capítulo 17

Última pregação de Marcos em Alexandria

"E disse-lhes: Ide por todo o mundo, pregai o evangelho a toda criatura."

Marcos, 16:15

Era o início do ano de 68 d.C.

O tempo seguia seu curso, e os personagens desta história lutavam dia a dia para continuar a compor as páginas de suas vidas.

Na residência de Servio, a agitação era evidente. Após a morte de Ambrosio, Yara apresentava graves sinais de insanidade. Após todas as ocorrências que lhe acercaram o coração — seus atos contra Odila e Ambrosio —, tornaram-se insuportáveis a dura pena chamada remorso e o peso da sofrida solidão. Sem forças para continuar vivendo, poupou a vida de Benjamin, o servo, mas não poupou a sua própria.

Aquela manhã parecia ser mais um início de dia comum, mas as evidências anunciavam o pior.

Um servo adentrou nos aposentos de Yara e encontrou-a caída no chão. O cenário lúgubre registrava a triste realidade, ela havia se suicidado, ingerindo poderoso veneno.

Após grande correria, Servio aproximou-se e constatou:

— Ela está morta — olhando para um servo, ordenou: — Vá buscar o rabino Eliezer, porque um médico aqui nada terá que fazer.

Sem ousar contradizê-lo, saiu imediatamente para cumprir as ordens.

Tempo depois, o rabino adentrou os salões da residência do amigo e encaminhou-se à biblioteca onde Servio estava:

— Meu amigo, vim o mais depressa que pude. Vamos, diga-me, o que aconteceu?

Após breve descritivo das ocorrências, encaminharam-se aos aposentos de Yara.

Ao chegarem, encontraram um cenário modificado, sob as ordens de Servio, os servos haviam arrumado de maneira a apagar as provas do suicídio, deixando o corpo inerte sobre o leito. Servio, com a frieza inerente à sua personalidade, disse, sem compaixão:

— Ela se suicidou. Encontramos caída no chão, e, pelo que tudo indica, misturou veneno em um refresco. Não chamei mais ninguém, porque não posso permitir que saibam que minha esposa morreu assim.

Pensativo, o rabino disse, após alguns instantes:

— Não se preocupe, diremos que a causa da morte foi um mal súbito, e eu mesmo sustentarei a versão. Direi que sou a prova viva desse fato, pois assisti a tudo que passou aqui, serei seu álibi.

— Creio ser melhor assim. Nossa união foi apenas de aparências, e não quero que isto afete minha imagem diante da sociedade. Faça tudo para que isto fique entre nós apenas. Quando a notícia chegar à nossa sociedade, terei de representar a figura de homem em sofrimento, aquele que, por duas vezes, foi sentenciado à triste dor da viuvez e da traição do único filho.

— De fato, essa será a melhor maneira de não turvar sua imagem.

Com rapidez, retiraram-se e seguiram para o jardim.

Acomodados em um confortável assento, enquanto eram servidos pelos serviçais que se mantinham em silêncio, o rabino disse com uma expressão preocupada:

— Sei que o momento não é oportuno, mas recebi notícias de Versus sobre o movimento cristão no Império Romano.

— Isto muito me interessa, vamos, diga-me.

— Iniciou-se uma grande perseguição aos cristãos. Dizem que a organização do imperador Nero não está mais aceitando o cristianismo em suas terras em razão do boato de que seriam eles os responsáveis pelo incêndio criminoso que ocorreu em Roma. Os cristãos estão sendo presos e martirizados nas arenas.

— Ora, não me diga! Isso é muito bom para nós. Temos que usar este momento a nosso favor. Provavelmente os apóstolos são alvo dessa fúria.

— Sim, ele está articulando para que Alexandria entre neste contexto, pois os nomes dos apóstolos são sinônimos de perseguição.

— Então, o que está esperando? Por que não denuncia Marcos?

— Já providenciei para que isso fosse feito. Enfim, voltaremos a ter o poder religioso sem a influência dessa casta — após um suspiro prolongado, o rabino continuou:
— Agora que nos resta aguardar o amanhã.

Dias transcorreram após o encontro de Servio e o rabino.

Naquela manhã, um mensageiro chegou à residência dos irmãos de Damasco e foi recepcionado por Tercio e Daniel. Após as saudações, seguiram para o aposento de Marcos.

Devido ao agravamento de seu estado de saúde, o apóstolo, abatido, mantinha-se deitado em um leito simples, enquanto Tamara carinhosamente servia-lhe o desjejum, e, ao seu lado, o pequenino Davi, inocentemente, dormia sereno.

Tempo depois, o mensageiro disse:

— Infelizmente, as notícias que trago não são boas. Muitos estão correndo a todas as fundações cristãs, assim como eu, para reportar a morte de Pedro. Dizem que nosso amigo sofreu muito e foi subjugado em martírio extremo. Isto não está acontecendo somente em Roma. Vim lhe dizer que seu nome é cogitado a servir de exemplo para as comunidades cristãs.

A palidez dava lugar ao brilho das lágrimas incontidas, que marcavam as faces de Marcos. Sua feição não escondia a tristeza pela perda do grande amigo. Após recuperar-se da forte emoção, disse:

— Pedro era o meu chão e, com seus ensinamentos e paciência com minha ignorância sobre o Cristo, fez-me ser o que sou. Tudo que sei sobre o Nosso Mestre Jesus devo a ele, assim como a certeza de que o meu caminho se chamava cristianismo. Muitos me acusam de ser apenas uma cópia da voz desse homem, mas é impossível, pois ele ecoa a força da fé. Sinto, neste momento, que um pedaço de meu coração foi arrancado friamente sem piedade, é como se morresse, mas tenho que continuar respirando. Ele foi o meu pai não sanguíneo, mas em espírito e, como um filho, neste momento, resta-me apenas a oração.

Nesse momento, o apóstolo, envolvido por forte emoção, buscou inspiração no ar, alterou o rumo da prece de lamentação para evocação de força e continuou:

— Senhor, como todos os dias de minha vida, reconheço a grandiosidade de Sua luz, mas Lhe suplico entendimento, porque sei que muitas vezes é necessário perdermos tudo que amamos para encontrarmos o amor maior, o amor celestial. Sei que Pedro, exemplo de perseverança, disciplina e fé, repousa nos braços Seus, mas ensine-nos a aceitar as leis que estão acima de nosso entendimento e que, mesmo carregando a profunda dor desta partida, eu encontre o caminho e consiga continuar. Com Pedro aprendi, Senhor amado, que Seu nome sempre será bendito entre todos os césares, governadores e imperadores da Terra, porque o Senhor há de ser sempre o grande Rei de todas as criaturas. E todas as religiosidades que nascem, não são elas capazes de sacar a sua lembrança dos corações da humanidade. Permita-nos curvarmo-nos diante do Seu amor fraterno e, quando os nossos corações estiverem exaustos e prontos para desistirmos, suplicarmos pelas Suas mãos... Permita-nos que sejamos aqueles que seguram Suas mãos e suspiram não só em reclamações, mas em gratidão, gratidão porque a morte nos lembra da vida, a vida nos lembra recomeço e o Senhor nos lembra a fé! Portanto, dai-nos a razão suficiente para levantarmos confiantes. Dê-nos a força da divina luz para que possamos ter, não somente em nossos corações a vontade de continuar, mas a certeza de que o Senhor é o objetivo de todos nós. Enquanto as nossas lagrimas forem tantas que os nossos olhos não puderem mais enxergar o destino, permita-nos, Senhor, secá-las, e que, no deserto da solidão, possamos ver além do sofrimento e encontrar aqueles que sempre suplicam um pouco mais pelo Seu amor. Dê-nos alguém de rosto sujo para acalentar o nosso coração, quando não mais possuirmos a companhia de quem amamos. Dê-nos, Senhor, alguém de pés descalços para que possamos, em cada passo, direcioná-lo para a educação dos céus. Conceda-nos, Senhor, aqueles que solitariamente se desligam da terra pela morte, para que possamos, em cada um, sermos o espelho da Sua força e da Sua luz e por fim, Senhor amado, seja sempre a esperança viva em nossas almas, porque o Senhor há de ser sempre a fonte que nos renova eternamente e que nos direciona.

Naqueles dias, devido ao agravamento de sua saúde, Marcos não participava com tanta frequência das reuniões cristãs.

Na tarde daquele dia, o apóstolo pediu a Tercio e Daniel para levá-lo à igreja.

Ao chegar, os presentes não omitiam a alegria por ver Marcos. Ele, sem reclamar de seu sofrimento, acomodou-se em um assento simples e, após as orações, iniciou com dificuldade, mas com carinho a palestra:

— Amigos, recordo-me de uma tarde na residência de Pedro, quando eu havia retornado de Roma; e ele, evocando as lembranças dos dias em que viveu com Jesus, disse: “Era, assim, uma primavera inesquecível quando a figura do Cristo se fazia viva e presente entre nós. Naquela manhã, antes de Jesus iniciar suas pregações, recebeu das mãos de Ruth, esposa de Bartolomeu, uma bolsa com alguns pães e água. Neste ínterim, uma mulher bateu à porta. Seu sofrimento era expressado pelo brilho das lágrimas que marcavam suas faces, atribuindo-lhe maior tristeza ao rosto marcado. Ao ver Jesus, lançou-se aos seus pés para suplicar socorro, afirmando-se inocente. Logo depois, o esposo adentrou o recinto, com fúria, ordenando que ninguém acolhesse aquela mulher, que havia cometido muitas faltas. Ruth, cheia de compaixão, abaixou e abraçou a mulher como uma mãe abraça um filho. O homem, ao ver o gesto, começou vorazmente a gritar, dizendo que ela era uma adúltera, que se entregara aos prazeres de um amor incontrolável com seu irmão, seu cunhado. Exigia justiça e queria levá-la diante da lei para ser julgada e sentenciada pelo crime de adultério. Neste ínterim, o irmão daquele homem adentrou o recinto, suplicando-lhe que interrompesse aquele ato de violência e disse: 'Meu irmão, perdoa-me. Tudo não passou de uma invenção minha. Queria suas terras, então decidi que se trouxesse o infortúnio de uma maledicência envolvendo sua esposa, o destruiria e ficaria com sua propriedade. Quando soube que vieram diante de Jesus, a quem muitas vezes ouvi e, confesso, simpatizei-me, não suportei levar adiante esta mentira. Sua esposa o ama e jamais o traiu comigo ou com quer que seja.' Jesus, em silêncio, observava o cenário e, com a voz serena, disse: 'Homem, observe a atitude de sua esposa, mesmo dizendo-se inocente está preparada para receber as sentenças que caírem sobre si, mas suplica-me que Deus seja o juiz de sua vida. Aprenda a ouvir os fatos sem se colocar na condição de juiz das consciências, pois nem sempre somos capazes de compreender todas as ocorrências de nossas vidas, mas meu Pai não abandona ninguém em sofrimento. Cada um carrega em si as úlceras de seus próprios erros e a punição de suas próprias consciências. Esperança e recomeço. Jamais podemos seguir pelas estradas dos homens nos esquecendo das leis soberanas de amor que regem todos os filhos de Deus. Aqueles que sofrem os escárnios do mundo, mas que seguem em frente esquecendo as faltas, mentiras e julgamentos, recebem do Senhor as benções da esperança, porque ninguém caminha sem esperança ou fé. O sofrimento serve para que impulsione todos a transformá-lo em amor, e as mãos possam construir um novo recomeço. Aceitar com paciência as diferenças, seja nas atitudes ou nas palavras, mas não parar a marcha do aprimoramento. As ofensas ditas são como o vento que passa ou como as aves do céu que voam sem destino, mas sempre se voltam a Deus e reparam o que foi destruído... Levantem--se, mesmo em face dos sofrimentos que lhes foram impostos, e retomem a vida com fé, porque, diante de Deus, o que lhes cabe é ter esperança para simplesmente recomeçar...' O homem não escondia as lágrimas e, envergonhado, abaixou a cabeça diante de Ruth e da esposa. Ruth, com carinho, segurou a mão da mulher e a uniu à mão do homem. Com olhos voltados para Jesus, orou: 'Ensina-nos, Senhor, a termos esperança para movermos nossas atitudes ao caminho da luz, modificando os erros e transformando-os em paz e recomeço, porque sabemos que não estamos sós. Ensina-nos a recomeçar e construir uma vida sem mágoas ou marcas de nossa própria insensatez, levando em nossos corações os ensinamentos celestes. Dá-nos paciência e estabelece em nós a consciência cristã, porque todo recomeço significa transformação individual para um mundo interior melhor que é o começo de muitas e muitas existências.'"

O silêncio invadia o recinto, após as orações, o grupo se dispersou.

Tempo depois, o apóstolo, Tercio e Daniel retornaram à residência, levando nos corações a chama da fé e da esperança de um novo amanhecer.

Capítulo 18

A marcha contra os cristãos alexandrinos

"Pois o Filho do Homem não veio para ser servido, mas para servir e dar a sua vida em resgate por muitos."

Marcos, 10:45

Ofendidos com o esforço de Marcos para converter os alexandrinos que praticavam a religião tradicional helênica, os rabinos locais de Alexandria e os pagãos da cidade aproveitaram-se do momento conflituoso, marcado por impiedosas perseguições e, sem perda de tempo, se organizaram de modo a buscar calar o movimento cristão, com o apoio dos líderes religiosos das regiões próximas.

Os cristãos passaram a ser perseguidos e as igrejas, invadidas, sem piedade.

Naquela tarde, Tercio chegou a sua residência, acompanhado de Hermes, o mesmo homem que Servio havia obrigado a ajudá-lo, mantendo-o infiltrado no meio cristão para ter as informações sobre Marcos.

Entretanto, Hermes, que já era um convertido, continuou a praticar sua fé e, com o convívio com os irmãos de Damasco e com as lições de Marcos, apoiava a igreja de Alexandria.

Para poupar sua própria vida, mantinha-se discreto, sem demonstrações públicas, apesar de já ter revelado a Marcos as intenções de Servio.

Após as saudações, Tercio, com uma expressão de medo e angústia, disse:

— As notícias que trago não são boas. Soube que as fundações cristãs das paragens de Asyut e Minya foram destruídas. Muitos cristãos estão sendo mortos e, muito em breve, essa revolta chegará aqui. Muitos temem pela segurança de Marcos. Temos que buscar um lugar seguro para mantê-lo longe dos rabinos.

— Já organizamos tudo. Há um lugar em Tanta onde poderemos deixá-lo protegido — disse Hermes. — Lá o manteremos em sigilo e garantiremos que Marcos fique em segurança. Aqui ele está exposto, e os rabinos não o pouparão.

— Meus amigos — disse o apóstolo. —Sou grato pela preocupação, mas não conseguirei ir muito longe destas paragens. Além do mais, tudo anuncia que, se eu não morrer por uma lâmina em meu peito, morrerei porque meu corpo ulcera. Jesus vive em meu coração. Não tive o mérito de promover milagres, mas minha missão estava em ser o guardião dos ensinamentos do Senhor e em transcrever todas as informações que Pedro me confiou. Já lhes transmiti tudo que sei e, se eu morresse agora, seguiria feliz, porque os ensinamentos do Senhor estão registrados e distribuídos em muitas paragens.

— Compartilho das preocupações de todos — disse Daniel. — Temos de retirar Marcos daqui o quanto antes — o jovem, com carinho, segurou a mão emagrecida do apóstolo e prosseguiu: — Você é para mim um pai, e não consigo pensar em algo que possa lhe fazer mal. O cristianismo precisa de suas lições. Não temos tempo a perder. Os rabinos sabem onde você está e todos ficaremos expostos à insensatez de homens que não possuem piedade em seus corações. Confie em nós.

— Meu filho! Todos os dias, quando desperto, agradeço ao Senhor por ter ao meu lado amigos como vocês.

Sem perda de tempo, Tamara, com a ajuda dos homens, organizou os poucos pertences. Com muita dificuldade, Marcos acomodou-se em uma espécie de carroça.

Assim, partiram e deixaram aquela residência que, um dia, foi o marco de muitas histórias, amores e fé.

Os dias de viagem intensificaram o peso da enfermidade que consumia o corpo franzino de Marcos.

Ao chegarem a Tanta, foram recepcionados por um pastor chamado José, que havia cedido sua residência para acolher o apóstolo.

Transcorridos três dias, Daniel foi surpreendido pela presença de Abdias, naquela manhã.

— Meu amigo, o que faz aqui?

— Perdoe-me, segui vocês sem que percebessem. A igreja de Alexandria foi invadida e praticamente destruída. Marcos é procurado de maneira voraz. Os rabinos aproveitam o movimento contra os cristãos iniciado por Nero e promovem uma vasta busca dos apóstolos de Jesus, e não têm sido piedosos. Marcos é um dos poucos que sobreviveu, e não se cansarão de procurá-lo. Por isso, vim até aqui para pedir que saia do Egito. Porque você e Tercio também são procurados e jurados de morte — após breve suspiro, continuou: — Daniel, sua conversão afrontou o meio religioso, assim como a de Saulo, primo de seu pai.

— Não irei a lugar nenhum — respondeu Daniel, nervoso. — Não abandonarei Marcos a toda sorte de violência. Se for preciso morrerei ao seu lado, mas não o abandonarei.

— Daniel, compreendo o amor que tem por Marcos — disse Hermes — mas seu pai está apoiando as buscas e sabe bem o quanto sua conversão o ofendeu. Ele não terá misericórdia de ninguém, tampouco de você, de seu filho e de sua esposa. Estou disposto a apoiá-lo nessa viagem, visando assegurar que chegue ao destino, mas entenda, você deve partir.

— Amigo Hermes, tem razão quanto ao meu pai, ele é um homem impiedoso — disse Daniel, que, visivelmente desesperado, ajoelhou-se e suplicou: — Oh, Jesus, ajude-me entender o momento e tomar a melhor decisão... Faça de mim Seu servo e conduza minha vida para as estradas que o Senhor julgar ser a correta.

Marcos, pensativo, após alguns instantes, interveio:

— Hermes tem razão, Daniel, você deve sair destas paragens e proteger Tamara e seu filho — com lágrimas marcando as faces, prosseguiu: — Fui abençoado, ao longo de minha vida, por ter conhecido Pedro, os irmãos de Damasco e essa família, que me foi um presente do Senhor. Você é um filho amado que Deus reservou-me ao longo de minha vida solitária. Apesar de os nossos laços consanguíneos não serem os mesmos, você é especial; nos escolhemos mutuamente para vivermos um vínculo chamado amor e, neste sentimento, sei que é a família abençoada que Deus me ofereceu ao coração. Seu ato de, em nome do cristianismo, renunciar a vida de um menino de luxo, que se preparava para ser um rabino, foi um gesto que marcou meu coração. Tudo que Pedro me ensinou sobre nosso Jesus, escrevi e lhe repassei. Rogo-lhe que sobreviva a esta situação e não permita que os escritos meus morram comigo. Nestas terras onde reinaram os faraós, Jesus triunfou e não duvido que cumpriremos nossa missão, mas você, Tamara e o pequenino Davi ainda possuem uma vida a ser experimentada dentro dos conceitos cristãos. Sabe bem que não tenho mais condições de me locomover daqui porque, em breve, sei que não pertencerei mais a este corpo ulcerado. Não se preocupe comigo, pois nas mãos de Jesus entreguei minha vida. Rogo-lhe que saia destas paragens o quanto antes e leve consigo os escritos e os ensinamentos cristãos na mente e coração.

— Sim, Marcos tem razão — disse Tercio — você e minha sobrinha precisam partir. Eu ficarei com ele e prometo que não me ausentarei de seu lado.

Tamara chorava copiosamente enquanto Daniel, preocupado e confuso, ouvia aquelas palavras, mas seu coração, dividido entre ficar ou partir, perturbava-o.

— Deverá seguir para o Oriente, para uma cidade chamada Bizâncio[44] — disse Abdias. — Trouxe-lhe providências para a viagem, que não será fácil. Assim como eu, Hermes também foi obrigado a se infiltrar na comunidade cristã por ordem do rabino Eliezer e Servio, mas, ao conviver com Marcos, converteu-se e agora se colocou à disposição para ajudá-los. Não hesite e aceite esse auxílio, pois você precisará dele. Além do mais, por muitos dias acompanhei o trabalho em Alexandria e agora posso dizer que fui tocado pelas palavras e a bondade de Marcos. Por ele, conheci Jesus e não sou conivente com

---

44 (N.A.E Bernard) Após Daniel deixar o Egito, estabeleceu-se em Bizâncio e lá, junto com Hermes e Teodoro, fundou a igreja e converteu muitos ao cristianismo. Foram importantes precursores...

(N.M.) No livro *Lanternas do tempo*, dos autores espirituais Ferdinando e Bernard – psicografado por Gilvanize Balbino Pereira – foi relatada a história do imperador Constantinus e a transformação dessa cidade à conhecida Constantinopla.

as atitudes dos rabinos. Esta perseguição é injusta, e o sangue derramado não calará o cristianismo. Jamais presenciei tamanha coragem. Vi homens, mulheres e crianças morrerem em silêncio ou entoando cânticos em nome de Jesus. Isso alterou o rumo de minha vida. Por isso, tomei coragem e vim até aqui. Saiba que ficarei ao lado de Marcos e Tercio e os auxiliarei o quanto puder. Vá, não temos tempo a perder.

Daniel, chorando copiosamente, ajoelhou-se diante de Marcos e disse:

— Rogo ao Senhor forças para cumprir os desafios que a vida me impõe agora. Preservarei meus amores e, entre eles, você sempre estará. Levarei comigo os ensinamentos que aprendi e prometo que tanto eu como minha família não deixaremos o nome de Jesus morrer.

Tempo depois, convencidos, mas com os corações tristes, Daniel, Tamara e Davi, escoltados por Hermes, enfrentaram a triste despedida e partiram.

No dia seguinte à partida de Daniel, Abdias não ousou ausentar-se do lado de Marcos.

O estado de saúde do apóstolo requeria cuidados. Revezando-se com Tercio, tentavam dar-lhe um pouco de conforto, mas sabiam que não poderiam fazer muito, a não ser ter fé e esperar a ação do Senhor.

Abdias, tentando auxiliá-los, trouxe um caldo para o apóstolo, que se manteve no leito. O jovem não escondia a vergonha e, diante de Marcos, não conteve as lágrimas e disse:

— Senhor, quando iniciei minhas incursões na igreja e ouvi suas preleções, estava sob as ordens do rabino Eliezer e a ele relatava todos os passos seus e de

Daniel. Sentia-me acuado diante de minha religião e do poder exercido por Eliezer. Confesso-lhe que tive medo e submeti minha vida a ordens que não eram minha fé. Agora, diante de você, e vendo seu suplício, resta-me suplicar-lhe perdão. Por você, renuncio ao que fui para ser um homem novo. Sei que meu caminho será árduo, mas a fé em Jesus me fala mais alto no coração.

O apóstolo, com carinho, disse:

— Meu jovem, não há o que eu deva perdoar. Compreendo os atos de sua juventude e, sobretudo, da religião que o preparou para seguir a Deus. Jesus abençoa aqueles que renunciam aos seus amores por uma causa maior, que sabem que a morte não é fim e que a lágrima de hoje é o recomeço de amanhã, que entregam suas vidas em prol de muitos e não somente da parentela próxima, que sabem converter as suas lágrimas, não em chamas vivas, mas em recomeço e construções, aqueles que sabem perdoar as leis do nosso Deus de Luz soberano e aqueles que sabem continuar mesmo quando a separação é inevitável. Não se culpe pelas escolhas passadas, sempre há uma oportunidade para recomeçar, rever as escolhas e encontrar o caminho correto para seguir adiante, buscando inspiração. — Suspirou profunda e carinhosamente, e disse: — "Senhor, agradecemos: pela confiança depositada em nós, para desenvolvermos a tarefa apostólica, sem desânimo; pela fé na vida além-túmulo, sem abandonar as responsabilidades terrenas; pela virtude de servir, sem esperar reconhecimentos; pela consciência tranquila, por trilhar o caminho estreito rumo a Ti, sem aniquilar os companheiros de jornada; pela transformação dos corações endurecidos, iluminados pela sabedoria celeste, sem desobedecer a Lei do merecimento; pela oportunidade de aprender com a dor, sem que ela nos escravize; pela simplicidade de teus ensinamentos, sem omitir tua grandiosidade; pelo triunfo do Evangelho, para a libertação das mentes ignorantes, sem fanatismos; pela disciplina, que organiza os sentimentos e hábitos em auxílio ao processo evolutivo necessário, sem loucuras ou desvarios; pela bênção, de tua paciência diante de nossas faltas, sem exercitarmos a intolerância com os outros; pelo carinho, e crédito na existência humana, sem exigir privilégios; pela aceitação, das condições evolutivas, dos filhos difíceis de Deus, sem refúgio à acomodação; pelo reconforto, das almas envolvidas por tristezas diversas, sem inércia ou inoperância. Senhor, por tudo isso e mais, é que pedimos que nossas mentes inclinem-se sempre para os teus ensinamentos de servir, orar e amar, pois, assim seremos salvos das próprias sombras íntimas trazendo em revelação a paz de tua luz."[45]

Marcos, com dificuldade de respirar, interrompeu a oração, pois foi submetido a uma larga crise de tosse. Tempo depois, recuperado, adormeceu.

Enquanto no mundo físico a emoção era mesclada por forte preocupação com o dia de amanhã, no invisível, os emissários celestiais permaneciam ao lado de Marcos, guardando-lhe as silenciosas dores e lágrimas.

---

45 (N.M.) A página "Oração de Agradecimento" aqui citada foi publicada no livro *Esperança viva*, do espírito Ferdinando – psicografado por Gilvanize Balbino Pereira.

Capítulo 19

Marcos, da grandiosidade de uma vida ao retorno de luz[46]

"Vamos a outros lugares, às aldeais de vizinhanças; a fim de pregar também ali, pois foi para isso que eu saí."

Marcos, 1:38

Naquela noite, Marcos apresentava grande piora, após adormecer, liberto do corpo, identificou ao seu lado os emissários benditos que o aguardavam. Acolhendo-o com carinho, os emissários conduziram-no a um local chamado "Estação de Jade"[47].

---

46 (N.A.E. Ferdinando) Entre os historiadores, muitas opiniões se dividem quanto à morte do apóstolo. Alguns atribuem à sua saúde e outros ao suplício vivido pelas mãos dos perseguidores. Nestas páginas, não omitimos sua situação pessoal de saúde, pois, devido à idade, seus pulmões massacravam-lhe os dias, o que fez com que Daniel fosse-lhe a voz e o responsável por muitos escritos apócrifos deixados por Marcos. Entretanto, a fúria das perseguições não poupou o apóstolo do suplício aqui relatado.

47 (N.M.) Já mencionada anteriormente (Nota número 36, página 117-118), "a "Cidade de Jade", criada por volta do ano 220 a.C. com o objetivo de acolher aqueles que haviam sido seguidores de Jesus Cristo e que foram eleitos para preparar sua vinda a Terra e, mais tarde, para aqueles que foram sentenciados aos suplícios das

Ao chegarem, adentraram um jardim indescritível. Seres iluminados dividiam o espaço com flores especiais, nativas exclusivamente daquele lugar.

De súbito, uma figura irradiando amor e exalando inenarrável perfume aproximou-se, era Jesus. O apóstolo imediatamente ajoelhou-se e não conteve as lágrimas.

— Tenho consciência de que não estou morto — calou o pranto. — Senhor, como posso ser merecedor de tamanho presente, não o conheci em vida e agora, diante de mim, sua imagem se descortina e sinto-me como aquele que tanto deixou por fazer.

— "Amigo eterno, reconheço seu esforço e o quanto lutou para fazer meu nome não ser esquecido. Não diga que não me conhece. Escolhi você porque vivenciamos, em outros tempos, experiências que fizeram confiar-lhe a missão de perpetuar meu nome nessa temporária passagem que tive pela Terra. Então, por suas mãos os ensinamentos que transmiti a Pedro foram

---

perseguições religiosas. Esta cidade foi projetada, em princípio, como uma estação transitória que permitia que os emissários de mundos superiores que reencarnariam com o propósito de preparar a vinda de Jesus ali se climatizassem com a atmosfera da Terra. Em torno de 170 a.C., deixou de ser apenas uma estação e se estabeleceu como uma Cidade, pois com o avanço do cristianismo muitos emissários de Jesus necessitavam retornar a Terra, então Jade foi importante para esse preparo e para que pudesse fornecer auxílio necessário a todos os envolvidos nesta grandiosa obra a qual o Cristo era responsável. Foi reconhecida pelo seu incansável trabalho no período das perseguições aos cristãos, por volta do ano 300 d.C., onde homens e mulheres por ordens de Jesus recebiam acolhida naquele pedaço do coração de Deus e depois eram transferidos para outras cidades muito mais evoluídas e desprendidas da Terra." – Extraído do Livro *Um amanhecer para recomeçar* – Espírito Saul – psicografado por Gilvanize Balbino Pereira.
Mais informações sobre a "Cidade de Jade" no livro *Os anjos de Jade*, do espírito Saul – psicografado por Gilvanize Balbino Pereira.

consolidados e registrados nas páginas distribuídas a muitos lugares e corações. Neste período, para os cristãos, os dias apresentam-se sofridos, mas creia que, de uma maneira muito especial, sempre estive ao lado seu e reconheço e abençoo sua dedicação na distribuição das lições que deixei aos homens e mulheres que necessitavam de esperança e coragem para enfrentarem os desafios de um novo amanhã. Quando os homens renunciam em meu nome, acredite, sempre serei presente em suas vidas. Aqueles que duvidam de minha presença, como o prometido falado pelos profetas, eis que serei presente porque, tanto você quanto aqueles que me seguiram e renunciaram suas existências por mim, não me deixaram morrer. Acolho as lágrimas solitárias e indico um novo caminho àqueles que amam e vivem por mim. Você não está sozinho, como jamais esteve. Fui e sou sua companhia eterna. Devemos ser felizes por servir a Deus e estar conscientes de que o tempo possui suas leis, missões e não destrói aquilo que foi construído com amor. Repousa suas dores em minhas mãos para que, quando atravessar os portais das vidas, não se perca no caminho que o conduzira ao Senhor. São benditos aqueles que não renunciaram a fé e suportaram os sofrimentos conscientes de que maior é o amor celestial que banha os homens com esperança e triunfa com a espada da sabedoria, que dissipa a ignorância da humanidade. Os fatos de agora anunciam o marco que conduzirá a Terra a um rumo novo, sedimentado pela sabedoria cristã. Despertará no corpo velho com um espírito renovado e, quando seus dias chegarem ao fim, o aguardarei e confiarei outras vidas para lutar por mim."

O apóstolo não continha o choro. Com carinho, Jesus segurou-lhe os braços e colocou-o em pé. Em gesto simples, abraçou-o afetuosamente e partiu. Marcos, em silêncio, amparado pelos benfeitores, retornou ao corpo para aguardar o despertar de mais um dia.

Passaram-se dois dias após o encontro de Jesus com o apóstolo durante o sono.

Naquele ano aproximado de 68 d.C., aquela manhã de primavera despertou triste.

O estado de saúde de Marcos havia piorado. Tercio e Abdias revezavam-se, tentando dar um pouco de conforto à luta individual do apóstolo para retornar à vida no invisível.

Marcos, respirando com dificuldade, não omitia o brilho de seus olhos. Segurando a mão de Tercio, fez a sua última oração:

— Jesus amado, sei que chegou o momento de meu retorno e terei de enfrentá-lo sozinho. Olho ao meu redor e identifico que muitos aguardam minha chegada e me acolhem com incondicional carinho. Agora termina mais um dia, que representa uma vida para mim, a qual partilhei o que sabia do Senhor. Senhor, a Sua marca de sacrifício foi maior que a minha, mas busquei demonstrar a importância de renovarmo-nos no espírito do Senhor, e podermos deixar para o amanhã o legado de bondade, fraternidade e justiça, pois quem ama compreenderá que o trabalho é um marco para um mundo melhor. Seus desígnios permanecem em mim, exortando-me a consciência superior que me levará de volta ao mundo real de onde vim, o mundo dos mortos, mas adentrarei plenamente vivo...

A tristeza não era ausente.

Com respeito, Tercio e Abdias, apoiados pelo casal que os acolhia, sepultaram Marcos em um local sigiloso.

Dessa forma, terminava ali a história do apóstolo, um cristão que os céus o reconhecem como: o “evangelista de luz”

No dia seguinte, o rabino Eliezer, acompanhado por soldados, chegou a Tanta.

Imediatamente se puseram a caminho, objetivando encontrar Marcos. Entraram em uma casa onde estava sendo realizada uma reunião cristã e não tardou para que as demonstrações de horrores tomassem conta do local humilde. Utilizando de violência, forçavam os presentes a delatar o apóstolo que permanecia escondido na região.

Instantes depois, o rubro do sangue marcava o cenário, quando um pastor humilde, com medo, disse:

— Poupe-me a vida, eu sei onde ele está.

Eliezer, com fúria, disse:

— Seremos piedosos se me disser onde encontrarei Marcos.

— Ele está na casa do pastor Joel e, com ele, há mais dois homens — com um semblante de pavor, prosseguiu: — Colaborei com vocês, agora me deixem partir.

Eliezer, com um impiedoso olhar, sentenciou sem compaixão:

— Tolo, acreditou que seria piedoso com um cristão, enganou-se. Guarda, não precisamos mais dele. Você sabe o que deve fazer. Execute-o.

Após terminarem a execução do pastor, os pagãos queriam incinerar o corpo, mas, recuando, abandonaram-no, e os cristãos recolhéram-no para sepultá-lo conforme suas leis.

Sem perda de tempo, seguiram para o destino, buscando encontrar Marcos. Deixaram na região o rastro da intolerância religiosa e da violência.

Com ordens expressas para prenderem os cristãos, não perderam tempo em demonstrar com força e violência o motivo por que estavam ali.

O casebre simples onde se hospedavam Tercio e Abdias foi invadido sem piedade. Depois de sucessivos golpes, ambos foram presos. Após grande suplício, Eliezer adentrou o recinto, demonstrando imponência, frieza e empáfia.

— Não foi difícil encontrá-los — disse Eliezer. — Um pouco de força foi suficiente para os cristãos delatarem onde estava Marcos. A tentativa de manter em sigilo o paradeiro do apóstolo foi em vão. Agora não tenho mais tempo a perder — com os olhos avermelhados de ódio, continuou: — Vamos, digam-me: onde está Marcos? Serei piedoso se me entregarem esse infame. Quem sabe suas vidas serão poupadas.

Os dois homens demonstravam grande sofrimento, resultado dos sucessivos golpes que receberam e que massacraram seus corpos. Tercio, mais experiente e maduro, suportava com coragem aquele momento de dor. Ambos mantinham-se em silêncio, o que enfurecia ainda mais o rabino, que ordenava que reforçassem os golpes contra aqueles homens.

Tercio, mesmo abatido, continuava calado, entretanto, a feição de Abdias denunciava medo e desespero. O irmão de Damasco, percebendo que ele não suportaria o flagelo, tentou inutilmente dar-lhe forças para não dizer nada sobre Marcos:

— Em nome de Jesus, suplico-lhe que suporte. Não diga nada, persevere, preservemos o apóstolo dos céus e não o entreguemos às mãos dos algozes. Acredite, eles não terão compaixão de nenhum de nós. Confie no Senhor, ele disse que não nos abandonaria e não seríamos relegados ao esquecimento agora. Busque em seu coração a fé, porque no invisível as forças nos coroam, neste momento, com esperança, e venceremos, mesmo que a morte nos seja uma verdade... Persevere e suporte um pouco mais. Eles não pouparão sua vida.

Neste ínterim, procurando interromper aquelas palavras de estímulo, um guarda golpeou Tercio com intensa violência, fazendo-o calar.

Agoniado e arrebatado pela dor, Abdias não resistiu e disse:

— Perdoa-me, não suporto mais... — respirando fundo, olhou para Eliezer e continuou: — Marcos morreu ontem e foi sepultado nas proximidades daqui.

O rabino não escondeu a fúria. Caminhando nervoso e pensativo, tempo depois, disse:

— Não posso acreditar que esse maldito está morto. Não há problema, quero que ele sirva de exemplo. Peguem o corpo dele e façam parecer que foi martirizado por nós. Façam Alexandria não esquecer jamais que somos os donos daquelas paragens, e que nosso credo é superior a todos os demais, principalmente a esse cristianismo.

— Senhor — perguntou um guarda. — Quanto a eles, o que faremos?

— Não preciso mais deles. Livrem-se desses infames.

O guarda, reconhecendo Abdias, perguntou:

— Senhor, este jovem não foi seu aprendiz e protegido?

— Um tolo — disse o rabino, com desprezo — ele foi apenas um meio para eu alcançar meus objetivos. O infiltrei no meio cristão para ter as informações de que precisava sobre a expansão do movimento, e agora por me dar os restos mortais de Marcos. Para que mais precisaria dele? Absolutamente nada — com ira, continuou: — Deixe de conversas sem sentido. Livre-se deles agora, é uma ordem.

Sem dizer mais nada, Eliezer retirou-se. O guarda não ousou contradizê-lo e o obedeceu. Tempo depois, Tercio e Abdias foram sentenciados à morte e silenciaram a vida corpórea.

Enquanto o cenário era tingindo pelo rubro sofrimento, no invisível, uma luz azulada preenchia o recinto, e emissários benditos os acolhiam em profundo silêncio, respeito e amor; retirando-se em direção à "Estação de Jade".

Ao chegarem a Alexandria, os despojos de Marcos foram exibidos em inenarrável cena.

Ele foi amarrado e arrastado pelas ruas para servir de exemplo e espalhar o pânico no meio cristão que, apesar da demonstração de força e fé diante do suplício, não ocultava o medo dos seguidores do Mestre.

O silêncio e a indignação tomavam conta das feições de todos e, de súbito, os cristãos que assistiam àquele cenário de horror, entoaram uma prece, rompendo o cinza que repousava em seus corações, pelo canto da esperança:

— Senhor, ensine-nos a receber o escárnio no silêncio da fé. Jesus, permita-nos compreender as bênçãos do trabalho que a nós foi confiado sob o amparo de Sua luz. Conceda-nos a libertação dos medos que podem nos afastar dos Seus elevados objetivos. Senhor, dê-nos a cura para nossa ignorância por meio das Suas lições sublimes de amor e coragem, guie-nos pelas estradas do mundo, sem que as paixões nos ceguem a ponto de não sabermos mais qual é o caminho do reino de luz que o Senhor nos conduz. Fortaleça-nos para que nossas fraquezas não nos transformem em espíritos fracos sem esperança. Cale-nos quando as lágrimas nos remeterem às reclamações e não conseguirmos ouvir a doce palavra de Sua compaixão. Sabemos que Seu Reino inspira amor, mas precisamos de Suas lições para estabelecer em nós Seu império de luz. Ao Senhor rendemos graças e no Seu tesouro chamado cristianismo encontramos a inesgotável fonte de sabedoria que nos conduzirá ao nosso Deus, por meio do espírito de caridade e compaixão, onde glorificaremos Seu nome e Sua obra para sempre...

A prece entoada avultava a fúria do sacerdócio local. Para a surpresa de todos, os atos de martírio contra os "despojos" de Marcos não haviam servido para calar os cristãos alexandrinos, mas, sim, para fazê-los mais fortes, capazes de suportar o que veriam no dia de amanhã...

Capítulo 20

Em Bizâncio, uma próspera esperança

"Segue-me. Ele se levantou e o seguiu."

Marcos, 2:14

Dois anos transcorreram céleres.

Estamos no ano aproximado de 71 d.C.

Enquanto Alexandria repousava novamente nas mãos dos rabinos, a fé cristã expandia-se silenciosamente por diversos povoados e marcaria as civilizações ulteriores.

Após dias de difícil viagem, Daniel, mais uma vez, sofreria um duplo golpe. Logo que chegou a Bizâncio, foi abatido pelas inesperadas mortes de sua esposa Tamara e de seu filho Davi. Ambos foram acometidos por uma grave enfermidade e, não a suportando, calaram-se no túmulo.

Ali, em meio a um povoado simples, Daniel, com muito sacrifício, fundou uma comunidade cristã, visando manter vivos a força de Jesus e os ensinamentos de Marcos.

Daniel, que havia saído de Alexandria carregando ainda traços de nobreza, não era mais aquele jovem que deixara o Egito. Transformara-se em um homem feito.

Seu rosto apresentava as marcas do tempo, fazendo-o respeitado por todos, além de uma expressão marcada por uma vida difícil e limitada.

Naqueles dias, Daniel dividia-se entre os ofícios para sobrevivência, dedicando-se ao comércio — atividade que aprendera com os irmãos de Damasco —, e os ofícios da igreja fundada por ele. Empenhava-se também em ensinar o povo a ler e escrever, com o amigo grego Teodoro, que conhecera assim que chegara àquela região.

Além do auxílio na alfabetização do povoado, Daniel também contava com o apoio do amigo Teodoro na coordenação dos trabalhos de reprodução dos manuscritos de Marcos. O grego havia treinado alguns homens calígrafos a confeccionarem uma espécie de livro, que saía de Bizâncio para diversas paragens.

Quanto a Hermes, ele permanecia seu fiel amigo, auxiliando-o em todos os ofícios. Suas madeixas nevadas apresentavam as marcas do tempo. Dedicando-se ao comércio e a igreja, Hermes era a expressão viva de um homem transformado para o bem e generosidade.

Esses corações, unidos pelo ideal do Cristo, imprimiam em seus caminhos uma vida tranquila e pacífica.

Naquela primavera, aquele entardecer recebia uma brisa suave, enquanto Daniel, Teodoro e Hermes retornavam à residência após árduo e longo dia de trabalho. Ao som dos cavalos que puxavam a carroça, Daniel mantinha-se em profundo silêncio. Com carinho, Teodoro interrompeu o silêncio e perguntou:

— Amigo, perdoe-me a intromissão, mas percebo que hoje, em especial, seus olhos estão cheios de soledade, e uma expressão saudosa recai sobre você. Estarei porventura equivocado?

— Não está equivocado. Hoje despertei com os pensamentos no passado. A saudade de minha terra natal, a qual muito amo, marcou-me fortemente o coração. Entre muitas recordações, fui capaz de sentir o cheiro de Alexandria, ouvir a voz dos irmãos de Damasco e Otila, minha sogra, mas o que me calou a alma foi a saudade de Marcos, de minha esposa Tamara e de meu filhinho Davi. Dia após dia, luto para vencer a dor da viuvez... Acredito que ela surgiu em minha vida como uma ponte para me unir a Deus e, especialmente, a Marcos. Os dias em que vivemos juntos me marcaram.

— Amigo — disse Hermes —, compreendo seus sentimentos, pois Marcos também me marcou a alma e Tamara era a expressão mais viva de amor que pude conhecer. Ela acolheu-me como se eu fosse um irmão consanguíneo e, em momento algum, julgou meus atos passados ou me destratou ao longo dos dias que vivemos juntos. Infelizmente, a inesperada enfermidade foi fatal para ela. Guardo sua esposa em meus melhores sentimentos e respeito.

— Todos estes anos, tentei entender a morte — disse Daniel, emocionado — porque sei que ela não é o fim, mas, infelizmente, a saudade é algo que não conseguimos conter. Considero-me um homem privilegiado, apesar dos tristes fatos do meu passado, porque, mesmo por pouco tempo, cheguei a construir uma família e mantenho minha fé viva. De fato, se não fosse minha fé, não teria suportado a ausência de Tamara. Numa noite, adormecido, surpreso, tive uma visão de Marcos que, com seu habitual carinho, disse: "Filho amado, volto porque sei que é necessário... Compreendo a dor de sua viuvez, mas confirmo que a morte não é o fim, ela representa apenas uma distância temporária entre aqueles que amamos. Aceite a separação como uma oportunidade de aperfeiçoamento da fé e do conhecimento da bondade do Senhor e, em cada lágrima saudosa, aprenda a transformá-la em bênçãos para fazer valer a vida em sua plenitude. Mesmo que agora a luz pareça distante, perceba que o Senhor, em Sua sabedoria, ao convocar a volta de um amor por meio da morte, devolve aos braços vazios um novo amor. Confie na bondade de Deus e recupere a esperança no porvir... Da mesma forma que estamos comprometidos com o passado, Tamara e Davi não estavam livres de cumprirem suas missões ao seu lado, mas o passado também lhes era uma verdade e suplicava reparo. Tudo passa durante a vida na Terra, mas nossos amores permanecem vivos em nossos corações. Entenda que sua dor não é única diante da humanidade. Coloque-se de pé e volte às batalhas para o bem, aquelas que o Senhor o convocou. Encontre forças e coragem e não desista de viver. Haverá dias em que seu coração suplicará ao Senhor misericórdia e você suplicará por voltar ao mundo onde vivo, mas entenda que é necessário continuar, pois muitos necessitam de seu coração, e suas experiências servirão de exemplo e estímulo para muitos viverem. Não se converta à angústia ou aos infortúnios do vazio da solidão. Aprenda a ser só para servir melhor, mantendo firme e experimentando a fé robusta que tudo transforma para o melhor. A morte apenas assemelha-se à transformação de uma noite para um dia. Para aqueles que souberam viver e aproveitar os dias no chão é o triunfo de poder retornar e encontrar o ouro do sol reluzindo imponente, abençoando quem volta ao lar após longa viagem. Lembre-se, filho, Deus criou todos nós para o bem, portanto, exerça o amor, porque com ele, tudo será melhor. Repouse sua vida nas mãos divinas e aguarde confiante pelo dia de amanhã... Nosso Mestre precisa de você, então, guarde suas dores e transforme-as em lembranças de amor, para que possa centralizar o foco de sua vida nas tarefas que o Senhor lhe confiará..." Logo depois, Marcos desapareceu e eu despertei. Fiquei tão impressionado com aquele sonho real, que não me esqueci de nenhuma palavra dita e, imediatamente, reproduzi cada letra, para não esquecer essa grande lição... Após isso, busquei no trabalho a inspiração para continuar vivendo. A comunidade cristã é o orgulho e a coragem para continuar a caminhar na estrada chamada vida.

— São muitos os fatos que envolvem seu coração — disse Teodoro, com compaixão.

Daniel, secando uma lágrima tímida, declarou:

— Recordo-me de quando aquela missiva chegou a mim dizendo da morte de Marcos, de Tercio e Abdias, assim como o que foi feito com os restos mortais do nosso apóstolo e lhe confesso que, por muito tempo, sentia-me culpado por não ter ficado ao seu lado. Talvez tivesse evitado a fúria de meu pai.

— Creia — disse Hermes, com respeito — nada poderia conter Servio. Por muito tempo, tentei imaginar o que lhe havia endurecido o coração. Confesso-lhe, não consegui identificar o motivo de tanta insensatez.

— Amigo — disse Daniel — compreendo suas palavras e compartilho de suas impressões. Por todos estes anos evitei comentar sobre o passado, para que Tamara não sofresse, e também acreditava que o tempo seria capaz de me fazer perdoar meu pai, que sequer sei como está. Recordei da morte de Yara e sua obsessão por Ambrosio, um homem bom e sábio, vítima de uma grande alucinação. Recordei-me dos rabinos, da ira contra Saulo de Tarso, primo de meu pai, e da perseguição a mim por apenas ter me convertido ao cristianismo. Da dura sentença imposta por meu pai a Hermes...

Tanto sofrimento marcaram nossos dias, mas hoje sou um homem feliz. Aqui estou ao lado de meus amigos. Entretanto, hoje não consigo explicar porque meu coração dói, como se experimentasse os dias que não voltam mais. Pela manhã, você lembrou de uma frase de Sócrates que me fez reflexivo: "Todo o meu saber consiste em saber que nada sei." Quanto mais acreditamos que detemos o conhecimento, mais desconhecemos o mundo externo e nosso próprio interior. Ao longo destes anos, aprendi a não julgar aqueles que me feriram. Compreendo que eles apenas estavam equivocados, e ao tempo está a missão de dar-lhes a lucidez.

— O conheci aqui nestas paragens — disse Teodoro. — Lembro-me do dia que chegaram aqui e os acomodei em minha residência. Você era apenas um jovem, sua esposa, para mim, era somente uma criança que segurava nos braços outra criança, guiados pela força madura de Hermes. Você triunfou... Marcos, em sua sabedoria, ao lhe pedir para salvar sua família, também lhe pedia para salvar as escrituras de Jesus Cristo. Se tivesse permanecido em Tantra, teria sido morto, assim como os demais. O apóstolo lhe confiou a missão de dar continuidade ao cristianismo que ele imputou em muitos corações. O que seria desta região, se tivesse escolhido permanecer lá? Não existem acasos nas leis de Deus, tampouco Jesus teria escolhido os seguidores errados. Ele chamou a muitos, mas sabia ao certo quem teria forças para viver o cristianismo em sua essência.

— Tem razão — disse Daniel, depois de profundo suspiro. — Se eu tivesse ficado, o trabalho que fazemos aqui não teria sido possível. Vejo-me pensando em mim, mas sei que seu passado também não foi fácil. Todos têm uma história e devemos escolher seguir adiante ou parar e apenas apreciar o que passou. Muitas vezes, nos esquecemos de que o passado vai conosco aonde formos, porque ele vive em nossos corações.

— Sim, todos têm um passado — disse Teodoro. — Do mesmo jeito que senti saudade do Egito, a terra dos Faraós, eu carrego as terras gregas em minha alma. — secando uma lágrima tímida, prosseguiu: — A Grécia sempre foi um berço para aquisição de escravos destinados a educar as famílias romanas. Comigo não foi diferente. Um general romano buscava um professor para seus filhos. Então me descobriu e não teve misericórdia. Invadiu minha residência, matou minha esposa e filha e me sentenciou à escravidão. Saí da Grécia, vendido como escravo e carregando a dor das mortes de meus amores. Naquele dia, sentia-me um homem morto. Ele foi transferido para cá. Sua esposa e seu filho contraíram uma enfermidade que os levou a morte, e ele, inconsolável, me deu a liberdade, mas mergulhou em profundo abatimento e buscou refúgio na bebida. Sua saúde enfraqueceu, então cuidei dele até o seu último suspiro. Livre, porém, sem ninguém, aprendi a viver com a solidão, pois as tempestades dos sofrimentos passados nos fazem compreender com maior clareza as ordens divinas. Conheci um cristão que estava por aqui de passagem. Ele se afeiçoou a mim e me presenteou com um dos escritos de Marcos, que dizia assim: "Chamando a multidão, juntamente com seus discípulos, disse-lhes: 'Se alguém quiser vir após mim, negue-se a si mesmo, tome a sua cruz e siga-me. Pois aquele que quiser salvar a sua vida, irá perdê-la; mas, o que perder a sua vida por causa de mim e do Evangelho, irá salvá-la. Com efeito, que aproveita ao homem ganhar o mundo inteiro e arruinar a sua vida? Pois o que daria o homem em troca da sua vida? De fato, aquele que, nesta geração adúltera e pecadora, se envergonhar de mim e de minhas palavras, também O Filho do Homem, se envergonhará dele quando vier na glória do seu Pai com os santos anjos'"[48]. O cristão que me presenteou foi embora, mas aquelas palavras ecoavam em minha mente. Dias se passaram, então, alguns cristãos vieram para cá e, com eles, aprendi sobre Jesus. Abençoava cada pergaminho que aqui chegava, porque por meio deles eu podia ter acesso aos ensinamentos do Mestre. Com o passar do tempo, li tudo que podia sobre Jesus e sua força me fez um homem novo. Tempo depois, fui presenteado por você, sua família e o amigo Hermes. Com você, um tesouro inenarrável, os escritos de Marcos completos. Olhe a sua volta e veja o quanto você mudou este lugar.

— Marcos — disse Daniel — marcou a vida de muitas pessoas. Muitos se converteram apenas com uma simples frase desse homem. Fui agraciado por viver ao seu lado. Ele foi um pai para mim. Pacientemente, ensinou-me tudo sobre Jesus, Pedro, Bartolomeu e os demais homens que seguiram Jesus. Em minhas melhores recordações repousa a figura do apóstolo. Isto me faz suportar olhar para o passado, viver minha viuvez e, sobretudo, exaltar minha silenciosa alegria pelo Senhor ter me presenteado com filhos iluminados e amigos que guardo em meu coração...

Chegaram ao destino após algum tempo, guardando nas mãos do Senhor suas vidas...

---

48 (N.A.E. Ferdinando) Marcos, 8, 34:38

Capítulo 21

Doce encontro, novo começo

"Suspirando profundamente em seu espírito, Ele disse: "Por que esta geração procura um sinal? Em verdade vos digo que a esta geração nenhum sinal será dado". E deixando-os, embarcou de novo e foi para a outra margem."

Marcos, 8:12-13

Daniel, em companhia dos amigos, no mesmo lugar onde estabeleceu sua residência, construiu um salão onde eram realizadas as reuniões cristãs e onde Teodoro reunia as pessoas do vilarejo, para ministrar as aulas e ensiná-los a ler.

Naquela noite, o salão aos poucos enchia, e Daniel, ao lado de Teodoro e Hermes, preparava-se para as orações. Tempo depois, o recinto era envolvido por uma inexplicável paz, quando Daniel, com uma expressão serena, leu o texto deixado pelo apóstolo Marcos:

— "Ainda falava, quando chegaram alguns da casa do chefe da sinagoga, dizendo: "Tua filha morreu. Por que perturbas ainda o Mestre?" Jesus, porém, tendo ouvido a palavra que acabava de ser pronunciada, disse ao chefe da sinagoga: "Não temas; crê somente". E não permitiu que ninguém o acompanhasse, exceto Pedro, Tiago e João, o irmão de Tiago. Chegaram à casa do chefe da sinagoga, e Ele viu um alvoroço. Muita gente chorando e clamando em voz alta. Entrando, disse: "Por que este alvoroço e este pranto? A criança não morreu; está dormindo". E caçoavam dEle. Ele, porém, ordenou que saíssem todos, exceto o pai e a mãe da criança e os que o acompanhavam e, com eles, entrou onde estava a criança. Tomando a mão da criança, disse-lhe: "Talítha Kum" — o que significa: "Menina, Eu te digo, levanta-te". No mesmo instante, a menina se levantou e andava, pois já tinha doze anos. E ficaram extremamente espantados. Recomendou-lhes então expressamente que ninguém viesse, a saber, o que tinha visto. E mandou que dessem de comer à menina." [49]

Na sequencia, Teodoro com humildade disse:

— "Jesus é a candeia de luz, candeia que ilumina: quem luta pela paz, sem guerras e desvarios; quem sofre mas vive com a alegria da resignação; quem escreve para esclarecer as consciências do mundo; quem divulga e leva as escrituras do Senhor além das fronteiras da terra; quem se converte e compreende que as religiões não definem o cristão, mas que o cristão sempre será um filho de Deus definido por Jesus; quem carrega a ilustre missão de ser um apóstolo fraterno do Senhor em solo sagrado chamado vida. Candeia rediviva. Luz e esperança, luz e amor. Seja sempre, Senhor, a fonte de puro azeite que aceso ilumina a todos além dos limites cativos dos nossos corações, mas que reflete a eterna sabedoria de viver com as consciências libertas do próprio ser. Candeia seja, Senhor, em nós para que livres encontremos a certeza da nossa fé em Suas ternas mãos."[50]

---

49 (N.A.E Ferdinando) Marcos, 5:35-43

50 (N.A.E. Bernard) A mensagem original foi resumida pelas mãos de Ferdinando, gerando o texto declarado nesta página.

Tempo depois, ao final das orações, quando o recinto estava vazio, uma serva chamada Zafira adentrou subitamente o recinto. Estava visivelmente desesperada. Segurava em um dos seus braços sua filha, uma menininha que aparentava ter apenas dois anos de vida chamada Adelinda e, com carinho, apoiava uma mulher chamada Débora, que caminhava com dificuldade e exaustão.

Apesar da feição abatida, percebia-se que Débora pertencia a uma linhagem nobre e, assim, se comportava com educação e discrição. Detentora de uma beleza singular, seus olhos grandes destacavam a tez alva e rosto fino... Assemelhava-se a uma escultura grega esculpida por mãos de grandes artistas.

Carinhosamente, a serva acomodou-a no assento simples. Débora, com doçura, retirou o lenço que encobria suas madeixas negras.

Zafira se aproximou de Daniel e, em um gesto humilde, saudou-o e disse:

— Senhor, perdoe-me a intromissão, vim a sua presença pedir auxílio. Simpatizo-me com o cristianismo, mas não ouso dizer-me cristã. Minha senhora é casada com o judeu Ian, mas, diante das ocorrências que a acercam, creio que aqui encontrará refúgio e se curará.

— Diga-me — disse Daniel, com carinho — em que posso ajudar?

— Sirvo Débora desde antes do casamento forçado por seus pais. Suas famílias são de linhagem judia — secando as lágrimas desesperadas, Zafira continuou: — De algum tempo para cá, ela começou a ter atitudes estranhas que garanto não ser dela. Ela sempre foi uma pessoa bondosa e sempre me tratou com muito respeito. Débora adotou minha filhinha Adelinda, quem trata como uma filha que ainda não concebeu — suspirando, prosseguiu: — Infelizmente, minha senhora sofre muito, com um mal inexplicável. Sem controle, de quando em vez, ela é tomada por súbitos ataques que não conseguimos controlar. Ela diz que fala com os mortos. Seu esposo Ian é um homem rude, muito mais velho do que ela. Ele é muito influente na região, por manter um negócio familiar com exportação de peles e prática do credo de seus ancestrais. Ian se revoltou e a submeteu a vários suplícios. Envergonhado de sua situação atual, encarcerou-a em nossa própria residência e não permite que ninguém se aproxime dela, com exceção de um grupo de rabinos que, além das orações, submetem-na a sucessivas sessões de açoites, para retirar de seu corpo os mortos que Débora diz ver e falar.

Zafira, aproximando-se de Débora, com respeito mostrou-lhe as marcas do açoite e continuou:

— Vejam, esta noite foi tão intensa a tortura, que acreditei que essa inocente fosse morrer. Tomada de compaixão, não pude me omitir diante desse suplício, por isso estou aqui, para suplicar que ajude minha senhora, ela não é merecedora de tamanho sofrimento...

— Como soube de nós? — perguntou Teodoro.

— Um dia, me chamaram para vir aqui e, sem que me percebesse, assisti a uma reunião. Confesso, fiquei surpresa ao vê-lo colocar a mão sobre um enfermo e ele se recuperar. Sei que, se Ian descobrir que estamos aqui, deveremos suportar sua ira, mas, pelo bem de Débora, estou preparada a enfrentar tudo. Ela sempre foi uma mulher laboriosa, sempre disposta a auxiliar quem necessitasse, agora que está atravessando este suplício, todos lhe viraram as costas e ela tem apenas a mim... Acredite, sou eternamente grata pelo que ela faz por minha filha e pelo carinho que tem por mim, não sei explicar pelas linhas da razão, mas sinto como se ela fosse uma filha amada... Apesar de estarmos em vidas tão diferentes dessa condição.

Daniel e Teodoro aproximaram-se e, imediatamente, Débora transformou-se. Tomada por uma força maior que pudesse contê-la, a mulher nobre apresentava-se agressiva, sobressaltada, gritou e atirou-se ao chão. Teodoro e Hermes seguraram-na, enquanto Daniel, com fervor, colocou a destra em sua testa e orou.

O ambiente foi envolvido por uma paz inenarrável. Tempo depois, em um suspiro brando, Débora apresentava uma feição serena, característica de sua personalidade. Aparentava liberta de seus suplícios

Zafira, surpresa com o que havia visto, disse:

— Senhor, há muito não a vejo assim. Não conseguirei explicar pelas linhas da razão o que presenciei, mas serei eternamente agradecida. O que posso dizer agora para agradecê-lo...

— Não diga nada, apenas lembre-se que quem age por meio de minhas mãos é a força de nosso Mestre Jesus Cristo, a quem centralizo todos os méritos destes feitos e ao apóstolo Marcos, quem me ensinou a conhecer e amar o Senhor.

Em um gesto espontâneo, Débora olhou profundamente para Daniel, como se já o conhecesse, beijou-lhe a mão e, refeita, manteve-se em silêncio, enquanto ele não lhe desviava o olhar.

Sem que esperassem, foram pegos de surpresa.

Ian invadiu violentamente o recinto, envolvido por uma fúria incontida, seus olhos avermelhados anunciavam que seu descontrole era marca de muitos dias. Sem que ninguém pudesse contê-lo, aos gritos disse:

— Infame! O que faz aqui, nesta casta maldita? Não está ensandecida, tampouco enferma, simplesmente quer me envergonhar diante da sociedade. Desta vez, foi longe demais. Acompanhada com esta serva infeliz.

Sem pensar lançou-se violentamente contra Débora. Daniel, de súbito, segurou-o fortemente tentando conter--lhe a fúria:

— Homem, este lugar é reservado à oração, assim como os templos de seu credo...

Antes mesmo de terminar a frase, Ian livrou-se de Daniel, rapidamente retirou um punhal que trazia consigo e ferozmente lançou-se contra a esposa, tentando eliminar-lhe a vida.

Neste ínterim, Zafira colocou-se na frente de sua senhora. Ian, cego pela ira, em vez de golpear Débora, atingiu a serva no abdome, que, sem conseguir suportar o golpe, caiu desfalecida. Enquanto isso, Ian, visivelmente descontrolado, gritou:

— Maldita! De agora em diante não é mais minha esposa. Nunca mais colocará os pés em minha residência e apagarei seu nome de minha linhagem. Se vier se refugiar nessa escória, se junte a eles e jamais ouse atravessar meu caminho — com os olhos vertendo ódio, encarou friamente Daniel e prosseguiu: — Quanto a você, não ouse nunca mais se aproximar de mim, pois pode passar o tempo, e hei de me vingar desta noite.

Ian, alucinado, saiu sem mais nada dizer.

O cenário triste e desesperador anunciava o pior. Zafira não suportou o martírio. Débora, segurando a cabeça da amiga em seu colo, chorava copiosamente e, entre soluços, disse:

— Senhor Deus de meus ancestrais, rogo pelo Deus de Abraão e Moisés. Suplico misericórdia — em meio às lágrimas convulsivas, continuou: — O que farei agora sem Zafira? O que será de sua filha se sequer poderei oferecer-lhe um teto, pois sequer tenho um? O que será de nós de hoje em diante?

A cena triste emocionava todos. Daniel, cheio de compaixão, aproximou a cabeça daquela mulher em seu peito.

— Tenhamos coragem e fé. A dor de agora não é maior que o amor de nosso Senhor Jesus, que nos acolhe neste momento. Não se preocupe, você e a pequenina ficarão conosco. Nossa residência é simples, mas acolheremos vocês com muito amor e respeito. Agora agradeça a Deus que é o Deus de Jesus Cristo, pois agora possui um lar.

As estrelas iluminavam aqueles corações. Assim, a noite prosseguiu triste.

Aos primeiros raios do sol, não tardou para que as exéquias de Zafira fossem preparadas.

Para aqueles corações, iniciaria ali uma nova página chamada recomeçar...

Capítulo 22

Entre adversidades, o novo amor desperta

"Quem traz uma lâmpada para colocá-la debaixo do alqueire ou debaixo da cama?"

Marcos, 4:21

Os dias decorriam para aqueles corações.

Alguns poucos meses marcaram a história destes personagens.

Débora se estabeleceu na residência de Daniel e recebeu de Teodoro e Hermes especial carinho e respeito, como se ela fosse uma irmã abençoada que Cristo havia colocado em suas estradas. Ela abandonou os hábitos de uma vida requintada e, com muita renúncia, adaptou-se ao modo simples com o qual aqueles homens viviam.

Adotou a pequena Adelinda, a quem se dedicava tal qual uma mãe amorosa. Com a convivência com aqueles corações, não demorou em se converter ao cristianismo e, ao lado dos novos amigos, também apoiava a comunidade cristã iniciada em Bizâncio, por meio da dedicação integral daqueles homens.

Por outro lado, Daniel não escondia o carinho por Adelinda e, ao lado de Débora, demonstrava-se um pai amoroso. Para ele, a presença de Débora e da pequenina remetia-lhe aos melhores momentos de uma vida familiar. De um modo muito especial, ele havia recuperado a alegria de viver e o brilho integral em seus olhos.

Após a morte de Zafira, Ian retirou-se daquela região, e ninguém mais ouviu falar em seu nome.

Naquele entardecer, o salão simples já estava preparado para iniciar as orações. Hermes, Débora e Adelinda mantinham-se atentos, aguardando Daniel iniciar a preleção da noite. Teodoro, com brandura, leu o texto deixado pelo apóstolo Marcos:

— "E de novo, Jesus atravessando de barco para o outro lado, uma numerosa multidão O cercou e Ele se deteve à beira-mar. Aproximou-se um dos chefes da sinagoga, cujo nome era Jairo, e vendo-O, caiu a seus pés. Rogou-lhe insistentemente, dizendo: 'Minha filhinha está morrendo. Vem e impõe sobre ela as mãos, para que ela seja salva e viva'. Ele o acompanhou e numerosa multidão o seguia, apertando-O de todos os lados. Ora, certa mulher, que havia doze anos tinha um fluxo de sangue e que muito sofrera nas mãos de vários médicos, tendo gasto tudo o que possuía sem nenhum resultado, mas cada vez piorando mais, tinha ouvido falar de Jesus. Aproximou-se dEle, por detrás, no meio da multidão, e tocou-lhe a roupa. Porque dizia: 'Se ao menos tocar as suas roupas, serei salva'. E logo estancou a hemorragia. E ela sentiu no corpo que estava curada de sua enfermidade. Imediatamente, Jesus, tendo consciência da força que dEle saíra, voltou-se a multidão e disse: 'Quem tocou minhas roupas?' Os discípulos disseram-lhe: 'Estás vendo a multidão que Te comprime e perguntas: 'Quem me tocou?' ' Jesus olhava em torno de si para ver quem havia feito aquilo. Então a mulher, amedrontada e trêmula, sabendo o que lhe tinha sucedido, foi e caiu-lhe aos pés e contou-lhe toda a verdade. E Ele disse a ela: 'Minha filha, a tua fé te salvou; vai em paz e esteja curada desse teu mal.'"[51]

Daniel, completamente envolvido por uma inspiração superior, após breve suspiro, disse:

— O sofrimento está na privação da fé e, consequentemente, na falta de amor. Muitos buscam a fé nas filosofias complexas e nos credos passados para justificarem suas vidas. Entretanto, Jesus, em Sua simplicidade, ofereceu Seu império de luz a todos nós. Diante dos fatos da vida comum e das dificuldades enfrentadas, muitos reclamam de suas condições, depositam no Senhor a culpa de suas próprias incapacidades de serem felizes e dizem que perderam a fé. Todavia, a difícil trajetória da suposta perda da fé inicia-se quando: arrancamos lágrimas daqueles que amamos; a reclamação fala mais alto dentro de nós, nos levando a duvidar de Deus e esquecer de agradecer pela vida que nos foi oferecida; não queremos abrir os olhos para ver o simples azul do céu ou o grandioso Sol que nos presenteia todos os dias com a luz; o egoísmo toma conta de nossos corações, dando lugar à vaidade e à agonia de crer que somente devemos receber o amor sem amar ninguém ou dividir nossas existências com outros filhos de Deus... Somos filhos de muitas existências e nossos espíritos clamam por renovação e transformação. A vida física é a grande oportunidade de restabelecer nossos vínculos com o Senhor e aperfeiçoar, dia após dia, nossas atitudes e pensamentos. A fé restaura o que somos, mas de que vale um pensamento no bem sem ação concreta para o bem? Lembremos que estamos apenas corrigindo e aparando as arestas do nosso passado e Jesus concedeu os seus ensinamentos nos presenteando com a esperança e, sobretudo, a fé que motiva cada um de nós a encontrarmos a felicidade em nossos espíritos.

---

51 (N.A.E Ferdinando) Marcos, 5, 21:34

Após breve pausa, Daniel fixou o olhar triste em Débora, como se ela lhe servisse temporariamente de inspiração, e concluiu:

— Nas lutas da vida, persevere para que a luz de Deus recaia em seu coração. Na doença, acredite na força da esperança e resigne-se sempre. Na angústia, levante-se confiante no amor de Deus e no amor próprio que modifica. No desespero, espere para que a força do tempo modifique o rumo dos seus sentimentos. No sofrimento sem causa, ore para que Jesus possa estar presente auxiliando e incentivando a transformação que renova. No abandono, renuncie aos apegos doentios que ulceram para que a felicidade celeste toque o seu coração. Na solidão, preencha o vazio do coração com os bálsamos da fé que invadem os vales íntimos da alma e da mente, fazendo-o levantar-se em serviço ao bem comum. Nas sombras do mundo, acenda a candeia detentora de paz e divida com a família humanidade. Nos tropeços, reerga-se sem dúvidas para que o seu esforço seja reconhecido no trânsito da vida. Na morte, fortifique-se para que a coragem indique o caminho certo da sustentação e resistência em nome de Deus. Em todas as ocasiões, seja operante, encontrando motivação sempre, para que os véus do egoísmo não ceguem as existências e interrompam a trajetória individual de cada um. Reerga-se sempre, diz o Senhor, pois com humildade, respeito, tolerância e carinho, a luz se fará presente, mesmo quando as sombras persistirem em cobrir os seus olhos em lágrimas de desespero. Fixemos as energias para os altos valores positivistas que renovam os nossos espíritos e trabalhemos: pelo amor, mesmo entre pancadas, esquecimentos e injúrias; pela paz, mesmo entre a dor da tempestade avassaladora; pela resistência da fé, mesmo entre o sofrimento oculto; por Jesus, para sentirmos dentro de nós a semente da plenitude e da esperança germinarem, transformando fraquezas em silêncio cicatrizado em nossas vidas, seguindo rumo ao encontro da vitória sob a luz e o amparo de Deus."[52]

Em silêncio, os presentes retiraram-se. Hermes, com zelo, acompanhou Débora, que segurava nos braços Adelinda adormecida, para acomodá-la no leito...

Enquanto isso, Daniel, em profundo silêncio, permanecia com um olhar reflexivo e perdido no horizonte, quando Teodoro disse:

— Amigo, ouso dizer que o conheço e hoje está mais calado que nos dias anteriores. Algo perturba seu coração...

Ele, procurando esconder a verdade, tentou disfarçar e disse que nada estava acontecendo, quando Teodoro, com um sorriso tímido, prosseguiu:

— Meu caro, não sou conhecedor profundo dos assuntos do coração, amei apenas uma vez, mas, desde a chegada de Débora, sinto que ela e a pequenina tocaram sua alma de uma maneira especial. Perdoe-me, mas não posso negar que observei seu semblante quando concluía a reunião. Sinto que entre você e Débora um sentimento nasce, e que ambos estão em pânico diante desta situação. Estou equivocado?

— Não sei o que está acontecendo comigo. Remeto meus pensamentos à Tamara. Sempre acreditei que amaria apenas ela e mais ninguém. Sem que esperasse, ela e meu filhinho Davi retornaram para o Senhor. E eis que Jesus coloca Débora e Adelinda em meu destino. Tamara foi meu primeiro amor, e confesso-lhe que devo a ela minha conversão e meu encontro com Marcos.

---

52 (N.A.E. Bernard) A mensagem original foi resumida pelas mãos de Ferdinando, gerando o texto declarado nesta página.

Quando ela morreu, acreditei que o amor em mim também havia morrido. Não tenho dúvida que ela foi um anjo bendito que me trouxe para a luz.

— Amigo, qual é o seu temor? O que tanto perturba sua alma?

— Não sou mais um menino, mas quando olho para Débora é como se a conhecesse há muito tempo. Sinto que já vivemos alguma história em algum lugar de nossas existências. Ao contemplá-la, sinto-me em paz e é como se um amor maduro me fortalecesse a alma. Jamais acreditei que pudesse amar assim... Um amor maduro, fiel e confiante. Temo desviar-me do caminho para o qual fui conduzido, pois tenho responsabilidades que não posso ignorar, tampouco posso deixar de lado a construção cristã que iniciamos. Não posso me esquecer de Ian, não sabemos de seu paradeiro ou se está vivo ou morto, apenas sabemos que partiu sem que ninguém soubesse de nada, mas lembremos de que ele ainda é o esposo de Débora.

— Amigo — disse Teodoro, com um sorriso tímido — compreendo suas preocupações. Nada o afastará do caminho que conduz a Jesus, porque sua conversão é autêntica e sua fé vive em seu coração, fortalecendo sua vida e seu amor ao Senhor. Você foi chamado por Deus para cumprir seus desígnios, além do mais, você experimentou muitos sofrimentos, mas isto não significa mergulhar no suplício de privar um sentimento puro como o amor que sente por Débora. O amor é uma criação de Deus e não pode ser omitido do coração de ninguém. Aceite o presente do Senhor e receba essa bênção com resignação. Acredito que Débora também possui seus temores e Ian é alguém que devemos entregar nas mãos de Jesus, para que seja conduzido para a luz. Além do mais, não podemos prescindir que o ventre dá à luz a vida terrena e o túmulo dá à luz a eternidade.

Como filhos de muitas existências, carregamos o motivador chamado fé em nossas vidas e agora, por mais difícil que seja o momento da provação, renovemos nossa fé e firmemos a sintonia completa com a paz interior e as bênçãos dos céus.

Daniel, pensativo, agradeceu as palavras do amigo e, tentando aliviar seu coração, orou:

— Senhor, por misericórdia, escute minha oração. Pelos portais do invisível, faça-se presente distribuindo Seu amor para fortalecer minha fé, assim como um dia ensinou a todos que puderam conhecer Sua misericórdia. Perdoe-me as fraquezas de meu coração e dê-me coragem para aceitar os desafios de minha vida com esperança e resignação. Dê-me sabedoria para entender a mim mesmo e encontrar equilíbrio e gratidão para receber Suas bênçãos e as dádivas de um novo amor. Agradeço por estar vivo, mas rogo Sua compaixão, suplicando pela sabedoria e o pão do evangelho que sacia a fome e retira de mim a ignorância sobre Seu reino de amor e construção. Tenho consciência de minhas próprias deficiências, mas elas não nos impedem de amá-Lo e dar graças a tudo que para nós é e foi ofertado por Suas mãos, a minha vida.

Emocionado e reflexivo, Daniel continuou:

— Amigo, deixemos os assuntos do coração para depois, afinal, amanhã seguiremos viagem para Sedmitra, o vilarejo próximo daqui. Ficaremos dias longe daqui, e isso será muito bom para que eu possa pensar em nossos negócios e na distribuição do Evangelho de Marcos.

— Está certo — disse Teodoro, respeitando Daniel. — Lembre-se, a distância física não o impedirá de levá-la em seu coração...

Assim, aqueles homens permaneceram em conversação sobre a viagem do dia seguinte.

Capítulo 23

O início de um novo amor

"O óbolo da viúva – E, sentado frente ao Tesouro do Templo, observava como a multidão lançava pequenas moedas no Tesouro, e muitos ricos lançavam muitas moedas. Vindo uma pobre viúva, lançou duas moedinhas, isto é, um quadrante. E chamando a si os discípulos, disse-lhes: 'Em verdade eu vos digo que esta viúva que é pobre lançou mais do que todos os que ofereceram moedas ao Tesouro. Pois todos os outros deram do que lhes sobrava. Ela, porém, na sua penúria, ofereceu tudo o que tinha, tudo o que possuía para viver.'"

Marcos, 12:41-44

Enquanto Daniel e Teodoro estavam em viagem, Hermes manteve os trabalhos para subsistência e as orações no salão onde era de costume.

Naquela noite, quando se encaminhava para a reunião, ao adentrar foi surpreendido por Adelinda sentada, inocentemente brincando, e por Débora que, de joelhos, entre convulsivas lágrimas, orava em voz alta:

— Senhor, perdoe-me o momento de desespero. Sou eternamente agradecida pelas dádivas que recebi de Seu coração. Um teto que nada me falta, amigos que considero como irmãos amados, uma filhinha para despertar em mim o prazer de mãe. Em meio a isso, confesso-lhe que agora meu peito arde com um sentimento que não sei explicar pelas linhas da razão. Sinto-me culpada porque amo Daniel, não na condição de um amigo, mas como se ele fosse alguém que os céus trouxeram para mim, e não quero afastá-lo de sua missão, para isso, estou disposta a partir e deixá-lo em Suas mãos. Sonho em compartilhar meus dias ao lado dele e tê-lo junto a mim, assim como seguir ao Seu lado, onde o Senhor o chamar, porque, se hoje Jesus é minha verdade, devo isso ao Daniel, que me apresentou a ele, e nada nem ninguém me fará abandoná-Lo. Dou-Lhe graças, porque o Senhor é meu alívio e minha vida.

Com discrição, Hermes aguardou o término da oração, mas Débora, ao perceber sua presença, assustou-se:

— Desde quando está aqui?

Ele, com respeito e carinho, tentando acalmá-la, disse:

— Minha amiga, não se assuste, estou aqui o tempo suficiente para tentar impedi-la de cometer um ato ensandecido: de partir e nos abandonar. Tanto eu como Teodoro já conversamos sobre você e nosso amigo Daniel, afinal, já não conseguem esconder o que sentem um pelo outro. Ficamos felizes por esse sentimento voltar ao coração de ambos, que tanto sofreram com histórias passadas. Não consigo compreender, o que impede esse amor?

Débora chorava convulsivamente e, após secar as lágrimas, respondeu:

— Sim, o amo com a força de minha alma, mas ele é um homem importante para a região e, especialmente, para Jesus, e não quero atrapalhar sua vida. Também entendo que já tenha amado o suficiente e não queira mais viver um novo amor — escondendo o rosto entre as mãos, prosseguiu: — Todos os dias, rogo a Jesus perdão, porque já cheguei a querer ser Tamara, seu primeiro amor. Confesso-lhe que nunca amei alguém, Daniel foi o amor que sempre pedi a Deus e que reconheço agora como uma verdade em meu ser. Quando olho para ele, não vejo reciprocidade, mas, sim, respeito, e penso que ele não vai me querer em sua vida. Então, tomei a decisão de partir, assim, poderei iniciar minha história e calar estes sentimentos.

— Jesus é conhecedor de nossos corações e jamais haveria de nos unir pelas leis do acaso. Jamais permitirei que parta daqui — com carinho, beijou-lhe a testa e prosseguiu: — Conheci Tamara, uma jovem encantadora, quase uma menina, e Daniel, um jovem cheio de sonhos, se preparando para ser um rabino. O apóstolo Marcos, quando o conheceu, não tardou em acolhê-lo na condição de filho amado. Os dias de Daniel eram mais voltados ao aprendizado do Cristo, por meio do apóstolo, do que propriamente ao casamento. Quando saímos de Alexandria, chegamos aqui em condições muito hostis. Tamara não suportou a viagem, e tanto ela como o pequeno Davi contraíram uma grande enfermidade. Em apenas cinco dias, Daniel se viu sem a esposa e o filho. Então, de lá para cá, dedica-se a divulgar os escritos de Marcos e a trabalhar com Teodoro na escola que firmaram e no comércio, que é o meu forte. Amamos Daniel e não demorou em desenvolvermos este mesmo sentimento por você e por Adelinda. Queremos o melhor para ambos. Acredite, você acendeu uma nova luz em Daniel desde que chegou aqui. Desde quando acolheu-a junto a nós, ele parece ter vontade de viver, é um novo homem. Não fuja de seu destino, pois, quando fugimos do destino, ignoramos as leis do Senhor e apagamos a esperança de nossos corações. Aguarde o tempo responder por si as suas dúvidas e não permita que seus temores, sem razão, a afaste daquele que pode ser o seu grande amor.

— Amigo eterno, suas palavras confortam meu coração e agradeço ao Senhor viver entre pessoas tão especiais. Amo vocês, e pensar em viver longe daqui é quase impossível, mas não suporto viver ao lado de Daniel, sob o silêncio deste amor. Como viver assim? Somos fortes para seguir porque estamos com Jesus e temos fé. Sinto-me uma menina diante de você, por falar de sentimentos quando tanto há por fazer. Perdoe-me a fraqueza, porque sei que somente o tempo poderá ser o juiz de todas as nossas vidas.

Hermes, sorrindo, prosseguiu:

— Entendo seus temores, mas permita que o Senhor a auxilie nesta história, e quando Jesus assume nossas vidas, devemos apenas esperar operantes.

Interrompidos pelos gracejos de Adelinda e pelas primeiras pessoas que chegavam para as orações, Hermes, sorrindo, seguiu para cumprir as obrigações daquela noite, enquanto Débora entregava a Deus seu coração.

Quinze dias transcorreram velozes.

Naquela noite, as estrelas bordavam o céu rompendo a escuridão noturna, enquanto, ao som dos cavalos, Daniel e Teodoro retornavam da viagem ao vilarejo próximo, onde compraram iguarias inigualáveis para comerciarem no mercado local daquela região.

Ao se aproximarem, Hermes, com largo sorriso, foi auxiliá-los, enquanto Débora, com carinho, saudou os amigos. Logo após acomodarem os cavalos, não perderam tempo e seguiram em busca do descanso necessário.

Após se refrescar, Daniel sentou-se na varanda, quando Débora aproximou-se carinhosamente para servir-lhe o que comer.

— A viagem deve ter sido exaustiva — disse ela — tanto que Teodoro sequer fez uma refeição, recolheu-se e imediatamente adormeceu. Adelinda também adormeceu, mas, acredite, ela sentiu muito a falta de vocês. Parecia que os dias eram longos e sem fim. Apesar do nosso esforço nas reuniões cristãs, nada se compara com a presença de ambos.

— Por certo, somente a pequenina sentiu minha falta?

— Não, Daniel, claro, Hermes também, pois o trabalho foi intenso por aqui...

Antes de concluir a frase, Débora enrubesceu e, sem querer, virou a ânfora de água no chão. Rapidamente abaixou-se para limpar o líquido derramado, quando Daniel, em um gesto espontâneo, tentando ajudá-la, segurou-lhe as mãos gélidas e levantou-a lenta e zelosamente.

— Os dias longe de você — disse Daniel — foram cruéis. Busquei na distância um meio de me esquecer dos seus olhos e de seu perfume, mas, infelizmente, encontrei solidão e desespero. Somos detentores de um passado marcado pelo peso da violência, mas não podemos viver no que passou ou nas lembranças que nos fazem infelizes. Desde o dia em que entrou em minha vida, não posso ser hipócrita e dizer não tocou meu coração. Tentei fugir de mim mesmo e vê-la como uma irmã necessitada de auxílio e compreensão, mas perdoe-me, não, não é isto que você representa para mim. Após a morte de Tamara e de meu filho acreditei jamais ser capaz de amar alguém, ela foi um amor inocente que me conduziu a Jesus e não posso negar meu respeito a este passado.

— Por Deus — disse Débora — creia, também lutei e orei, dia após dia, para arrancar de mim este sentimento que repousa em meu coração. Sabe bem que meu casamento foi arranjado por conveniência de minha família. Éramos apenas três filhos, um irmão que segue os passos de meu pai e uma irmã mais jovem que também teve a mesma sorte que a minha, consorciando-se com um mercador ébrio, porém rico. Não suportou o martírio de viver ao lado dele e suicidou-se. Como primeira filha, dediquei-me a cuidar de meus pais, entretanto, meu pai, achando-me velha, encontrou em Ian uma maneira de ter um esposo para sua filha. Como não era mais tão jovem, não havia abandonado o sonho de encontrar meu amor. Não tive escolha e aceitei meu destino. Vivemos dois anos juntos e, por razão que desconheço, não pude lhe dar um filho. Ele, poucas vezes, me reconhecia como mulher e, então, iniciaram-se os maus-tratos e as comparações com outras mulheres que conhecia no calor das paixões. Com o apoio de Zafira, consegui suportar meus tristes dias. Em uma manhã, após sofrer as agressões de Ian, fui ao jardim, sentei-me num banco e orei ao Deus que proferia em meu credo anterior; falei de minha revolta, pois, naquele dia, acreditei-me encarcerada em meio ao caos e desespero. O resto da história você conhece, mas no primeiro dia em que o vi, em meio àquele cenário de tristeza propiciado por Ian, confesso-lhe que pensei que estivesse morta, pois estava diante de um anjo ou do amor que brandamente sempre esperei, pois nunca havia amado ninguém até aquele dia. O sentimento daquele instante cresceu dentro de mim, cada gesto, olhar ou cada sorriso seu direcionado para mim era um presente dos céus que não poderia ignorar. Cheguei a pensar em partir daqui para tentar esquecê-lo, mas pensei em Adelinda, que precisa de um pai e encontrou em você a figura paterna — fechando os olhos, Débora prosseguiu: — Amo você, e saiba que, se não sou seu primeiro amor, não me importo, porque você é o meu...

Daniel, encantado pelas palavras amorosas de Débora e pelos seus gestos carinhosos, segurou-a fortemente, lhe buscou os lábios tímidos e silenciou-os, repousando-lhe um beijo apaixonado.

Sem poder mais conter o ímpeto, ela rendeu-se aos carinhos de seu amor. Tempo depois, Daniel disse:

— Meu carinho, entreguemos nossos temores às mãos do Senhor, pois sei que nossos sonhos serão abençoados. Amo você com a força de minha vida, estamos envolvidos pela mesma sintonia de confiança e me ajoelho diante de você subjugado ao apelo do amor que arde em meu peito. Tenho consciência de que sombras do passado podem ameaçar este sentimento, mas, por você, estou disposto a enfrentá-las. Sinto-me fatigado com tamanha solidão. Jesus abriu meu coração para iniciar uma nova história, e nas páginas que quero iniciar a escrever, você é a personagem principal, pois é o amor desta vida e daquelas que vierem.

No silêncio da noite, aqueles filhos de Deus selavam o amor abençoado por Deus e retiravam de seus caminhos a solidão, dando lugar a uma nova história para suas vidas.

Capítulo 24

O tempo, senhor dos corações

"Porque quem não é contra nós é por nós."

Marcos, 9:40

A vida seguia tranquila para os personagens desta história.

Daniel e Débora assumiram sua união, e desse amor nasceu uma menininha chamada Nina, que os abençoava com alegria e enchia seus corações de fé e esperança.

Naqueles dias, Nina estava com quase dezoito anos. Seus grandes olhos azuis eram ressaltados por sua tez levemente dourada, herança dos ancestrais de Daniel. Seu rosto fino era delineado por seus cabelos castanhos. Seus lábios grossos acentuavam a fisionomia de uma escultura grega esculpida pelas mãos perfeitas de um artista.

Teodoro havia se dedicado a educá-la conforme suas raízes gregas e os ensinamentos do filósofo Sócrates, que havia sido um dos maiores pensadores da Grécia antiga, transformando-a em uma jovem detentora de uma inteligência notável, além de uma beleza singular, para orgulho de Daniel e Débora.

Adelinda estava com quase vinte anos de idade. Sua tez dourada, olhos e cabelos negros lhe ressaltavam uma beleza exótica.

Nina e Adelinda foram criadas como irmãs e, mesmo entre muitas diferenças, o carinho e respeito eram eminentes.

Naquela tarde, Daniel e Débora retornavam do mercado, quando Débora, com carinho, disse:

— Ainda sinto como se vivêssemos os primeiros dias, quando o vi pela primeira vez. Quando penso na minha Nina e no tempo em que passamos juntos, oro ao Senhor em agradecimento, porque recebi da vida tudo que sonhei e muito mais — emocionada, prosseguiu: — Hoje ela é quase uma mulher, mas, oh, Senhor, ela era tão pequenina... Confesso-lhe que, ao ver seus olhinhos miúdos, não tardou para o amor se estabelecer em meu coração. Amo nossa filha, porque ela é a materialização de nosso amor.

— Nossa Nina é um presente de Deus — disse Daniel, com uma expressão serena. — Não tenho dúvida que ela veio para completar com amor o vazio de meu coração, apesar de você já ter se apropriado dele. O tempo passou e ainda sou capaz de vê-la em nossos braços, mas nossa filha cresceu e temos que pensar em seu futuro. Sempre fui contra os casamentos arranjados e não vou impor isso a ela, mas temo por Nina, porque a educamos de maneira muito independente. Quero o melhor para nossa filha, mas sinto que ela é como um pássaro livre e nada poderá prendê-la, tampouco um casamento.

— Meu carinho, deixemos o tempo falar por si, pois ela é muito nova, e acredito que logo conhecerá um jovem que a encantará. Aguardemos... Você sempre disse que a deixaria escolher com quem se consorciaria, então, dê a ela o tempo necessário para que amadureça, conheça a si mesma e entenda os desígnios que o Senhor reservou-lhe — respirando profundamente, prosseguiu: — Recordei-me das palavras do antigo testamento, então oremos pela nossa menina.

Ao som dos cavalos, Débora continuou:

— *Quem habita na proteção do Altíssimo*
Pernoita à sombra de Shaddai,
dizendo a Iahweh:
Meu abrigo, minha fortaleza,
meu Deus, em quem confio!
É ele quem te livra do laço
do caçador que se ocupa em destruir;
ele te esconde com suas penas,
sob suas asas encontras abrigo.
Sua felicidade é escudo e couraça.
Não temerás o terror da noite
nem a flecha que voa de dia,
nem a peste que caminha na treva,
nem a epidemia que devasta ao meio-dia.
Caiam mil ao teu lado
e dez mil à tua direita,
a ti nada atingirá.
Basta que olhes com teus olhos,
para ver o salário dos ímpios,
tu, que dizes: Iahweh é o meu abrigo,
e fazes do Altíssimo teu refúgio.
A desgraça jamais te atingirá
e praga nenhuma chegará à tua tenda:
pois em teu favor ele ordenou aos seus anjos
que te guardem em teus caminhos todos.
Eles te levarão em suas mãos,
para que teus pés não tropecem numa pedra;
poderás caminhar sobre o leão e a víbora,
pisarás o leãozinho e o dragão.

Porque a mim se apegou, eu o livrarei,
protegê-lo-ei, pois conhece o meu nome.
Ele me invocará e eu responderei:
"Na angústia estarei com ele,
livrá-lo-ei e o glorificarei;
saciá-lo-ei com longos dias
e lhe mostrarei a minha salvação.[53]

— Sim, você está certa, deixemos o tempo aplicar suas leis e iluminar nossos dias, porque sabemos que, se esperarmos com fé, nada nos faltará...

Assim, entre banal conversação, o casal retornou à residência e, mesmo carregando o temor no coração pelo dia de amanhã, entregaram ao Senhor seus amores e suas dúvidas.

Enquanto em Bizâncio a vida seguia tranquila para aqueles corações, em Alexandria, encontraremos Servio, em cuja expressão revelavam-se as duras marcas do tempo. Ele continuava com grande influência sobre o comércio local, assim como sobre a religiosidade daquela região.

Após a morte de Yara, optou por permanecer só, calando sua viuvez nos braços de amores temporários.

Ao seu lado, a presença constante do rabino Eliezer que, com o amigo, ditava as regras religiosas.

Após a morte de Marcos, o cristianismo havia sido subjugado. O credo de amor proferido por Jesus e traduzido pelo "apóstolo da esperança" seguia em sigilo por grupos que praticavam sua fé, reservados ao anonimato e ao sigilo, para não se exporem ou sentirem o pesado jugo de Eliezer.

---

53 (N.A..E. Bernard) Salmo 91

Naquela manhã, Eliezer, visivelmente aflito, foi à residência de Servio e o encontrou sob os cuidados dos servos que o serviam em silêncio, com uma mescla de medo e zelo.

Após as saudações, Servio, alheio aos objetivos do amigo, firmou uma conversação trivial:

— Meu amigo — disse Servio — gozamos de paz em nossa região. Após calar o maldito Marcos, nossa crença impera feliz. Os cristãos agora foram submetidos a sua insignificância.

Eliezer, visivelmente constrangido e perturbado, disse:

— Sim, o trabalho tem sido árduo, mas nosso credo está sedimentado. Ainda há cristãos, mas creia, muito menos do que antes. Eles se espalharam e agora não representam ameaça a nossa origem religiosa — alterando o rumo da conversação, prosseguiu: — Caro, infelizmente, trago uma notícia que poderá abalá-lo profundamente.

— Ora, posso ter envelhecido, mas meu espírito continua jovem. Nada nesta vida é capaz de abater-me. Diga, que notícias são estas tão importantes?

Secando o abundante suor da fronte, Eliezer molhou os lábios em uma taça de água e prosseguiu:

— Após a morte de Marcos, muitos boatos chegaram até nós sobre o paradeiro de seu filho. Muitos diziam que ele havia morrido, mas nunca acreditei nisso. Sempre me mantive atento a todos os fatos que cercavam o nome de Daniel. Perdoe-me, mas sua traição a nossas tradições ainda pesa-me na alma.

— Homem, por que essas lembranças agora?

— Pois bem, não acreditará no que tenho a dizer. Encomendei algumas mercadorias do oriente e ordenei que um homem de minha confiança fosse retirá-la. Fiquei surpreso quando ele voltou afoito e disse-me que escutou o mercador que chegou aos portos de Alexandria relatar sobre uma comunidade cristã em Bizâncio, liderada por um ex-rabino chamado Daniel. Para ter mais informações, ele se fez passar por um cristão. Para nossa surpresa, sem levantar suspeitas, conseguiu os dados necessários para averiguarmos se realmente é seu filho.

— O que me diz? Daniel está vivo? Maldito, ele não é meu filho, eu o deserdei desde o dia em que se converteu a essa seita alucinada. Todos os meus dias regozijei-me por saber que ele havia morrido e queria que tivesse sido entregue aos chacais.

— Para saber a verdade, preciso de seu apoio nessa averiguação — disse Eliezer, com ódio. — Preciso de dinheiro para mandar um homem de minha inteira confiança até lá, e buscar as confirmações de que necessitamos. Tenho o nome certo para esse trabalho, Demétrio. Dependendo do que encontrar, creia, com um pouco mais de dinheiro, ele mesmo poderá se livrar de Daniel, caso queira. Demétrio é um homem sem escrúpulos, que ama nosso credo e, agora que estou mais velho, eu sou a mente e ele é meu corpo para a ação — com um sorriso sarcástico, prosseguiu: — Sabe bem que precisamos muito de pessoas como ele ao nosso lado. Quero que o escravo Pompeu o acompanhe para garantir a segurança e atender suas necessidades.

— Sim, terá tudo de que precisa, mande os homens e, depois, eu e você seguiremos para lá. Prepare o que for necessário porque, se Daniel ousar continuar com a história do cristianismo, eu mesmo não pouparei sua vida. Prefiro-o morto a viver a vergonha de tê-lo vivo. Entretanto, antes de qualquer ordem de ação contra

Daniel, caso ele esteja vivo, quero ser informado, e a ordem final será minha — caminhando no recinto, prosseguiu: — Quem sabe, viajaremos até aquela bizarra região?

Sem piedade, aqueles homens permaneceram unidos, estabelecendo os detalhes da viagem em busca do paradeiro de Daniel.

Capítulo 25

Caminhos cruzados

"Quando o fruto está no ponto, imediatamente se lhe lança a foice, porque a colheita chegará."

Marcos, 4:29

Passaram-se os dias...

Demétrio, devidamente orientado por Eliezer, chegou à região de Bizâncio acompanhado de Pompeu.

Demétrio era egípcio. Com um corpo musculoso, resultado dos jogos que praticava, tinha o porte físico semelhante a de um semideus. Perito na arte da sedução, era conhecido por fazer muitas mulheres darem cabo da própria vida em razão de suas promessas vazias de amores inexistentes.

Pompeu nasceu em Éfeso, na cidade de Jônia, mesmo local de origem do pensador e filósofo pré--socrático[54] Heráclito. Era um homem jovem, exaltava

---

54 (N.M.) "Os pré-socráticos são filósofos que viveram na Grécia Antiga e nas suas colônias. Assim são chamados, pois são os que vieram antes de Sócrates, considerado um divisor de águas na filosofia. Muito pouco de suas obras está disponível, restando apenas fragmentos. O primeiro filósofo em que temos uma obra sistemática e com livros completos é Platão, depois Aristóteles. São chamados de filósofos da natureza, pois investigaram questões

a força de seus vinte e poucos anos. Era, entretanto, calado e reflexivo. Sua tez alva, olhos azuis e cabelos claros lhe ressaltavam uma mescla de tristeza e força.

Naquela manhã, ambos, sem perda de tempo, seguiram em busca de informações sobre a comunidade cristã.

No mercado, agiram como pessoas comuns e interrogaram sobre as atividades de Daniel. Demétrio, com frieza característica de sua personalidade, ao ver um jovem, apresentou-lhe algumas moedas e perguntou:

— Jovem, quer ganhar este dinheiro? Diga-me, conhece um comerciante chamado Daniel?

— Sim, conheço. Ele é o cristão e, logo ali, estão sua esposa e filhas.

Entregando as moedas, encaminharam-se para a proximidade do local onde estavam Hermes, Débora, Nina e Adelinda.

Demétrio, envolvido pela luz turva de uma mente perturbada, ao ver Adelinda, não tirou os olhos dela e, com astúcia, mentiu:

— Viemos em paz. Somos viajantes e comerciantes de longes paragens. Estamos aqui de passagem e soubemos que um homem chamado Daniel tem mercadorias que nos interessam. Apesar de não professarmos a crença cristã, soube que há uma comunidade por aqui e, enquanto estivermos neste vilarejo, gostaríamos de conhecê-la e participarmos das reuniões. Seria possível?

Hermes, adiantando-se com certa desconfiança, não escondeu o incômodo:

---

pertinentes a esta, como de que é feito o mundo. Romperam com a visão mítica e religiosa da natureza que prevalecia na época, adotando uma forma científica de pensar..." Disponível em < http://www.consciencia.org/pre_socraticos.shtml >. Acesso 10 de abril de 2015.

— Se vieram em paz, então poderão ir a nossa residência para conversarmos sobre negócios e orar conosco. Lembrem-se, lá é um local de oração.

— Senhor — interveio Demétrio, dissimulando —, não se preocupe, pois, apesar de não praticarmos o mesmo credo, respeitaremos seu teto.

Rapidamente, Hermes o orientou sobre a direção.

Antes de partirem, Demétrio encarou Adelinda e disse:

— Há tempo não via uma mulher detentora de uma beleza como a sua. O Senhor a preencheu de graça, e sairei daqui levando comigo seu encanto.

Adelinda enrubesceu. Hermes, percebendo o momento, interrompeu aquela conversação e despediu-se imediatamente.

Enquanto se perdiam entre outros transeuntes, Débora segurou a mão da filha, aproximou-se de Hermes e disse:

— Amigo, espero estar equivocada, mas não me senti confortável diante deles. Algo me diz que devemos manter a vigilância.

— Confesso que compartilho de suas impressões, mas deixemos o Senhor agir sobre nós.

— Mamãe — disse Nina, com carinho — tio Hermes tem razão. Devemos confiar em Jesus porque Ele não nos exporia à dificuldade ao acaso. Confiemos... Sem conseguir explicar, senti a presença de Marcos próximo a nós e as palavras de papai vieram fortes em minha mente: "Diante de qualquer infortúnio, confie em Jesus. Mesmo diante: da prova difícil, encontre na fé a força para continuar; do desconhecido, não desista do Senhor; das lágrimas, não tema o amanhã; da dor da partida, não lamente, trabalhe; do sofrimento violento, espere operante. Todos estão sujeitos a enfrentar a realidade e, por vezes, ela não se faz tão branda. Não é possível modificar o coração de ninguém, apenas trabalhar, pois não adianta apenas orar sem agir. Se qualquer mal surgir em seu caminho, suporte com paciência, porque somente assim Jesus poderá atender a seu chamado e vir a seu socorro..."

Adelinda, envolvida pelos cipoais da inveja e ciúme e constrangida com o carinho de Nina, fitou-a com frieza e não conteve o ímpeto:

— Ora, minha irmãzinha, sempre dizendo coisas filosóficas. Os homens deveriam ser assim, não as mulheres. Por vezes, Nina esquece que é uma mulher.

— Rompemos esta conversação — ordenou Hermes — afinal, temos muito a fazer.

Débora beijou a filha que, mesmo diante daquele escárnio, silenciou. Sua mãe, com um sorriso brando, acariciou-lhe as madeixas dissipando rapidamente a rajada impetuosa da jovem.

Sem mais nada dizer, continuaram trabalhando, entregando a Jesus seus temores.

Aqueles homens não demoraram a localizar a residência de Daniel e logo se prepararam para assistirem à reunião cristã.

Ao chegarem, acomodaram-se silenciosamente. Pompeu, atento aos detalhes, observava as atitudes de todos.

Tempo depois, o recinto foi envolvido por suave melodia entoada pelos presentes. Nina, com um lenço sobre os cabelos, assemelhava-se a um anjo bendito. Sua voz adocicada não se perdia entre as demais, que preenchiam o ambiente de uma paz inigualável:

— Ao Senhor, damos graças. Sua grandeza e Seu infinito amor nos são presenteados; porque sabemos que Sua bondade não nos faltará; e sabemos que o Senhor é o Sol de nossas vidas, bendito seja eterno Iluminado. Nos abismos aflitivos por que somos acometidos; não duvidamos jamais de Sua existência. Porque é, Senhor, a estrela radiante; que rompe as sombras com bondade e indulgência. Consagre-nos com a Sua compaixão; Ensine-nos a compreender a Sua divina lei. Renasça em nós a Sua fé; Oh, Senhor, sempre será para sempre nosso Rei... Sua generosidade nos consola; agradecemos as inúmeras bênçãos. Desde a natureza, flores e colorida primavera; que Sua maestria nos dá agora. Removeu de nossos corações; os espinhos do sofrimento. Hoje somos agradecidos; porque o Senhor é nosso pai, que abençoa com bálsamo de Sua glória.

Logo após a oração, o silêncio inebriante tomou conta daquele lugar. Nina, com delicadeza, retirou o lenço que encobria seus cabelos e permitiu que seu rosto brilhasse entre tantos outros anônimos.

De súbito, Pompeu observando-a, não conseguia desviar-lhe o olhar, enquanto isso, Daniel, com firmeza, continuou:

— "A tempestade acalmada": "E disse-lhes naquele dia, ao cair da tarde: "Passemos para a outra margem". Deixemos a multidão, eles o levaram do modo como estava, no barco: e com Ele havia outros barcos. Sobreveio então uma tempestade de vento, e as ondas se jogavam para dentro do barco, e o barco já estava se enchendo. Ele estava na popa, dormindo sobre o travesseiro. Eles o acordam e dizem: 'Mestre, não te importa que pereçamos?' Levantando-se, Ele conjurou severamente o vento e disse ao mar: 'Silêncio! Quieto!' Logo o vento serenou, e houve grande bonança. Depois, Ele perguntou:

'Por que tendes medo? Ainda não tendes fé?' Então ficaram com muito medo e diziam uns aos outros: 'Quem é este a quem até o vento e o mar obedecem?' [55]

Daniel, em profundo envolvimento com o universo espiritual, encheu-se de luz e prosseguiu:

— "É importante possuir a consciência do estado temporário de limitação do espírito, quando encarnado, porém é necessário buscar o aprendizado nos exemplos deixados por Jesus, o amor, a caridade e a transformação pessoal, no campo de ação pelo qual é responsável. O limite do homem está no medo, na insegurança e nas diversas tentativas de definir Deus e não senti-Lo. Não sentindo-O, por não vê-Lo. Não vendo-O, por não possuir os olhos do coração. Não possuir os olhos do coração, por ter a certeza de possuir uma mente culta, buscando-O na intelectualidade dos homens em: solos de pedra e não nos solos de caridade; falsa tranquilidade de felicidade não conquistada e não merecida; luz somente em recintos de trevas, na proximidade da crosta terrestre; amor insensato a calar-lhe a esperança, em benefício próprio, tornando-o usura; caminho sobre solos áridos sem semear ou procurar transformá-los; paredes obscuras dos cárceres das paixões terrenas; superioridade dos homens, não reconhecendo a superioridade de Deus; vaidade enlouquecida a humilhar o irmão; o mau combate ao invés do bom combate. Diante do chamamento de Deus, estagnamos em razão de desculpas vazias, caracterizados por limitação pessoal. Não tenho condições de levar a obra adiante. Não tenho recursos para fazer a caridade. Não sei amar. Não tenho tempo. Jesus em seus ensinamentos nos roga abandonarmos o medo e seguirmos confiante: vai mesmo inseguro, fazer da boca o ribeirão puro a minar cânticos de candura;

55 (N.A.E. Ferdinando) Marcos, 4, 35:41

vai mesmo vacilante, fazer da mente o poço profundo da sabedoria; vai mesmo indefeso, travar o combate santo da transformação; vai mesmo silencioso, fazer nascer o brilho no recinto vazio; vai mesmo triste, alegrar os que choram; vai mesmo insatisfeito, ser o alimento de amor de muitos que carecem deste encanto; vai mesmo solitário, ser o complemento dos que desencarnam sozinhos, em abandono, nos leitos de hospitais ou em casas de repouso; vai mesmo amargurado, ensinar aos que sofrem que a dor não passa de um grão pequeno de areia na imensidão de um deserto; vai mesmo desconfiado, acreditar em Jesus e nas suas promessas de milênios; vai mesmo cansado, trabalhar o solo transformando-o em terra de plantio, para receber a graça da colheita; vai mesmo desesperado, reconfortar o idoso esquecido e abandonado; vai mesmo jovem, aprender e ensinar, ensinar e reformar, reformar e crescer, crescer e amadurecer, amadurecer e enxergar, enxergar e sentir, sentir a infinidade chamada Deus; vai mesmo idoso, ainda é tempo de iniciar; vai... Através de Jesus e de nossas obras no bem, é que chegaremos efetivamente a Deus, transformando as limitações e medos em trabalho e esperança, reconhecendo a bênção que somos: Criações de Deus."[56]

Após as orações, o grupo se dispersou.

Hermes havia relatado o encontro que teve com os viajantes. Demétrio, com astúcia, aproximou-se e disse:

— O senhor é um grande orador, fez-me recordar os filósofos.

---

56 (N. A. E. Bernard) Mensagem do eterno amigo Ferdinando publicada em outra obra em outrora.

(N.M.) A página "Limite, Medo e Nós" aqui citada, foi publicada no livro *Esperança viva*, do espírito Ferdinando – psicografado por Gilvanize Balbino Pereira.

— Sou apenas cristão, alguém que ama Jesus e é um grande seguidor dos ensinamentos do Mestre deixados pelo apóstolo Marcos.

— Estamos de passagem e ainda não encontramos uma estalagem para nos hospedarmos. Saberia nos dizer onde poderíamos nos alojar nestas paragens? Ficaremos aqui por algum tempo e gostaria de ficar em um lugar de confiança.

— Próximo daqui há um lugar que lhe agradará. Pedirei a Hermes que os encaminhe até lá.

Neste ínterim, Pompeu se mantinha em silêncio e, com discrição, admirava Nina como se ela fosse uma obra-prima esculpida pelas mãos perfeitas de Deus. Ela, com timidez, retribuía o olhar, enquanto encobria suas madeixas com o lenço.

Demétrio, visando não levantar suspeitas contra si, saiu sem nada dizer.

No recinto abençoado, o perfume dos céus ainda abençoava aqueles corações com coragem, esperança e fé.

Capítulo 26

As cartas de Paulo de Tarso aos efésios

"A terra por si mesma produz o fruto: primeiro a erva, depois a espiga e, por fim, a espiga cheia de grãos."

Marcos, 4:28

Dois dias seguiram velozes.

Naquela manhã, Demétrio foi acometido por inexplicável enfermidade. Ardendo em febre, não conseguia levantar-se do leito.

Daniel, com seus amigos e familiares, se preparava para ir ao comércio, quando Pompeu, sem recursos para amparar Demétrio, bateu à porta de sua residência em busca de ajuda. Hermes o recepcionou e conduziu-o até a sala principal. Ele, agitado e cansado, disse:

— Senhores, perdoem-me a intromissão e o incômodo, mas busco socorro, pois Demétrio contraiu uma enfermidade. Fiquei surpreso ao vê-lo daquela maneira, ele sempre foi um homem forte. Por toda noite tentei, inutilmente, amenizar seu sofrimento, mas não tive êxito. Como não conheço ninguém nestas paragens, recorri aos seus corações. Não sei como agir.

— Acalme-se jovem — disse Daniel — veremos o que podemos fazer — olhando para Teodoro e Hermes, prosseguiu: — Vamos até onde estão hospedados, para ver o que podemos fazer com urgência, e prepararemos Demétrio para trazê-lo para cá. Acredito ser melhor deixá-los ficar aqui até que Demétrio se restabeleça. Débora e Nina, organizem um leito para acomodar o enfermo e outro para Pompeu. Adelinda, busque no mercado as ervas para febre — com rapidez, continuou: — Vamos, não podemos perder mais tempo.

Sem dizer mais nada se retiraram, mas Pompeu, enquanto encaminhava-se em direção à porta principal, não escondeu o encanto que Nina despertava em seu coração e, antes de se retirar, saudou-a com um gesto com a cabeça. Fitando-a profundamente, assegurou-se de que ninguém percebeu seu ato e, em silêncio e respeito, retirou-se.

Débora, segura, mas carinhosa, disse:

— Filhas, devemos agir com rapidez. Temos muito a fazer, e não quero que seu pai chegue aqui e ainda não tenhamos cumprido o que ele ordenou.

Adelinda não escondia a felicidade em saber que Demétrio ficaria próximo e, em silêncio, obedeceu a sua mãe e saiu em busca das ervas.

Tempo depois, os homens chegaram.

Imediatamente, Demétrio foi acomodado no leito que lhe foi preparado, enquanto as mulheres buscavam auxiliá-lo.

Daniel, ao ver que a situação estava controlada, disse:

— Teodoro e Nina, quero que fiquem aqui hoje para auxiliar Débora. Eu, Hermes e Adelinda iremos trabalhar no comércio.

— Deixe-me ficar com mamãe — interveio Adelinda, contrariada — ela precisará de ajuda. No mais, Nina lhe será mais útil.

— Papai — disse Nina, entendendo os objetivos da irmã —, irei com vocês, pois hoje o trabalho será maior e não me incomodo.

Hermes, incomodado com a atitude de Adelinda e com a presença daqueles homens, abraçou Nina e disse:

— Minha querida, é sempre um prazer tê-la conosco, é melhor partimos o quanto antes.

Enquanto eles se encaminharam ao comércio local, Débora, Adelinda e Pompeu lutaram por todo dia para cuidar de Demétrio.

Naquela mesma noite, Daniel, Hermes e Nina retornaram do trabalho exaustivo.

Após a ceia, Pompeu, do lado de fora da residência de Daniel, acendeu um fogo brando, enquanto mantinha-se sentado, lendo algumas escrituras.

Daniel, Teodoro e Hermes, com respeito, aproximaram-se e pediram licença para se sentarem junto a ele. Pompeu não se opôs. Tempo depois, Nina, obedecendo às ordens de sua mãe, se aproximou e ofereceu-lhes os pães que havia acabado de assar, enquanto Débora se revezava com Adelinda para cuidar de Demétrio.

Pompeu, ao vê-la, recebeu o pão intimidado. Contemplou-a como quem observa um anjo dos céus. Ela, com graciosidade, sentou-se ao lado do pai e, em seguida, Teodoro perguntou com simplicidade:

— Meu jovem, diga-me, qual é sua origem?

Pompeu, visivelmente constrangido, em poucas palavras, respondeu:

— Sou grego, natural de Éfeso, onde nasci. E vivo na cidade de Jônia.

— Ora, que coincidência, também sou grego. Venho da linda ilha argossarônica de Aegina, situada na costa de Atenas. Lá está o templo dedicado a Afaia[57] Perdoe-me a indiscrição, mas qual é sua história?

— Senhor, minha história deixou de ser relevante há muito tempo.

— Não se incomode — disse Daniel — gostaríamos muito de ouvi-la.

— Venho de uma família nobre. Meu pai era um político influente e minha mãe, uma encantadora mulher. Eu e minha única irmã fomos educados pelos melhores mestres gregos. Tínhamos uma vida tranquila. Meu pai era amigo de Paulo de Tarso, por quem conheceu os ensinamentos de Jesus Cristo, levando-o a se converter. Eu era apenas um menino, mas lembro de meu pai reproduzindo as cartas enviadas a meu povo e distribuindo-as. Infelizmente Paulo morreu e minha família manteve sigilo sobre a conversão para evitar qualquer repressão. Há cinco anos, por questões políticas, os adversários de meu pai descobriram que éramos cristãos e que distribuíamos as cartas proibidas de Paulo. Foi, então, que utilizaram essa informação em benefício próprio, com o objetivo de retirá-lo do cenário político — suspirando, continuou: — Minha família foi sentenciada por traição, usando como prova estes escritos.

Com respeito, entregou-os a Daniel.

---

57 (N.M.) "Afaia era uma antiga divindade local cultuada desde 2000, aproximadamente. Nada se sabe de concreto sobre seu mito e, bem mais tarde, foi assimilada à deusa Atena. Alguns eruditos acreditam que "Afaia" pode ser um nome alternativo para as deusas cretenses Britomartis e Dictima, de certa forma também assimiladas por Ártemis.

Disponível em < http://greciantiga.org/img/index.asp?num=0584 >. Acesso 12 de abril de 2013.

— O que aconteceu com sua família? — perguntou Teodoro.

— Foram mortos — respondeu emocionado. — Meu pai foi cruelmente decapitado, minha mãe e irmã foram expostas a sofridos martírios. Não suportaram o suplício e também morreram. Eu fui vendido como escravo a um rabino egípcio. Afinal, nós, gregos, não passamos de uma mercadoria de alto valor.

— Caro, então você é cristão? — perguntou Daniel.

— Senhor, com respeito que lhe devo, deixei de ser cristão no dia que vi minha família morrer, acusada injustamente de traição por amar Jesus, Aquele que, um dia, eu também muito amei.

Daniel, com curiosidade, passou os olhos sobre os escritos e, surpreso, interveio:

— Por Deus! São as cartas que Paulo de Tarso enviou ao povo de Éfeso, escutem o que diz esta: "O combate espiritual" "Finalmente, fortalecei-vos no Senhor e na força do seu poder. Revesti a armadura de Deus, para poderdes resistir às insídias do diabo. Pois o nosso combate não é contra o sangue, nem contra a carne, mas contra os Principados, contra as Autoridades, contra os Dominadores deste mundo de trevas, contra os Espíritos do Mal, que povoam as regiões celestiais. Por isto deveis vestir a armadura de Deus, para poderdes resistir no dia mau e sair firmes de todo o combate. Portanto, ponde-vos de pé e cingi os rins com a verdade e revesti-vos da couraça da justiça e calçai os pés com zelo para propagar o evangelho da paz, empunhando sempre o escudo da fé, com o qual podereis extinguir os dardos inflamados do Maligno. E tomai o capacete da salvação e a espada do Espírito, que é a Palavra de Deus. Com orações e súplicas de toda a sorte, orai em todo tempo, no Espírito, e para isso vigiai com toda perseverança e súplica por todos os santos. Orai também por mim, para que, quando abrir os lábios, me seja dada a palavra para anunciar com ousadia o mistério do evangelho, do qual sou o embaixador em cadeias: que fale ousadamente, como importa que fale."[58]

— Confesso-lhe — disse Pompeu — que fiquei surpreso com o que vi aqui, há muito não presenciava uma reunião cristã como aquela liderada pelo senhor — em meio a um sorriso triste, prosseguiu: — Vejo que estes escritos o agradam e serão bem úteis em suas mãos. Agora são seus, pois, para mim, não interessam mais.

— Meu jovem — interveio Daniel — entendo sua dor. Somos detentores de um passado que não podemos modificá-lo. Devemos seguir confiantes, pois o amanhã será glorioso para aqueles que têm fé. Compreendo seu sofrimento com a escravidão, mas lembre-se: ninguém é um servo diante do Senhor. Por que não busca em seu coração os valores de um homem bom e justo que seu pai deve ter lhe ensinado? Nas raízes de sua família habita o hálito do Cristo e Ele não o abandonaria. Abranda sua alma afoita e reconsidere sua decisão sobre sua conversão cristã.

— Senhor, perdoe-me, mas Jesus me abandonou no dia em que recebi a sentença da servidão. Sou simplesmente um homem marcado.

Nina não escondia a emoção ao ouvir aquela história, e Daniel, com bondade e compaixão, prosseguiu:

— Carregamos marcas que não poderemos apagar em apenas uma vida, mas não podemos torná-las a razão de nossas existências. Guarde-se em Jesus, porque Ele compreende seu momento... Lembre-se: é preciso tomar uma decisão, viver eternamente o que passou ou seguir adiante, aguardando a luz de um novo recomeçar.

---

58 (N.A.E. Ferdinando) Paulo, Efésios, 6, 10:20

Pompeu levantou-se reflexivo. Com respeito, despediu-se e retirou-se.

Tempo depois, Teodoro, admirado, disse:

— Estou surpreso com a desenvoltura desse jovem.

— Ainda continuo com ressalvas a respeito de ambos — disse Hermes, preocupado. — Como saber que tudo que ouvimos é verdade?

— Não devemos fazer juízo de valor — disse Daniel. — Diante de mim, identifiquei alguém que travou uma batalha interior para não sucumbir ao mal. Dentro dele há uma couraça de fé que o reveste contra as sombras, mas o sofrimento lhe ofuscou a visão. É nossa obrigação entendermos o mal que se estende no caminho alheio, sem julgarmos ninguém, mesmo que o julgamento seja verdadeiro. Superemos nossas fraquezas e pratiquemos o amor puro, porque o amor sempre vencerá as trevas. Creio que, um dia, ele despertará do sono temporário que o envolveu a alma e despertará renovado para o Senhor.

— Perdoem-me — disse Hermes, constrangido. — Acredito ter sido duro demais com Pompeu. A vida me ensinou a duvidar de todos, mas tenho consciência de que o juiz de nossas existências é nosso Deus e mais ninguém. Entretanto, por precaução, me manterei vigilante.

Já noite alta, Nina, cansada, beijou-os e retirou-se. Daniel, alterando o rumo da conversação, disse:

— Estes escritos parecem originais. Identifico o estilo de Paulo, pois, quando estudava para ser um rabino, li muitas coisas que o homem de Tarso havia escrito dentro do conceito judaico. Infelizmente, quando ele se converteu, seu nome e tudo que remetesse a ele foi destruído. Marcos comentou comigo do esforço de Paulo em demonstrar sua conversão e orientar os novos cristãos em várias regiões por onde passou. Aqui há muitas cartas destinadas aos efésios. Amigos, teremos muito trabalho a fazer, além de estudar minuciosamente o conteúdo destas páginas, devemos uni-lo aos ensinamentos de Marcos e distribuí-los em nossas reuniões cristãs.

— Então, não percamos mais tempo — disse Teodoro, animado. — Amanhã mesmo iniciarei as cópias com os alunos de nossa escola.

Assim, as estrelas iluminavam o céu e o fogo acendido por Pompeu chegava ao fim. Envolvidos em trivial conversação, adentraram a casa em busca de repouso, para iniciarem um novo dia.

Capítulo 27

Aproximação, aprendizado e início do amor

"Imediatamente a sua fama se espalhou por todo lugar, em toda a redondeza da Galiléia."

Marcos, 1:28

Na manhã seguinte, Demétrio ainda solicitava atenção e cuidados.

Enquanto Daniel, Hermes e Nina se preparavam para sair para o comércio, Pompeu, com apreço, aproximou-se:

— Senhores, quero pagar com trabalho minha estada aqui. Tenho consciência de que a ausência da senhora Débora, de sua filha Adelinda e Teodoro no trabalho de subsistência lhes pesa. Então me deixem auxiliá-los no que for necessário. É o mínimo que posso retribuir pelo que fazem por Demétrio.

— Não estamos em uma posição para recusar sua ajuda — disse Daniel, surpreso. — Aceitamos, afinal é árduo o trabalho que nos espera.

Nina ajustava um cesto na carroça quando, de súbito, foi intercedida por Pompeu:

— Deixe-me ajudá-la. Seu pai me pediu para conduzi-la até o comércio.

Com respeito acomodou-a ao seu lado, enquanto à frente, em outra carroça, seguiam Daniel e Hermes.

Rapidamente saíram.

Uma brisa suave tocava os cabelos de Nina. O som dos cavalos rompia o silêncio entre ambos. Nas proximidades do comércio, ela, vencendo a timidez, disse:

— Emocionei-me ao ouvir sua história. Você foi muito corajoso, vendo sua família morrer daquela maneira.

— Não me entenda como um homem corajoso, houve dias em que eu queria morrer, mas, além da escravidão, estou sentenciado a uma vida.

— Como pode falar de morte tendo vindo de uma cultura cheia de arte, filosofia e literatura? Lembro-me do filósofo Sócrates: "Quatro características deve ter um juiz: ouvir cortesmente, responder sabiamente, ponderar prudentemente e decidir imparcialmente." Acredite, Deus é o juiz de todos nós e somente Ele é capaz de julgar quando inicia ou termina uma vida. Aprendi com meu pai que nada é maior que o amor que Jesus tem por nós. Tudo é passageiro, e não devemos nos deter no ontem, mesmo que no passado habitem amores que selaram de esperança nossas existências.

— Onde estudou sobre minha cultura e sobre os pensamentos de Sócrates?

— Fui educada por Teodoro. Ele me ensinou muito sobre os gregos, e meu pai, sobre Jesus.

— Você tem uma família valorosa, e me parece alguém cheia de sonhos — pensativo, prosseguiu: — Até isso foi retirado de mim, o direito de sonhar.

— Tenho certeza que, antes de sofrer todo esse tormento, era alguém cheio de vida, sonhos, que carregava no peito um coração cheio de amor. Por certo já deve ter amado alguma pessoa. Ninguém pode viver sem esperança ou entregar-se ao desânimo, abandonando a fé. Se um dia conheceu o Cristo, entende bem o que digo agora, porque Ele sempre será a luz em nossas existências.

— Nunca amei ninguém. Nenhuma mulher preencheu minha alma, assim como eu também não fui capaz de adentrar seus corações — encantado com Nina e esquecendo-se um pouco de sua condição, seguiu dizendo: — Você é muito inteligente. Encontrava esse atributo nas mulheres gregas e, acredite, é a primeira fora de minha origem que ouço falar com o coração e a mente simultaneamente. Não posso prescindir entre tantas coisas que lhe fazem tão bela. Essa é apenas mais uma qualidade diante de meus olhos.

O rubro tomou conta das faces de Nina, e, de súbito, interromperam aquela conversação, porque haviam chegado ao destino.

Os jovens estreitavam as relações, eram coroados por instantes de paz e abençoados pela harmonia entre os corações.

Enquanto isso, na residência de Daniel, o ambiente permanecia agitado.

— Filha — disse Débora para Adelinda — Teodoro precisa ir ao salão de oração consertar o telhado e preciso de ajuda com os afazeres do dia a dia.

— Não posso — respondeu em tom amargo e arrogante. — Estou aqui para cuidar de Demétrio e não para ficar em uma condição de serviçal.

Débora, triste, não ousou contradizê-la e saiu em busca de um pouco de ar fresco. Teodoro, que havia presenciado a cena hostil, aproximou-se da amiga. Ela, percebendo sua presença, secou a lágrima que voluntariamente lhe marcou a face:

— Meu caro, perdoe-me, mas sabe bem que não preciso lhe dizer o motivo de minhas lágrimas. Não se trata somente da personalidade forte de Adelinda, mas dessa inexplicável revolta que traz no coração. Eu e Nina sempre suportamos seu escárnio calada, temendo que Daniel saiba e queira agir para corrigi-la. Não consigo compreender o porquê dessa atitude fria. Sempre buscamos tratá-la como uma filha querida. Você e Hermes a acolheram com amor. Jamais fizemos distinção entre ela e Nina, mas sempre que pode age com agressividade. E agora ela não é mais uma menininha, é uma mulher feita. Parece que, com o passar dos dias, Adelinda piora. Em respeito à Zafira, sempre busquei lembranças dela, querendo que a filha conhecesse sua mãe verdadeira, aquela grandiosa mulher. Entretanto, quando lhe falei que Zafira foi minha serva, Adelinda gritou descontroladamente, porque não queria mais saber dela, afinal se trata de uma escrava, a qual ela jamais será. Assusto-me com sua necessidade de ser uma pessoa rica, pois nada a satisfaz, e não temos como oferecer-lhe mais do que já demos. Deus sabe que não a retiro de minhas orações e o quanto quero vê-la bem.

— Minha amiga, não se engane. Tanto eu quanto Daniel e Hermes já observamos a hostilidade dela. Temos consciência do quanto ela é diferente de Nina. São espíritos opostos que o Senhor colocou sob o mesmo teto para nós os aperfeiçoarmos. Deus é o único pai verdadeiro da humanidade. Ele, em sua complacência, confia Seus filhos em regime temporário aos pais corpóreos para que, após as adaptações e resgastes necessários, sejam devolvidos ao Senhor melhores do que foram ontem. Recordo-me de um texto que li ainda quando vivia em minha terra — carinhoso, ele respirou fundo e prosseguiu em voz branda: — “Espírito eterno que se acomoda em um corpo feminino, seja o exemplo de caridade, renúncia, amparo, carinho e compreensão. Abra as portas do seu coração e acolha os filhos de ontem, seja no ventre que dá vida em luz ou do coração que dá luz em vida. Encaminhe seus filhos para os braços paternais de Deus. Utilize a oração rogando por equilíbrio e discernimento, para que eles vençam as experiências difíceis da própria vida, mesmo que estejam temporariamente, distantes do seu coração. Ensine a educação celeste ditada por Jesus, abrandando as criaturas amadas com carinho, mesmo que em muitas ocasiões receba espinhos ao invés de flores. Ofereça a vida materna, mesmo quando não encontrar no recinto próximo uma atitude a seu favor e, se porventura, a amargura e a tristeza lhe invadirem a alma, busque o reconforto nos braços celestes que trarão luz a seu coração. Sinta com dignidade as dores dos seus amados sem tomá-las para si e, quando a dor for muito forte, lembre-se de Maria de Nazaré que sentiu o sofrimento do seu filho Jesus, junto ao silêncio da cruz. Trabalhe com ternura e mansidão, mesmo que o seu trabalho não seja reconhecido. A tarefa foi designada por Jesus para que você instrua, para o caminho do bem, os seus tutelados sem o sentimento de posse. Encontre sua felicidade nos rostos e nos corações de seus filhos, sem estagnação e sem esperar agradecimentos, lembrando que cada um, no processo evolutivo na Terra, poderá seguir caminhos que conduzam para outros braços e outros corações; caberá a você aceitar resignada as leis da reencarnação que regem todas as criaturas. Siga servindo com dedicação, ama sem apego, instrua e conduza com compaixão e candura os filhos de Deus, para as escolas da consciência. Resista às sombras do mundo e encontre no

Divino Amigo a misericórdia da sua luz, sustentando a sua existência no amor e na coragem."[59]

Débora, emocionada, abraçou fraternalmente o amigo:

— Alma bondosa! Agradeço o carinho que sempre demonstrou a mim. Ouvir suas palavras renovou-me o ânimo para enfrentar as dificuldades sem reclamação

No entardecer daquele mesmo dia, antes de Daniel chegar a sua residência, os delírios de Demétrio haviam diminuído.

Adelinda não se ausentou um só instante do lado do enfermo. De repente, ele abriu os olhos e, afoito, quis saber onde estava. Imediatamente Débora e Teodoro se aproximaram.

— Vamos, homem, acalme-se. Você está na casa de Daniel, recebendo cuidados — disse Teodoro. — Esteve desacordado, pois tinha contraído uma severa enfermidade.

Exausto, Demétrio adormeceu. Adelinda, obcecada por ele, não permitiu que se aproximassem. Em silêncio, se retiraram.

Tempo depois, Daniel e os demais chegaram e logo foram notificados sobre o estado de saúde do doente.

Pompeu não tardou em assumir as responsabilidades no trato. Mais tarde, quando acordou, Demétrio

---

59 (N.A.E. Bernard) Mensagem foi encontrada em um templo grego há muitos anos. A amada amiga Raquel a traduziu para a língua latina e foi publicada em outra obra em outrora.

(N.M.) A página "Recado para as Mães", aqui citada, foi publicada no livro *Cânticos de luz* – espírito Raquel – psicografado por Gilvanize Balbino Pereira.

recebeu ajuda de Pompeu e sentou-se. Nina levou um caldo para Pompeu servi-lo. Ao vê-la, Demétrio comentou:

— Ora, ora, nas vezes em que a vi não foi possível reparar em sua beleza. Agora parece que estou diante de um anjo.

Adelinda, com agressividade, retirou o caldo das mãos da irmã e a expulsou do recinto. Completamente obcecada por Demétrio, permaneceu ao seu lado por toda noite.

Na manhã seguinte, Demétrio apresentou uma melhora.

Antes de Pompeu sair para o comércio, chamou-o:

— Como pôde me trazer para este lugar desprezível? Quero sair deste lugar repugnante. Tive aquela infeliz ideia de ficar naquela estalagem para não levantar suspeitas e veja no que deu. Adoeci. Bem, mas isso eu resolverei e, hoje mesmo, irei para o conforto com os amigos de Eliezer — alterou o rumo da conversação. — Soube de sua atitude em ajudá-los no comércio. Foi uma boa estratégia. Ficando mais próximo deles, tenho certeza que não tardará em obter as informações de que preciso — com altivez não, omitiu o escárnio sobre o local. — Agora me diga, descobriu algo sobre o passado de Daniel? Ele é o filho de Servio?

Pompeu, visivelmente incomodado, respondeu:

— Não sei nada sobre ele.

— Então terei de agir. Primeiro, tenho de sair daqui. Depois, será muito fácil envolver emocionalmente Adelinda e, por meio dela, descobrir o que preciso — em breve pausa, prosseguiu: — Quanto à Nina, essa teria satisfação em tê-la em meus braços.

— Perdoe-me, mas apesar de o local ser simples, essa família tem sido muito generosa conosco, não seria justo fazê-los sofrer. Não ouse tocar em Nina, porque, mesmo tendo consciência de minha posição, não responderei por mim.

— Que audácia é essa? Nunca mais me ameace, pois, mesmo sendo escravo de Eliezer, também tenho poder sobre você e posso puni-lo como quiser, é a lei. Agora saia, saia daqui.

Pompeu calou-se e, ao retirar-se, deparou-se com Adelinda adentrando o recinto:

— Me alegro que esteja melhor. Orei todos os dias por sua recuperação.

Demétrio, envolvido pela própria maldade, não tardou a envolvê-la nos cipoais da paixão fácil.

— Não sei como irei pagar os seus préstimos. Você se dedicou tanto cuidando de mim. É uma bela mulher. Por certo já possui muitos pretendentes disputando seu coração. Tão pouco tempo aqui, e sinto que já a conheço.

Ela, completamente mergulhada nas palavras encantadas emitidas por Demétrio, respondeu-lhe os elogios e assim permaneceram por longo tempo.

Ao final daquele dia, Demétrio estava pronto para deixar a residência de Daniel.

Pompeu, atendendo-lhe todas as requisições, não escondia a tristeza por deixar aqueles que despertaram em seu coração os valores que haviam adormecido, após lhe ter sido imposta a escravidão...

— Caros — disse Demétrio — agradeço-lhes a dedicação.

Ofereceu-lhes um tanto de dinheiro sem omitir a altivez:

— Acredito que este valor pague seus préstimos.

— Guarde seu dinheiro — Daniel, contrariado, não escondeu o desconforto com aquela atitude. — O que fizemos a seu favor foi apenas o que um cristão faria por alguém necessitado. Nada mais.

— Se assim deseja — intocável, Demétrio olhou para Pompeu com frieza. — Vamos, temos que partir.

Nina mantinha a cabeça baixa, quando Pompeu passou em sua frente, trocaram olhares cúmplices e nada disseram, apenas repousou em seus corações o momento daquela despedida.

Capítulo 28

Egoísmo, insegurança e fé

"Em verdade vos digo que estão aqui presentes alguns que não provarão a morte até que vejam o Reino de Deus, chegando com poder."

Marcos, 9:1

Dois dias transcorreram após a partida de Demétrio.

Ele havia se hospedado com os amigos de Eliezer, mas Pompeu não foi aceito entre os nobres rabinos.

Demétrio, vendo uma oportunidade de manter a família de Daniel sob controle, permitiu que Pompeu, alheio aos seus objetivos, fosse buscar apoio dos cristãos. Daniel não se opôs em acolhê-lo.

Ele, para demonstrar gratidão, permaneceu auxiliando-os no comércio, o que possibilitou que Débora se mantivesse voltada aos afazeres domésticos e Daniel tivesse mais tempo para se dedicar às cópias dos textos de Marcos.

Naquela tarde, no comércio, Ananias, responsável pela segurança dos rabinos e visivelmente ébrio, acompanhou Demétrio no encontro com Adelinda. A jovem cuidava das mercadorias, enquanto Pompeu e Nina separavam os produtos sob as ordens de Daniel, que estava em negociação nas proximidades.

Adelinda, ao vê-lo, não escondeu a felicidade. Ele, com uma atitude sedutora, envolveu aquele coração com elogios e promessas:

— À noite poderemos nos ver sem que seus pais saibam. Quero que me conte tudo que sabe sobre o passado de Daniel.

— Sim, lhe encontrarei. Custe o que custar, estaremos juntos.

Ao afastar-se de Adelinda, ele viu Nina trabalhando, conversando animadamente com Pompeu, e aproximou-se:

— Ora, quem encontro em meio a este cenário de pobreza — levantou-a com violência e tentou arrancar-lhe um beijo. — Poderia lhe oferecer o mundo se me oferecesse apenas um momento nos braços seus.

Hermes e Teodoro, ao vê-lo, imediatamente aproximaram-se, mas Pompeu não conteve o ímpeto e, sem pensar nas consequências, desferiu um socou no rosto de Demétrio.

— Maldito, agora conhecerá o tamanho de minha fúria — virou-se para o homem que o acompanhava e ordenou: — Este infame é um escravo sob minhas ordens, quero que o açoite aqui diante de todos que presenciaram o desrespeito.

Nina suplicava misericórdia em favor de Pompeu, mas Teodoro a segurou, tentando conter mais violência.

De acordo com a lei local, rapidamente foi identificado um poste onde Pompeu foi amarrado para receber o açoite.

Sem piedade, o amigo de Demétrio rasgou sua camisa e iniciou a indiscernível cena de horror.

Pompeu, com coragem, suportou o martírio sem emitir um gemido. Tempo depois, sem suportar mais o peso das sucessivas vergastadas, caiu desfalecido.

Na sequência, Demétrio, satisfeito ao vê-lo naquele estado de comiseração, aproximou-se para ter certeza de que ele estava em situação miserável:

— Infame maldito, que os abutres cuidem de você agora.

Ele, completamente cego por incontrolável fúria, entregou nas mãos de Ananias um punhal e sem piedade ordenou que ele atravessasse a lâmina no abdome daquele filho de Deus, para que servisse de exemplo e também selasse sua demonstração de poder.

Ananias, sob o efeito da bebida, não conseguia organizar as próprias ideias e, como quem fosse manipulado pelas palavras de Demétrio, atendeu-o prontamente.

Em seguida, Demétrio gritou:

— Leve-o daqui para um local onde possa terminar de morrer. — Com os olhos avermelhados, gritou: — Vamos, não perca tempo e tire esse cão miserável de minha presença.

Assim, as ordens de Demétrio foram cumpridas.

Nina, sentindo-se culpada e sem nada poder fazer, chorava convulsivamente, enquanto Hermes e Teodoro, com astúcia, observaram silenciosamente as ocorrências.

— Por Deus — disse Nina, desesperada. — Precisamos ajudá-lo, ele morrerá. Por misericórdia, meus tios, ajudem Pompeu.

— Filhinha — disse Hermes —, acalme-se, já sei o que farei. Agora me escute. Recolha as mercadorias; você e Adelinda devem ir para casa notificar seu pai. Confie em mim e em Teodoro.

Os curiosos se dissiparam e, sem perda de tempo, Hermes e Teodoro perseguiram discretamente Ananias, que seguia em seu cavalo, tomando sucessivos goles de vinho.

Ele, ao chegar a um lugar afastado, lançou Pompeu, que rolou em um desnível abaixo, e saiu rapidamente.

Neste ínterim, Hermes e Teodoro, assegurando-se de que não seriam vistos, correram para ajudar o jovem. Com dificuldade, conseguiram resgatá-lo.

Sem perda de tempo, o acomodaram na carroça e partiram para a residência de um amigo cristão chamado Ezequiel, para não levantar suspeitas.

Ao chegarem, o acomodaram e não pouparam esforços para dar-lhe um pouco de alívio. Teodoro e Hermes faziam as compressas para acalmar a dor. Já noite alta, Pompeu acordou visivelmente massacrado:

— Senhores, com respeito e por misericórdia, digam-me: como está Nina? — continuou com dificuldade: — Demétrio não se aproximou mais dela? Ela está segura?

Cada compressa que Teodoro colocava em suas profundas feridas arrancava de Pompeu uma feição de sofrimento que suscitava nos presentes compaixão por aquele jovem.

Mesmo em tão pouco tempo de convívio, o grego tratava o jovem com carinho, como se fosse seu filho, compreendendo a situação presente e compartilhando as marcas de uma vida cheia de atribulações.

— Acalme-se. Ela está bem, agora tem que ser forte para suportar este martírio — Teodoro, com compaixão, solicitou a Hermes: — Amigo, por misericórdia, vá até Daniel e peça para ele vir aqui com a Nina.

— Tem certeza do que me pede? Trazê-la aqui poderá expô-la.

— Lembre-se que estamos aqui e nada acontecerá com ela. Além do mais, o estado em que se encontra não é um dos melhores. Rogo apenas que tenha cuidado para que ninguém saiba que ele está vivo.

Hermes seguiu e assim que chegou, chamou Daniel, Débora e Nina e as atualizou das últimas ocorrências.

Débora, carinhosamente, não demorou em organizar uma bolsa com ervas para aliviar-lhe as dores:

— Meu carinho, ficarei aqui, pois hoje Adelinda chegou indisposta e já foi se recolher. Preciso estar por perto, caso ela precise de algo.

Sem desconfiar que Adelinda estivesse apenas encenando, pois iria encontrar Demétrio, Daniel, Hermes e Nina saíram.

Enquanto isso, em uma espécie de taberna, Demétrio recebeu Ananias:

— Senhor, missão cumprida, o miserável está morto.

— Infame! Você está ébrio. Tem certeza do que me diz? Pompeu está realmente morto?

Ananias, sem muito domínio de suas próprias palavras e para se livrar do infortúnio causado por Demétrio, afirmou:

— Tenho absoluta certeza de que ele está morto e sepultado, pois eu mesmo arranquei a vida daquele homem, como já fiz em muitas outras oportunidades. Não se preocupe. Agora chega dessa história e vamos comemorar.

— Melhor assim, livre daquele homem — com um sorriso sarcástico e cheio de malícia, saiu do recinto.

— Não meu caro, não comemorarei aqui. Tenho algo mais interessante para fazer.

Sem nada dizer, retirou-se para encontrar Adelinda e pôr em prática seus ardilosos planos de sedução.

A noite avançava.

Tempo depois, Hermes, Daniel e Nina chegaram e foram se certificar do estado de saúde de Pompeu.

Após receber os unguentos de Teodoro, Pompeu adormeceu exaurido.

Nina adiantou-se e preparou as ervas para aliviar-lhe as dores. Lágrimas marcavam suas faces róseas. Sentou-se no leito onde repousava o jovem e, com carinho e suavidade, substituiu as compressas de suas costas.

Pompeu abriu os olhos com dificuldade. Ao vê-la, não escondeu a alegria e, com esforço, segurou-lhe a mão. Sem se preocupar com a presença dos demais, revelou um sentimento calado em seu peito:

— Agora posso morrer, pois levarei comigo seu semblante. Há muito, havia perdido a vontade de viver, mas quando cheguei aqui, ao conhecer você e sua família, meu coração encheu-se novamente de esperança. Cheguei a pensar como um homem livre, que pudesse sonhar. Entre meus sonhos, você é o principal motivo de querer continuar vivo.

Nina ouviu aquelas palavras e as lágrimas eram suas companheiras. Tentando poupá-lo, levou a mão do jovem na proximidade do coração:

— Creia, você também faz parte de meus sonhos. Por agora, não diga mais nada, apenas descanse...

Daniel, em silêncio, observou aquela cena e não escondeu os olhos úmidos. Diante dele se firmava a certeza de que sua criança havia se transformado em mulher. Agora nada poderia fazer para trazê-la ao passado, quando ainda a segurava nos braços. Havia chegado a hora de dar lugar ao seu coração para um amor que ela mesma ainda desconhecia.

Com complacência, aproximou-se do leito e beijou a cabeça da filha. Hermes não escondia a surpresa e algum ciúme, pois também Nina era a filha que a vida não lhe ofereceu.

Percebendo a atitude de Daniel, espontaneamente, tocou-lhe com carinho o braço e disse:

— Vamos, filha... Deixe seu pai agir agora, Teodoro fez o que podia, e a nós resta a oração.

Ela não ousou desobedecê-lo. Afastou-se, enquanto Daniel tomava seu lugar.

Com a força de sua fé, buscou inspiração, suspirou profundamente e, impondo a mão sobre a ferida mais grave de Pompeu, orou:

— "Senhor: perdoa-nos as mãos chagadas que, vez em vez, estão postas, suplicando a sua luz; abençoa-nos o coração que, vez em vez, marcado, ama por imposição; abranda-nos a dor dos dias tristes, sem removermos a esperança de encontrarmos a liberdade em sua razão; dá-nos a graça do seu olhar, mesmo quando o nosso ainda é impuro e é impossível ver a beleza no rosto de alguém; resta-nos a glória de encontrá-Lo, mesmo quando nossos caminhos estão distantes dos passos seus; agradecemos a beleza de viver, sofrer e sorrir, pois a vida é a regeneração e o sofrimento é a elevação das nossas existências à luz dos céus. Senhor, dá-nos a graça, pois, assim, saberemos a responsabilidade de estarmos vivos sob seu amparo na conquista de um mundo novo, na sequência de nossas vidas..."[60]

Horas depois, entre cuidados e orações, Pompeu lutou bravamente pela sua própria vida, enquanto aqueles corações imbuídos de generosidade permaneceram vigilantes, aguardando as primeiras horas da manhã que seriam decisivas para vida de Pompeu.

60 (N.M.) A página "Para que Deus esteja conosco" aqui citada foi publicada no livro *Lembranças de outono*, do espírito Ferdinando – psicografado por Gilvanize Balbino Pereira.

Quando aqueles homens acordaram, organizaram--se para as tarefas do dia. Teodoro permaneceria com Pompeu, enquanto Daniel, Hermes e Nina voltariam aos seus afazeres no comércio local. Daquela maneira, guardariam sigilo sobre o paradeiro do jovem grego. A informação sobre sua morte não seria desmentida.

Teodoro, tal qual um pai amoroso, mantinha-se ao lado de Pompeu, trocando-lhe as compressas e cuidando do ferimento no abdome.

Os demais, ao retornarem a residência de Daniel, encontraram Débora desesperada:

— Meu carinho, assim que saíram, fui levar um caldo para Adelinda, mas, quando adentrei seu aposento, ela não estava lá. Perdoe-me, mas a procurei em todos os lugares que podia e não tive êxito.

Nesse momento, um ruído foi ouvido aos fundos da casa. Era Adelinda. Daniel, com um semblante severo, chamou-a até o salão principal:

— Diga-nos, onde esteve?

Ela, com os olhos vertendo ódio, lhe respondeu aos gritos:

— Não devo satisfação de minha vida a ninguém. Sequer é meu pai e não tenho nenhum compromisso com qualquer um que está aqui.

Daniel, pela primeira vez, perdeu a paciência e, antes de lhe desferir um tapa, foi surpreendido por Débora, que ajoelhou-se aos seus pés:

— Carinho, não faça isto. Sempre foi um homem bom e justo, cingido pelo amor de Jesus e Marcos. Não permita que, neste momento, as sombras cinjam suas mãos de violência e o faça se arrepender por ato impensado por toda uma vida.

Daniel conteve o ímpeto. Com o semblante entristecido, não dizia nada. Enquanto isso, Débora levantou-se e, olhando com comiseração para Adelinda, ordenou:

— Respeite seu pai e vá para seu aposento agora.

— Eu não tenho pai tampouco mãe, lembre-se, foi você mesma que nunca me deixou esquecer isso — disse com ironia, ignorando-a. — Não nasci para ser uma escrava, muito menos viver neste lugar. Odeio o credo do Cristo e farei tudo para partir daqui.

— Cale-se — ordenou Débora, com segurança. — Seja lá que fez esta noite, os dias iluminarão sua consciência, mas não agiremos com violência com você. Vá agora mesmo para seu aposento e por todo dia não saia de lá. Seu pai é um homem bom e puro, quanto a mim, não me considero assim e, enquanto estiver sob este teto, seguirá as regras de nosso credo e as leis que regem nossa residência.

Ela, contrariada, saiu com passos duros.

Enquanto isso, Nina abraçou a mãe, que chorava copiosamente.

— Onde erramos? Adelinda foi criada por nós com tanto amor, mas agora age dessa maneira. Onde poderia ter passado a noite?

— Acredito que sei onde esteve — interveio Hermes. — Ela esteve com Demétrio. Quer que eu vá até ele para ter certeza?

— Amigo — disse Daniel, com a voz embargada — seja o que for ou com quem for, nada poderemos fazer. Entreguemos a Deus nossas angústias, é o que nos resta. Vamos, pois temos trabalho a cumprir. Nina, fique com sua mãe.

Os homens retiraram-se.

Mais tarde, quando mãe e filha se dedicavam aos afazeres domésticos, Nina a atualizou de todos os fatos sobre Pompeu. Com a voz meiga, Nina buscou refugio no coração materno:

— Mãezinha, desde a chegada desses homens, não consigo explicar pelas linhas da razão, mas sinto um aperto em meu coração. Depois das últimas ocorrências, confesso que Demétrio provoca em mim pavor. Não consigo compreender as atitudes de Adelinda diante dele. Tenho mantido minhas orações, rogando ao Senhor sabedoria e discernimento como papai me ensinou, mas agora, ante este cenário, um temor toma-me o ser sem que eu consiga contê-lo.

— Minha amada, deixemos nas mãos do Senhor nossas preocupações. Compartilho de suas impressões, mas não podemos fazer nada. A paz retorna ao nosso lar e devemos manter os nossos corações voltados ao Senhor — em breve pausa, fixou o olhar no rosto da filha e identificou que os olhos brilhavam — Filha, você é um pedaço de meu coração e quero que receba o melhor desta vida. Conheço-a muito e sei que algo perturba sua alma. Então, diga-me, o que está havendo?

Nina, secando uma lágrima, em breve pausa respondeu:

— Em Pompeu identifiquei um homem bom e, enquanto estivemos juntos, pude conhecê-lo melhor. Mamãe, nesta noite, quando o vi naquele leito, sentia que o conhecia e um sentimento tomou-me a alma... — Angustiada, não escondeu seus temores: — Se ele morrer, é como se eu morresse também.

— Minha criança, é a primeira vez que ouço você falar sobre alguém com um sentimento diferente de carinho ou amizade. Também percebi nesse jovem a honestidade, mas infelizmente ele é um escravo e, diante da situação que se encontra, devemos apenas esperar que Deus tenha misericórdia, dando-lhe a cura ou convidando-o a adentrar seu Reino.

— Desconheço o que é o amor, mas se amar é o que sinto por ele, então eu o amo, eis a única verdade que consigo ter em meus pensamentos agora. Não quero desonrar meu pai, tampouco você, pois ele é um escravo, mas, antes disso, é um filho de Deus, rogo que aceitem minha escolha, pois, se ele viver, quero ao lado dele estar.

Débora beijou a testa da filha e, em um abraço, acolheu-a com extrema demonstração de amor. Depois, seguiram para a varanda e acomodaram-se em assentos simples, quando Débora, com carinho, segurou a mão da filha:

— Minha filha, eu a abençoo e estou feliz porque aprendeu, mesmo na adversidade, o que é o amor. Agora deixemos nossos corações nas mãos de Jesus e oremos pelo restabelecimento de seu Pompeu: "Senhor Jesus... Diante dos obstáculos da vida, ainda nos encontramos ensurdecidos, mudos e cegados. Caminhamos desfalecidos, com o peito massacrado pelo egoísmo nutrido pela nossa ignorância. Contamos os dias passados e esquecemos de viver o presente construindo, hoje, sempre o melhor para o nosso futuro. Com o olhar voltado para nós mesmos, ignoramos o Sol que desperta todas as manhãs com serenidade, apesar de trazer consigo o vulcão vivo de sua natureza. Duvidamos do seu auxílio, mas o Senhor sempre permanece ao nosso lado com bondade, transformando nossas ilusões em trabalhos consistentes e seguros. Diante de sua compaixão, alcançamos a vitória e, diante de sua misericórdia, tocamos os céus sem nos esquecermos das responsabilidades que coroam nossas existências nas estradas do mundo, mesmo que elas pareçam árduas e difíceis. Levaremos conosco a certeza de que a glória de sua sabedoria delineará as estradas de nossas vidas e que os ventos dos desalentos, desânimos ou tormentos não poderão destruir nossa fé, nosso trabalho e nossas esperanças..."[61]

Assim, mãe e filha permaneceram unidas, enquanto Adelinda permanecia em seu aposento, em meio aos sonhos de uma paixão vazia, cuja verdade o tempo se encarregaria de mostrar.

---

61 (N.M.) A página "Esperança" aqui citada foi publicada no livro *Lembranças de outono*, do espírito Ferdinando – psicografado por Gilvanize Balbino Pereira.

Capítulo 29

A preparação para uma vida

"Então ele partiu e começou a proclamar na Decápole o quanto Jesus fizera por ele. E todos ficaram espantados."

Marcos, 5:20

Os dias transcorreram velozes.

Adelinda, quando e como podia, fugia para encontrar Demétrio, sem que ninguém soubesse.

Pompeu mantinha-se sob os cuidados de Teodoro e, todos os dias, a família de Daniel o auxiliava como podia. Aos poucos, Pompeu melhorava.

Naquela manhã, Débora preparou o desjejum para que fosse levado a Teodoro e Pompeu. Assim, Daniel, Hermes e Nina, antes de irem ao comércio, foram ao encontro do amigo.

Ao chegar ao destino, Teodoro os saudou com carinho e juntos foram ao encontro de Pompeu.

Ele, ao vê-la, iluminou a feição exaurida e, com a ajuda de Teodoro, sentou-se no leito. O velho grego, percebendo o momento, retirou os amigos do recinto para conversarem sobre o futuro de Pompeu.

Nina, com zelo, oferecia-lhe o desjejum, quando ele segurou-lhe a mão e, com a voz frágil, disse:

— Perdoe-me, mas não consigo mais esconder o que sinto por você. Jamais amei alguém. Confesso-lhe que até chegar nestas paragens não sabia o que era o amor. Até conhecê-la. Sobrevivi e sei que Jesus intercedeu junto a Deus em meu favor. Sou grato por ter conhecido sua família, por estar aqui e por ter você ao meu lado. Se não compartilha do mesmo sentimento, rogo que não me diga, porque esta é uma morte real, preferiria estar morto a não ter seu amor. Sei que minha condição de escravo não me favorece neste momento. Sinto que somos como o céu e a terra, o seco e o molhado, Sol e a Lua, o distante e o próximo, mas, acredite, você me ensinou a viver novamente, porque nasci no dia em que encontrei seus olhos. O amor que sedimentou em meu coração é maior que eu. Sempre acreditei que encontraria alguém e, quando a encontrasse, reconheceria sem duvidar. Então, você é este alguém.

Nina, emocionada, enquanto Pompeu se refazia de uma crise de tosse, respondeu:

— Como não compartilhar deste amor. Amo você desde o primeiro instante que o vi. Isto é o que importa e não a escravidão que lhe foi imposta. Esperarei o quanto for necessário para consolidarmos nossas vidas e construirmos nossa família.

Com dificuldade, ele acariciou o rosto de Nina e disse:

— Como eu queria sentir o calor de seu abraço e o sabor de um beijo seu, mas nem isso posso agora...

Nesse momento, foram interrompidos com a chegada dos amigos. Daniel, com segurança, disse:

— Meu jovem, percebo que os dias estão a seu favor, está bem melhor. Há pouco, conversamos sobre o seu futuro. Para todos, você está morto, então, Ezequiel sugeriu levá-lo para um vilarejo longe daqui, para que sua recuperação seja completa.

— Filho — disse Teodoro. — Ezequiel o conduzirá para o norte, a uma cidade chamada Mirstra. Ficará por lá para se recuperar até que Demétrio vá embora desta região. Lembre-se que, pela lei, somente há duas maneiras de deixar de ser escravo: se o dono conceder a liberdade por livre vontade ou pela morte dele. No seu caso, creio que ambos são bem difíceis de acontecer. Vocês partirão hoje à noite.

— Senhores, como agradecer-lhes a bondade que tenho recebido? Partirei, mas um dia voltarei a ser livre.

— A escravidão é uma condição temporária — disse Daniel. — Não se detenha nela, porque você é um homem livre. Disse Paulo: "Vós fostes chamados à liberdade, irmãos. Entretanto, que a liberdade não sirva de pretexto para a carne, mas, pela caridade, colocai-vos a serviços uns dos outros." Os filhos de Deus sempre terão a liberdade condicional e podem alterar o curso de suas vidas, a maneira que os obstáculos surgem, tangenciando tanto para o bem quanto para o mal. Muitas mentes estão presas às algemas dos próprios sentimentos e, sem compreenderem as leis do Senhor, agem revoltadas e mergulham cegamente nos delitos insanos da carne. Enquanto há tempo, não endureça o coração. Desfrute dos ensinamentos de Jesus, modifique o rumo de seus sentimentos e volte-se confiante para Deus, porque somente ele pode aliviar o coração que se encontra temporariamente algemado à própria insatisfação. As estradas da vida são cheias de espinhos, mas nada poderá impedir a vitória daqueles que carregam no coração o valor da fé. Não modifique o ânimo de servir ao próximo em razão do desânimo, indecisão ou desalento. Jesus conhece suas limitações e os motivos das algemas de ferro colocadas em torno de seus punhos. Ele lhe concedeu as chaves de sua libertação e ela chama-se: fé, coragem, trabalho e renovação.

As palavras de Daniel calaram fundo na alma de Pompeu, que não escondia o brilho em seus olhos, a anunciar que, naquele momento, as lágrimas seriam suas temporárias companheiras.

Naquela mesma noite, Daniel se preparava para conduzir a reunião cristã que se iniciaria a pouco. Com alegria e fé iniciou:

— "Ensinamento sobre o puro e o impuro" "E, chamando de novo para junto de Si a multidão, disse-lhes: 'Ouvi-me todos, e entendei! Nada há no exterior do homem que, penetrando nele, o possa tornar impuro; mas o que sai do homem, isso é o que o torna impuro. Se alguém tem ouvido para ouvir, ouça!' E quando, ao deixar a multidão, entrou numa casa, seus discípulos o interrogaram sobre a parábola. E Ele disse-lhes: 'Então, nem vós tendes inteligência? Não entendeis que tudo o que vem de fora, entrando no homem, não pode torná-lo impuro, porque nada disso entra no coração, mas no ventre, e vai para a fossa?' (Assim, Ele declara puros todos os alimentos.) Ele dizia: 'O que sai do homem. É isso que o torna impuro. Com efeito, é de dentro, do coração dos homens que saem as intenções malignas: prostituições, roubos, assassinos, adultérios, ambições desmedidas, maldades, malícia, devassidão, inveja, difamação, arrogância, insensatez. Todas essas coisas más saem de dentro do homem e o torna impuro'".[62]

---

62 (N.A.E. Ferdinando) Marcos, 7:14-23

Daniel fez breve pausa e, com a força da sua fé, continuou:

— Jesus, em sua imensa sabedoria, sabia que a pureza reside em nossos corações e impureza é o que sai de dentro de nós. O corpo não é o acúmulo de sentimentos menores, é o santuário da alma e está submisso ao espírito. Este santuário acomoda uma pérola preciosa que é a essência espiritual de cada um. Como espíritos que retornam a Terra, é necessário o corpo físico como um veículo de transformação, pois, em verdade, somos o resultado de muitas vidas, corrigindo o passado, ajustando o presente e aparando as arestas. Enquanto o berço dá luz à vida, o túmulo dá luz à eternidade e nessas duas condições de berço e túmulo, ambas nos conduzem aos portais da vida: física e espiritual. Vivemos em permuta com os dois mundos e estamos convivendo juntos de acordo com o que fazemos e com o que nos afinamos. O espírito necessita de vida, vida é trabalho e renovação. Cada um, mesmo limitado ou acreditando-se impuro, está consciente de que pode melhorar e encontrar em Jesus um conjunto de ensinamentos para auxiliá-lo no amadurecimento. O espírito necessita melhorar o seu interior, pois o que sai da boca é um reflexo do interior do homem. Cada existência significa aperfeiçoamento e a verdadeira paz está quando se consegue ver na tormenta, infelicidades ou tristezas como grandes oportunidades de refazimento. Confiemos no Senhor e nos analisemos, para que nosso interior seja puro assim como foi o Senhor, limpo de mágoas ou violência, pois a plenitude do espírito está na pureza de sua fé.

Horas depois, o grupo se desfez.

Quando a família de Daniel estava pronta para se recolher, foram surpreendidos por Teodoro e Ezequiel que, com discrição, conduziam o jovem grego. Pompeu caminhava com dificuldade e vestia um sobretudo de lã com um capuz que lhe cobria a cabeça.

Ao vê-lo, Nina correu para ajudar. Conduziram-no para a perto de Daniel.

O jovem grego, espontaneamente e com extrema dificuldade, ajoelhou-se aos pés de Daniel e, chorando convulsivamente, disse:

— Não poderia partir sem antes vir me despedir e agradecer. Sou um homem impuro, mas suplico-lhe, ajuda-me a voltar para o Senhor, aquele que julguei, culpei e abandonei. Nada explica minhas atitudes, o que falei e o julgamento que estabeleci contra Ele. Mesmo assim, Jesus se compadeceu de mim e me colocou entre vocês, me retirando dos braços da morte e, com respeito, pude conhecer um anjo chamado Nina.

— Filho, não importa o que fez no passado, mesmo que tenha renunciado temporariamente a sua fé. O que importa é que reconsiderou e voltou para o Senhor. Há dias recebi este escrito de Lucas: "O filho perdido e o filho fiel: o filho pródigo" Disse ainda: Um homem tinha dois filhos. O mais jovem disse ao pai: 'Pai, dá-me a parte da herança que me cabe'. E o pai dividiu os bens entre eles. Poucos dias depois, ajuntando todos os seus haveres, o filho mais jovem partiu para uma região longínqua e ali dissipou sua herança numa vida devassa. E gastou tudo. Sobreveio àquela região uma grande fome e ele começou a passar privações. Foi, então, empregar-se com um dos homens daquela região, que o mandou para seus campos cuidar dos porcos. Ele queria matar a fome com as bolotas que os porcos comiam, mas ninguém lhe dava. E caindo em si, disse: 'Quantos empregados de meu pai têm pão com fartura, e eu aqui, morrendo de fome! Vou-me embora, procurar meu pai e dizer-lhe: 'Pai, pequei contra o Céu e contra ti; já não sou digno de ser chamado teu filho. Trata-me como um dos teus empregados'. Partiu, então, e foi ao encontro de seu pai. Ele estava ainda ao longe, quando seu pai viu--o, encheu-se de compaixão, correu e lançou-se lhe ao pescoço, cobrindo-o de beijos. O filho, então, disse-lhe: 'Pai, pequei contra o Céu e contra ti; já não sou digno de ser chamado teu filho'. Mas o pai disse aos seus servos: 'Ide depressa, trazei a melhor túnica e revesti-o com ela, ponde-lhe um anel no dedo e sandálias nos pés. Trazei o novilho cevado e matai-o; comamos e festejemos, pois este meu filho estava morto e tornou a viver; estava perdido e foi reencontrado!' E começaram a festejar. Seu filho mais velho estava no campo. Quando voltava, já perto de casa ouviu músicas e danças. Chamando um servo, perguntou-lhe o que estava acontecendo. Este lhe disse: 'É teu irmão que voltou e teu pai matou o novilho cevado, porque o recuperou com saúde'. Então, ele ficou com muita raiva e não queria entrar. Seu pai saiu para suplicar-lhe: Ele, porém, respondeu a seu pai: 'Há tantos anos que te sirvo, jamais transgredi um só dos teus mandamentos e nunca me deste um cabrito para festejar com meus amigos. Contudo, veio esse teu filho, que devorou teus bens com prostitutas e, para ele, matas o novilho cevado!' Mas o pai lhe disse: 'Filho, tu estás sempre comigo e tudo o que é meu é teu. Mas era preciso que festejássemos e nos alegrássemos, pois esse teu irmão estava morto e tornou a viver; ele estava perdido e foi reencontrado!'"[63]

Emocionado, Pompeu beijou-lhe a mão e, com o apoio de Teodoro, acomodou-se em um assento:

— Senhor, perdoe-me a ousadia, mas quero que saiba que amo sua filha Nina. Ausentar-me-ei destas

---

63 (N.A.E. Ferdinando) Lucas, 15:11-32

paragens, mas retornarei. Agora nada tenho para oferecer, mas rogo que me conceda sua filha como minha esposa.

Débora segurou amorosamente o braço de Daniel, que não escondia as lágrimas emocionadas. Nina, com uma mescla de inocência e ansiedade, aproximou-se do pai, vertendo dos olhos uma suplica de aceitação.

Após profundo suspiro, Daniel deitou um olhar complacente sobre Nina e, superando o apego de pai, colocou-se na condição de um amigo amoroso e respondeu:

— Você é um jovem digno e confiarei meu maior tesouro nas suas mãos. Rogo apenas que faça minha filha feliz e dê a ela um teto sob o qual a luz do Senhor impere. Para isso, é importante não avançar as leis do tempo. Respeitemos a ordem de Deus, e primeiramente recupere-se, proteja-se e se estruture, pois, no momento certo, consolidaremos no altar do Senhor essa união com a minha bênção.

— Meus filhos — disse Débora, emocionada —, as palavras de meu esposo são também minhas. Já possuem minha bênção, mas minha Nina terá de esperar, assim como você, o momento certo, aí, sim, seremos uma só família.

A emoção tomou conta do recinto, e todos secavam as lágrimas.

Pompeu aproximou-se de Nina e beijou-lhe a testa:

— Eterna minha, seguiremos as ordens de seu pai, mas creia e não se entristeça com minha partida, pois levo você em meu coração e em breve retornarei. Prometo-lhe amor eterno, pois, se vivo hoje, foi porque você chegou calmamente e preencheu minha alma com sua luz e seu amor. Juro uma aliança infinita que perdurará após vidas e vidas. Você é meu amor e com ele suportarei os próximos dias. Levo sua voz para serenar minha solidão e, na oração, encontrarei coragem para esperar... Nas lembranças de seu sorriso encontrarei paz. Voltarei para compormos nossa história, e rogo ao Senhor apenas que os dias tenham compaixão de mim e corram velozes...

Nina não conteve as lágrimas. Cheia de amor, abraçou-o apaixonadamente, mas respeitou e acatou as palavras de seu pai. Em calorosa despedida, Pompeu retirou-se acompanhado de Ezequiel, objetivando chegar o quanto antes na cidade de Mirstra.

Capítulo 30

Sob a luz de um novo amor

"Ide por todo o mundo, proclamai o Evangelho a toda criatura."

Marcos, 16:15

Passou-se quase um mês.

Após Demétrio, por meio de Adelinda, ter conseguido as informações que buscava sobre o passado de Daniel, retornou para Alexandria.

Naquela noite, enquanto Débora servia o jantar, alguém bateu à porta. Teodoro foi ver quem os chamava. Para sua surpresa, era Pompeu, que entrou, cumprimentou a todos e sentou-se à mesa. Nina, orientada pela mãe, serviu-lhe a refeição e, em seguida, Daniel disse:

— Filho, vejo que está bem melhor. Sua recuperação é evidente.

— Sim, senhor, desde nosso último encontro luto pela vida. Soube que Demétrio não está mais aqui, então resolvemos retornar.

— De fato, ele regressou — contou Teodoro — logo quando você partiu. Diga-nos: e Ezequiel, onde está? Não veio com você?

— Ele está bem. É um grande amigo e serei eternamente agradecido pelo que fez por mim. Ele voltou comigo e, após me deixar aqui, encaminhou-se para sua residência.

O jovem grego não escondia o brilho no olhar por ver Nina, com respeito, segurou-lhe a mão e, com coragem, disse:

— Os dias longe daqui, especialmente de Nina, foram longos demais. Em verdade, o que me fez ter força para enfrentar tudo que passei foi saber que ela estava aqui, me esperando. Neste momento, tenho consciência de que nada possuo, mas estou disposto a trabalhar sol a sol para dar-lhe uma vida tranquila — ele, emocionado, não escondia o puro e sincero sentimento por Nina. — Amo sua filha e rogo concedam-me ela como minha esposa.

O recinto foi invadido por forte emoção. No invisível, seres alados preenchiam o ambiente com uma cor azulada, imantando aqueles corações com paz e razão.

Débora, com a face alva repleta de lágrimas, aproximou-se do esposo e lhe repousou a mão. Daniel se manteve em silêncio, mas o semblante não omitia o quanto fora tocado por aquele instante. Ver a filha se transformar em mulher encerrava-o em uma mescla de ciúme e liberdade. Liberdade, pois sabia que nada poderia impedir aquele amor brotado em meio à inocência e à dor.

Teodoro sorria feliz, aprovando a atitude de Pompeu, enquanto Hermes permanecia sério e desconfiado, com medo de perder Nina. Mas, no fundo, se alegrava pelos jovens.

Daniel, buscando inspiração, secou a lágrima tímida e disse:

— Filhinha amada, o tempo passou e você agora se apresenta diante de mim como uma mulher que aprende lentamente o que é o amor. Sempre lhe disse que não escolheria um marido para você, mas que deixaria que escolhesse quem amar. Enfim, chegou este momento e confesso que, como pai, relutei em aceitar este dia, porque, para mim, sempre será minha criança. Você é o resultado de um grande amor, amor este que também nos chegou brando, intenso e firme. Eu e sua mãe fomos presenteados quando vimos seu rosto pela primeira vez. Sempre sonhamos o melhor para você, mas sabemos que nada é por acaso. Pelas estradas traçadas por Deus, Pompeu aqui chegou, e em seus corações repousaram as miríades desse amor. Rogo a Jesus que esse sentimento seja: corajoso como as forças dos oceanos, para enfrentarem todas as dificuldades que o mundo poderá lhes oferecer; calmo como a brisa da primavera, para perfumar seus corações quando a tristeza invadir a alma; constante, para viverem uma existência e resistirem todas as vidas que virão; abençoado, para serem constantes e verdadeiros nas lições do complexo conviver que demanda a superação das próprias fraquezas. Haverá dias em que somente restará repousar a mente cansada nas mãos de Deus, porque os desafios da vida exigirão de cada um força na fé e esperança no amanhã. Encontrarão em Jesus a fonte de renovação, mas as provações sempre serão uma verdade para aqueles que vivem neste mundo. Caminharão em direção aos céus, mas não poderão se esquecer de que construirão uma nova história, maior que vocês, onde encontrarão a sublime renovação e benevolência dos céus, a favor de todos que vivem e permitem que o Cristo seja o alicerce de muitas construções, acendendo sua luz pelo caminho. Se buscam a felicidade nessa união e perpetuação desse amor, lembrem-se, o lar sem o Senhor é como o vazio pelo vazio. Acima de tudo, o amor é o resultado de intenso trabalho, suor e renúncia. No dia a dia, as obrigações requerem paciência e sinceridade, mas quem ama suporta as grandes provações e nelas enxergam seu insignificante valor, para não lhe pesarem sobre os ombros. Segue tolerando e entendendo, compreendendo e amando, esperando e confiando no Senhor para que o verdadeiro amor triunfe. Eu e sua mãe abençoamos essa união — com os olhos umedecidos, olhou firme para Pompeu: — Meu jovem, entregamos em suas mãos nosso bem maior e mais precioso, nossa filha, porque ela é um pedaço de meu coração e de Débora. Ela representa o triunfo de nosso amor e representação da bondade de Deus para conosco. Então, creia, confio meu tesouro e terá de todos nós o apoio necessário para construir uma vida digna aos dois e a nossos netos.

Daniel, emocionado, orou:

— "Senhor, diante de seu grandioso coração, reconhecendo o que somos e nossas limitações, suplico-Lhe a bondade de abençoar os jovens que se entregam a uma vida revestida de amor e estruturada em sua fé. Dê-nos a razão para utilizarmos o livre arbítrio, não cultuando aquilo que não nos serve, mas abençoando as dádivas divinas da fé que deixou do caminho e da verdade que é Jesus. Estamos conscientes de que, por meio do caminho, a verdade e a vida da bênção de Sua luz hão de recair sobre nossas mentes. Assim, nossos corações se abrirão e se estabelecerão na paz."

Entregando as escrituras nas mãos de Débora, solicitou que fizesse a leitura do seguinte salmo[64]:

64 (N.A.E. Bernard) Salmo 63

"Ó Deus, tu és o meu Deus, eu te procuro.
Minha alma tem sede de ti,
minha carne te deseja com ardor,
como terra árida, esgotada, sem água,
Sim, eu te contemplava no santuário,
vendo teu poder e tua glória.

Valendo teu amor mais que a vida
meus lábios te glorificarão.
Assim, eu te bendirei em toda a minha vida,
e a teu nome levantarei as minhas mãos;
eu me saciarei como de óleo e gordura,
e com alegria nos lábios minha boca te louvará.

Quando te recordo no meu leito
passo vigílias meditando em ti;
pois foste socorro para mim,
e, à sombra de tuas asas, grito de alegria;
minha vida está ligada a ti,
e tua direita me sustenta.

Quanto aos que me querem destruir,
Irão para as profundezas da terra;
Serão entregues à espada
E se tornarão pasto dos chacais.
Mas o rei se alegrará em Deus:
quem por ele jura se felicitará,
pois a boca dos mentirosos será fechada."

Hermes mantinha-se em silêncio, enquanto Teodoro, com respeito, interveio:

— Meus filhos, terão de mim toda ajuda e sei que Hermes pensa igual. Queremos que sejam felizes e, juntos, veremos e abençoaremos seus filhos.

Neste ínterim, Adelinda, que tudo assistia, não manifestou nenhuma palavra a favor da irmã. Contrariada e com um olhar frio e invejoso, retirou-se do recinto.

Sem se incomodarem com a atitude de Adelinda, permaneceram por horas traçando planos para realizar os sonhos do início de uma nova vida.

O tempo segue seu próprio ritmo e assim foi para os personagens desta história.

Nina e Pompeu firmaram seus votos e iniciaram uma vida alicerçada sobre os pilares de um amor puro e contínuo.

Seus pais e os amigos Hermes e Teodoro ajudaram o jovem casal a construir, na mesma localidade da residência de Daniel, uma casa simples, para dar força ao casamento.

Não demorou para Pompeu se adaptar às regras do cotidiano daqueles corações e foi inserido ao meio familiar com muito amor e aceitação.

Naquela noite, eles se preparavam para conduzir a reunião cristã, quando Débora, visivelmente preocupada, aproximou-se do esposo:

— Meu carinho, tenho percebido que Adelinda não está bem. Penso e me pergunto: onde erramos e o que faltou para ela? Desde que conheceu Demétrio age de maneira muito distinta daquilo que ensinamos e do que era. Fechou-se e pouco fala conosco. Sinto que ela nos esconde algo e não quer nos dizer. Este cenário se agravou desde que Nina consorciou-se e sinto que ela piorou. Agora mesmo, quando fui chamá-la para as orações, ela gritou dizendo que não era mais cristã. O que devemos fazer?

— Meu anjo eterno, não pergunte o que devemos fazer ou o que deixamos de fazer. Cada espírito, criação de Deus, possui desafios a serem vividos que não podemos conter. Por mais que amemos Adelinda, deixemos o tempo agir por si, para que ela amadureça e encontre seu próprio caminho. Certo dia, eu e Teodoro paramos em um vilarejo, e lá uma família solicitou-me falar do Cristo. A mulher, visivelmente abatida, nos disse que não viu mais sua filha, que havia fugido de casa... Seu coração materno estava partido de dor, enquanto seu esposo queria apenas vingança. Então, com meus pensamentos voltados ao Senhor, vou repetir para você o que lhes disse: "Mantenha-se firme diante da tarefa que Deus lhe confiou, seja a da paternidade, da maternidade ou das relações sentimentais, hierarquizadas dentro do ambiente doméstico ou fora dele. Muitos pais dedicam-se com carinho, minuto a minuto, medindo a febre, embalando aqui e ali, sonhando profissões bem-sucedidas, porém, a criança transforma-se em homem e mulher, seguindo um caminho diferente do estabelecido no princípio da vida. Na relação pai e filho, lembre que você é pai adotivo, cuidando, em regime de tutela das criações de Deus. Faça a sua parte com paciência e a consciência tranquila de que a sua tarefa foi bem realizada, seguindo os planejamentos divinos das existências. O mundo possui milhares de órfãos necessitando: da sua orientação e disciplina; do seu ombro, para os rostos úmidos pelas lágrimas da fome e do desalento; do seu gesto de divisão, aos desabrigados, descalços e com frio; do seu minuto de atenção, em brincadeiras de infância, aos abandonados entristecidos; do seu encaminhamento, aos que gritam em agonia e desespero, em crime ou marginalidade; do seu carinho, aos que estão sozinhos nos asilos ou casas hospitalares; do seu amor, aos que calam na garganta a revolta pela própria vida. Não perturbe o coração com preocupações incessantes. Busque no recurso da prece a sustentação, no exemplo, a corrigenda silenciosa e nos caminhos trilhados por cada um, a consolação e a coragem emanadas pelo coração de Jesus."

— Carinho, tenho ciência de nossa missão. Temporariamente na condição de pais, devemos entregar-Lhe os filhos do nosso Senhor melhorados, mas, no caso de Adelinda, não vejo que será assim. Sua revolta me espanta.

— Sim, devemos entregar-Lhe os filhos de Deus melhorados, mas não podemos nos acreditar maiores e mais perfeitos que o Senhor Jesus que é uma referência de paciência, porque conseguiu conviver em meio a tanta ignorância, compreendeu de maneira suprema a limitação de todos e seguiu ensinando e exemplificando. Cabe a nós esperarmos e seguirmos com fé, permitindo que o Senhor nos auxilie nesta missão. Adelinda me fez lembrar o homem inferior que ainda habita em mim no dia em que perdi a paciência e queria ensinar-lhe por meio da força. Entretanto, o seu amor conteve-me a fúria. Naquele dia percebi o quanto precisamos aproveitar as ocasiões para sermos melhores e brandos. Ocupemos nossas mentes e nossos corações com o bem, para que o mal não encontre morada em nós. É importante que pratiquemos o desapego, pois a liberdade ensina e a responsabilidade eleva.

Abraçando amorosamente a esposa, repousou a cabeça de Débora em seu peito e, assim, permaneceram em conversação noite adentro.

Capítulo 31

Reencontros, lágrimas e reajustes

"Tende fé em Deus."

Marcos, 11:22

Naquela manhã, Daniel, Teodoro, Pompeu e Hermes estavam no mercado quando um rabino, o líder religioso chamado Enoque, aproximou-se acompanhado de um grupo de homens. Ele, com austeridade, disse:

— Fui designado para estas paragens e não demorei em descobrir que você organiza e é responsável pela expansão da "seita" cristã nesta região. Quero que saiba que vim restabelecer a lei de meus ancestrais e não permitirei tal desordem. Enquanto Demétrio estava hospedado conosco, fui informado, em todos os detalhes, o que ocorre em sua residência. Pensam que poderão destruir a palavra de Moisés e nossas tradições. As mortes e perseguições não foram suficientes para calá-los. Vocês são um bando de alucinados que seguem cegamente um ensandecido que passou pela Terra, pregando sobre um reino que jamais existiu. Estou preparado para apoiar o estabelecimento das leis, e creia, não costumo agir com compaixão para aqueles que me afrontam.

Daniel, ouvindo aquelas duras palavras, respondeu brando:

— Senhor, não estou aqui para destruir suas leis ou tradições, apenas mantemos viva nossa fé por meio dos ensinamentos de Jesus Cristo. Sou apenas um homem simples que ama sua fé.

— Sou fariseu, não se engane comigo, por mais que sejamos complacentes com novas religiões, acredite, sou formado pelas escolas clássicas, conservadoras e aristocráticas das classes sacerdotais e não permitirei que sua crença afronte meu credo. O que você poderia saber sobre minha crença? Alguém ignorante e repugnante como você.

— Acredite, conheço muito bem as escolas clássicas do seu seguimento religioso. Recordo-me de uma passagem de Jesus transcrita pelo apóstolo Marcos: "Discussão sobre as tradições farisaicas" "Ora, os fariseus e alguns escribas vindos de Jerusalém se reúnem em volta dele. Vendo que alguns dos seus discípulos comiam os pães com mãos impuras, isto é, sem lavá-las — os fariseus, com efeito, e todos os judeus, conforme a tradição dos antigos, não comem sem lavar o braço até o cotovelo, e, ao voltarem da praça pública, não comem sem antes se aspergir, e muitos outros costumes que observam por tradição: lavagem de copos, de jarros, de vasos de metal — os fariseus e os escribas o interrogaram: 'Por que não se comportam os teus discípulos segundo a tradição dos antigos, mas comem o pão com mãos impuras?' Ele, então, disse-lhes: 'Bem profetizou Isaías a respeito de vós, hipócritas, como está escrito: Este povo honra-me com os lábios, mas o seu coração está longe de mim. Em vão me prestam culto; as doutrinas que ensinam são mandamentos humanos. Abandonais o mandamento de Deus, apegando-vos à tradição dos homens'. E dizia-lhes: 'Sabeis muito bem desprezar o mandamento de Deus para observar a vossa tradição. Com efeito, Moisés disse: 'Honra teu pai e tua mãe', e 'Aquele que maldisser pai ou mãe, certamente deve morrer'. Vós, porém, dizeis: Se alguém disser a seu pai ou a sua mãe: os bens com que eu poderia te ajudar são Corban, — isto é, oferta sagrada — vós não o deixareis fazer mais nada por seu pai ou por sua mãe. Assim, invalidais a Palavra de Deus pela tradição que transmitistes. E fazei muitas outras desse gênero' [65].

Enoque, ao ouvir aquelas palavras, não escondeu sua ira e, com uma expressão severa, retirou-se com os demais. Teodoro, preocupado, disse:

— Amigos, os tempos de paz parecem ter terminado. O que devemos fazer?

— Confiemos em Jesus — disse Daniel — porque não estamos sozinhos. Mesmo que tudo possa parecer sombrio, devemos manter a calma e esperar, porque tudo passa, mas nossa fé permanece viva em nós.

Assim, o dia chegava ao fim àqueles homens, que se preparavam para retornar após longo dia trabalho.

Enquanto isso, na residência de Daniel, uma densidade invadia o ambiente, retirando a serenidade habitual e dando lugar ao peso do conflito.

Adelinda, desde que conhecera Demétrio, mantinha-se reservada, distante e fria, relacionando-se pouco com a família.

Débora, com preocupação e carinho, anunciou-se e adentrou o aposento da filha. Ela, que estava em pé e de perfil, não escondia mais as alterações de seu corpo

65 (N.A.E. Bernard) Marcos, 7: 1-13

franzino. A esposa de Daniel, com experiência, percebeu que ela estava com o corpo mudado. Aproximando-se, cuidadosamente, disse:

— Filha, em nome de Jesus, sempre amei você, respeitamos seu silêncio, mas agora preciso saber. Diga-me o que está se passando? Veja como está mudada, ouso dizer que espera uma criança. Quem é o pai?

Nesse momento, Adelinda avançou descontroladamente contra Débora e empurrou-a. Ela, sem conseguir se equilibrar, caiu, enquanto a filha, tomada por uma força além de sua vontade, batia sucessivamente em seu rosto. Nina ao ouvir os gritos, correu em socorro da mãe. Enquanto Adelinda gritava:

— Odeio todos vocês. Sim, espero um filho do homem que eu amo, Demétrio, que, sei, logo me afastará desta casta imunda.

Sem que pudessem falar algo, Adelinda saiu em desabalada carreira.

Nina, com carinho, acudiu a mãe, acomodou-a em um assento, cuidou de seus ferimentos e, em seguida, sem emitir nenhuma opinião, abraçou-a carinhosamente e beijou-lhe a testa, tentando acalmar o coração materno tão cheio de dor, esperança e preocupação.

Ao chegarem, os homens, alheios aos acontecimentos, foram se refrescar. Logo depois, sentaram-se para jantar. Débora encobriu o rosto com um lenço para esconder os hematomas e Nina obedeceu às ordens da mãe. Caladas, sentaram-se ao lado de seus esposos. Daniel, percebendo que algo pudesse ter acontecido, perguntou:

— Meu carinho, posso estar equivocado, mas sinto que você e Nina estão muito quietas, como se tivesse acontecido algo por aqui — com astúcia, analisou o ambiente. — Vamos, onde está Adelinda?

Débora, baixando a cabeça para esconder o ferimento na face e no supercílio, permaneceu em silêncio. Daniel, com firmeza, mas com respeito, retirou o lenço da esposa. Uma lágrima tímida e voluntária escorreu sobre o rosto e a alma de Débora. Ele, com amor, lhe acariciou a face e, ato contínuo, segurou sua mão e beijou-a, tentando aliviar-lhe a dor. Mas a dor que ardia em Débora refletia-se em sua alma, e nada ou ninguém poderia curar, a não ser o tempo.

— Por Deus! Diga: o que houve aqui?

Débora, com equilíbrio e sem aumentar os fatos, atualizou os presentes das últimas ocorrências e concluiu:

— Adelinda está perturbada e a perdoo por seus atos impensados, pois agora temos que compreendê-la. Ela, em breve, será mãe, pois espera um filho de Demétrio. Eis a razão de tamanha agressividade e distância.

— Ora, nada justifica tamanha violência — disse Daniel, indignado. — Agora ela precisa de nós e não está em condições de revoltar-se dessa maneira. — Tentando controlar-se, suspirou profundamente e, com firmeza, não escondeu sua insatisfação: — Temos que tentar conter o ímpeto de Adelinda. Quando nossa filha retornar, darei um jeito nessa situação.

— Amigo — interveio Teodoro —, perdoe-me a intromissão a um assunto tão delicado, mas o momento requer paciência e sabedoria. Não devemos permitir que a sombra avance sobre nós mais do que já avançou...

O silêncio era o companheiro daqueles corações. Tempo depois, Daniel, reflexivo, concluiu:

— De fato, Teodoro, você tem razão. Estamos tão envolvidos com os compromissos do dia a dia, e, muitas vezes, não conseguimos perceber as trevas agindo sobre nossos corações. A impaciência, o descontrole, a irritação, entre outros, nos fazem vítimas daqueles que residem nas sombras, testando nossa fé. Com simples atitudes de baixa frequência, abrimos brechas para o mal se instalar em nós. Serei complacente com ela, afinal, na vida não há acasos e, se Adelinda está conosco, então devemos ser tolerantes e educá-la.

Tempos depois, Adelinda, com uma feição arrogante e medrosa, adentrou o recinto. Parou na frente de Daniel e o desafiou:

— Então, já estou preparada para receber a sentença de meus atos.

Daniel, buscando em Jesus forças para equilibrar-se diante daquela cena, disse:

— Não há sentença alguma, apenas a de sua própria consciência. Não estou aqui para julgá-la ou agir com o punho duro da disciplina sobre você. Na condição de pai e de seu amigo, acolho com indignação sua atitude, mas a guardo em meu coração, portanto: "Tudo que advém do desespero é golpe mortal para o espírito: atitudes inconsequentes, alteração do amanhã; conversas maledicentes, aniquilamento de criaturas; pessimismo e azedume, estagnação e revolta; desonestidade e ironia, desalento e angústia; queixas e lamentações, tóxico destruidor; calúnia e crueldade, temor e insegurança; desvios do caminho, tormenta e amargura; tristezas exageradas, sofrimentos sem aperfeiçoamento; incompreensão e humilhação, imperfeições animalizadas;

mentira avassaladora, leito de dor. Guarde-se em Deus, sem deixar que os filhos do desespero façam você sucumbir às obscuridades do mundo ou crucifiquem as suas esperanças. Confia na vontade Superior e não menospreze a lição do momento, pois, enquanto houver um pequeno sinal de desespero sobre os espíritos, filhos de Deus, a Luz Divina socorrerá a todos em verdade e paz, para que a coragem e a resistência contra o mal sejam encontradas dentro de cada criatura."[66]

Adelinda, escondendo a emoção, com frieza, retrucou:

— Guarde este tipo de palavras para os seguidores do Cristo, para mim soam apenas como uma cantiga de ninar.

Sem mais nada dizer, retirou-se, enquanto isso, os demais guardavam em seus corações a cena triste e, assim, permaneceram em conversação noite adentro.

Enquanto aqueles corações consolidavam o amor em suas vidas, Demétrio, trazendo consigo as informações sobre Daniel obtidas pela Adelinda, chegou a Alexandria.

Naquela noite, como de costume, o rabino Eliezer e Demétrio foram à residência de Servio atualizá-lo sobre as ocorrências de Bizâncio.

Ao entrarem na casa, foram recepcionados com todo o requinte e acomodaram-se em assentos confortáveis próximos a um chafariz, onde um leão jorrava abundante água entre suas garras de pedra, ressaltando o colorido jardim.

---

66 (N.M) A página "Filhos do Desespero", aqui citada, foi publicada no livro *Cânticos de luz*, do espírito Marcos – psicografado por Gilvanize Balbino Pereira.

— Espero que tenha desfrutado de muito conforto nessa viagem e que traga boas notícias — disse Servio — afinal, você me custou muito caro.

— Acalme-se, meu amigo — interveio Eliezer, com ironia — as informações que ele nos trouxe são preciosas.

— Então me digam: quais são as boas novas?

— Após utilizar de muita inteligência — disse Demétrio, com arrogância — consegui descobrir que o tal Daniel que vive em Bizâncio é natural de Alexandria e é seu filho.

Naquele momento, Servio enrubesceu. Seu semblante não disfarçava a insatisfação por aquela notícia e, com severidade, ordenou que Demétrio prosseguisse com o indesejável relato:

— Senhor, ele está casado com uma mulher chamada Débora e tem duas filhas: Nina e Adelinda, que fora adotada. Vivem em sua residência mais dois insuportáveis homens: Hermes e Teodoro. Todos seguem a seita cristã.

A fisionomia de Servio mudou, seus olhos avermelhados acentuavam o ódio que vertia de seu interior. Levantando-se com austeridade, esmurrou com as duas mãos uma mesa próxima e, com frieza, interveio:

— Maldito seja! Como pude permitir que isso acontecesse. Logo após a morte daquele infame chamado Marcos, Daniel desapareceu. Muitos diziam que ele tinha sido morto, com a perseguição aos cristãos. Coloquei alguns homens para tentar identificar seu paradeiro, mas não tive êxito. Os boatos aumentavam sobre a suposta morte de Daniel. Meus inimigos se refugiavam nisso, pois queriam me ferir, além de já terem me humilhado com a conversão de Daniel ao cristianismo, renunciando a crença dos nossos ancestrais. Muitos se asseguravam da desonra familiar que meu primo Paulo de Tarso submeteu a todos nós e diziam que Daniel seguia seus passos. Isso me enfurecia. Já o havia deserdado como meu filho, mas, dentro de mim, isso era pouco. Ele sempre teve uma personalidade forte e sabia o que queria. No fundo, eu tinha consciência de que nunca o dominaria. Os dias se passaram e, dentro de mim, uma única verdade me nutria à essência de minha vida, preferia vê-lo morto a vê-lo um convertido cristão — tomando um gole de água, com ódio, prosseguiu: — Agora, saber que ele está vivo é como sentir uma fria lâmina rasgar-me o peito. Tenho de pensar rapidamente em algo para dar um fim a meu tormento.

Eliezer, olhando para Demétrio, disse:

— Eu e meu amigo já pensamos em algo — com um semblante ambicioso, não escondeu seus interesses —, mas sabe bem que, para agirmos, precisamos de sua generosidade e dinheiro.

— Minha generosidade? — com largo e irônico sorriso, continuou: — Esse atributo não reside em mim! Quanto ao dinheiro, isso não é problema. Digam-me, o que pensaram?

— Se quer eliminar seu filho, é simples, volto para lá e contrato alguns homens. Faremos tudo parecer um acidente — disse Demétrio. — Senhores, não sou um homem voltado à crença ou fé, tampouco acreditei nessa história "a vida não tem acasos", mas, após o que vou relatar, penso que é possível não haver acasos em nossas vidas. — Com grande satisfação e sem esconder a soberba, iniciou: — Quando estava em viagem de volta para cá, parei em uma taberna. Para minha surpresa, um homem chamado Ian pediu permissão para sentar-se ao meu lado e beber comigo. Estava notadamente ébrio, mas era um homem muito rico e influente. Não demorou em iniciarmos uma conversa e estreitarmos nossos vínculos. Disse-lhe que estava retornando de Bizâncio e, logo, Ian alegou ser oriundo daquela região. Foi, então, que ele me disse ter sido casado com uma mulher chamada Débora. Foram os piores dias de sua vida, porque ela apresentava uma enfermidade desconhecida e parecia estar ensandecida. Relatou que um maldito grupo de cristãos a havia acolhido. Acreditem que, quando disse que os conheci, ele não omitiu o ódio que vertia involuntariamente de seus olhos. Me afirmou que não tem mais importância esse passado, porque ele saiu de lá e se consorciou com a filha de um rico comerciante, mas que seria muito bom que todos morressem. Depois de muita habilidade, convenci Ian a fazermos uma aliança. Já recebi todo apoio para o assassinato de Débora e Daniel. Entretanto, ele não quer ter seu nome envolvido nessa história.

Demétrio falava com desenvoltura e arrogância, mas lhes omitiu que recebera vultosa quantia de Ian em troca da execução de Débora.

Servio, desconfiado, não escondeu o incômodo:

— Para garantir que não haverá mais erros eu irei com vocês e me assegurarei que, dessa vez, tudo será executado conforme minhas regras. — Com ironia, continuou: — Assim, eu terei certeza de que meu dinheiro terá um excelente destino e que definitivamente estarei livre deste passado sombrio que assombra meus dias.

— Você está certo — disse Eliezer. — O acompanharei nessa viagem. Partiremos o quanto antes. Providenciarei muito conforto para preservá-lo.

Aqueles homens permaneceram juntos, acertando os detalhes da viagem e de seus sombrios planos.

Capítulo 32

Sob o Sol de um novo amanhecer

"E quando estiverdes orando, se tiverdes alguma coisa contra alguém, perdoai-lhe, para que também vosso Pai que está nos céus vos perdoe as vossas ofensas."

Marcos, 11:25

Os dias prosseguiram tranquilos para aqueles corações.

Naquela tarde, o azul do céu era tingido pelo branco das nuvens, que acentuava uma obra-prima feita pelas mãos do Senhor.

Na residência de Daniel, Adelinda anunciava as primeiras dores do parto.

Entre sofrido desespero, Débora e Nina corriam para tentar aliviar as sucessivas dores, mas o suplício da jovem era digno de comiseração.

Horas depois, o choro grave rasgou o ambiente anunciando a chegada de um menino mirrado, que apresentava uma saúde abalada decorrente dos descasos durante sua gestação.

Os homens, com respeito, adentraram o recinto, enquanto Débora envolvia amorosamente o pequenino em um tecido alvo. A avó percebeu que o bebê tinha dificuldade em respirar, mas, ainda assim, se sustentava na esperança e no amor.

Com carinho, aproximou-se de Adelinda para apresentar-lhe o filho recém-chegado. Quando Débora tentou colocá-lo em seus braços, Adelinda empurrou o braço da mãe, virou-lhe o rosto e, em um gesto espontâneo, disse:

— Não faço a mínima questão em ver este infeliz. Apenas o usarei no momento oportuno para ter quem eu realmente desejo, meu Demétrio.

Todos se espantaram com aquela atitude, mas não ousaram dizer nenhuma palavra. Tentando romper a tensão do recinto, Nina interveio com carinho:

— Adelinda precisa descansar. Logo estará pronta para conhecer seu filho e dar-lhe um nome. Tenhamos paciência com minha irmã. — Procurou suavizar a situação: — Afinal, não é fácil conceber um filho... Minha querida, logo estará melhor e bem recuperada, confiemos em Jesus...

— Não estou cansada e tampouco darei um nome a esse menino. Façam o que quiserem com ele. Além do mais, pelo seu estado de saúde, podemos perceber que ele não terá vida longa e espero que isso aconteça em breve, pois não quero que atrapalhe meu romance com Demétrio. Logo estarei em pé e seguirei em busca de meus objetivos, que não estão nesta casa. São tão caridosos, então aí está a oportunidade de praticarem o amor ao seu "Jesus", pois, para mim, nada que venha de vocês é de meu interesse.

— Adelinda, não fale assim. — Débora, secando a lágrima tímida, ousou continuar: — Amamos você, isto é o que interessa e compreendemos sua situação.

O silêncio tomou conta daqueles corações e, com compaixão, se retiraram, enquanto Adelinda, aprisionada em seus próprios e sombrios pensamentos, permanecia com a mente cristalizada na figura distante de Demétrio.

Na varanda, Daniel conversava em companhia de seus amigos, quando Débora, com o pequeno em seus braços, aproximou-se acompanhada por Nina:

— Meu carinho — disse Débora — é importante darmos um nome a esta criança. Rogo a Jesus que ele tenha forças para viver, pois seu estado de saúde não é dos melhores. Temo que este pequenino não suporte este corpo frágil. Além do mais, Adelinda não está em condições de assumir o papel de mãe, por isso, devemos nos apoiar no que for necessário a este filho de Deus.

Pensativo, Daniel respirou profundamente:

— Você tem razão — buscando em seu íntimo inspiração orou: — "Senhor, grande é o Seu nome e, antes de iniciarmos nossa prece, somos gratos pela Sua compaixão, mas Lhe suplicamos, ensine-nos: a compreender as atitudes de nossos semelhantes sem julgarmos seus corações; a evitarmos comentários sobre o mal, seja de que origem for; a esperar trabalhando o aprendizado de nossos dias; a aceitar com amor e mansidão aqueles que retornam a vida; a educarmos Seus filhos para que eles retornem um dia aos Seus braços melhores do que foram um dia; a aprendermos com as diferenças e com as situações inesperadas que o Senhor tem sempre o melhor a todos nós. A não reclamar, apenas saber que nada está em nosso controle, e o grande organizador de nossas existências é e será sempre o Senhor... Por fim, abençoe a chegada desta criança que toma nossos braços pelo tempo que lhe foi designado, pois, de hoje em diante, será ele conhecido como Isaac..."

A noite avançava impiedosamente. Emocionados, guardavam em seus corações suas preocupações e, no silêncio, reservavam suas palavras à oração, para a saúde do recém-chegado.

Dois dias passaram-se após o nascimento do filho de Adelinda.

Naquela manhã, antes de saírem para o comércio, Débora amorosamente foi aos aposentos de Adelinda, para ver como estava o pequenino.

Ao colocá-lo nos braços, percebeu que algo estava errado. Isaac não respirava. Desesperada, correu e, ao se deparar com seu esposo, disse entre lágrimas:

— Por Jesus, a criança não está respirando...

Daniel, tentando inutilmente trazê-lo a vida, interveio:

— Nada podemos fazer, ele está morto. Ele nasceu com muitos problemas, dificilmente conseguiria suportar — emocionado, continuou: — Aceitemos esta verdade.

A tristeza invadiu o coração de todos e, neste ínterim, Adelinda, visivelmente perturbada e apresentando sinais de insanidade, aproximou-se, mas nada disse, apenas os ignorou e retornou aos seus aposentos.

Enquanto isso, no invisível, seres angelicais acolhiam Isaac carinhosamente, impedindo-o de sentir as impressões sombrias sobre seu corpinho mirrado.

Dias correram céleres.

Naquele período, aquela região sofria alguns pequenos abalos sísmicos que não alterava o cotidiano daqueles que lá viviam, mas não lhes retirava a preocupação.

Enfim, Servio, o rabino Eliezer e Demétrio chegaram a Bizâncio com o objetivo de cumprirem seus planos sombrios.

Foram acolhidos por Enoque, que lhes proporcionou todo requinte possível e guardou sigilo sobre a presença daqueles visitantes.

Adelinda, completamente obcecada por Demétrio, mesmo em tão poucos dias, permanecia vigilante na porta da residência do rabino Enoque, tentando monitorar uma possível chegada do amado naquela região.

Naquela noite, percebendo que havia mais pessoas naquele recinto, Adelinda conseguiu informação em troca de dinheiro por intermédio de um serviçal, que confirmou a chegada daqueles homens.

Sem perder tempo e visivelmente perturbada, Adelinda adentrou, com o apoio do serviçal, o aposento de Demétrio sem que ninguém percebesse. Ao ver Demétrio, Adelinda imediatamente disse:

— Meu amor, não sabe o quanto esperei este momento.

— O que faz aqui?

— Esperei você todo este tempo. Agora pode cumprir a promessa daquele dia, quando me entreguei a você, de consagrarmos nosso amor e nos consorciarmos.

— Está ensandecida. É uma tola. Acreditou que apenas uma desprezível noite de prazer me faria consorciar? Para mim você é apenas mais uma de muitas mulheres que se relacionaram comigo. Jamais a amei — com frieza, prosseguiu: — Saia imediatamente daqui, porque não quero que ninguém a veja.

Tentando modificar a decisão de Demétrio, Adelinda disse:

— Não fale assim. Está enganado, eu sou a mulher de sua vida. Lembre-se que você me jurou amor eterno e um consórcio feliz. Além do mais, dei à luz uma criança, nosso filho, que representa o quanto nos amamos. Ficaremos juntos e nada nos separará.

Demétrio, enfurecido, esbofeteou-a e ela, sem suportar o peso do golpe, caiu ao chão em um choro convulsivo. Sem a mínima comiseração, ele disse arrogante e frio:

— Ora, quantas mulheres já procederam assim. Foram incontáveis as que chegaram com um filho nos braços dizendo que era meu ou que deram à luz crianças que sequer conheci. Com você não é diferente, é apenas mais uma.

Demétrio permanecia vociferando sucessivas ofensas e humilhações. Calada, Adelinda buscou forças, levantou-se, limpou o sangue que marcava sua face e, tomada por incontrolável fúria, não conteve o ímpeto. Pegou um punhal que estava sobre uma mesa próxima e, antes que Demétrio percebesse, jogou-se contra seu corpo. Com violência, golpeou-o sucessivamente, sem piedade.

Ele, sem forças, caiu ao chão e lá permaneceu até que a forte hemorragia lhe selasse os lábios para esta vida, pois terminava ali sua história.

Atormentada, Adelinda certificou-se de que ele estava morto. Tomada por incontida insanidade, como que conduzida por forças maiores, pegou novamente o punhal e, em gesto desesperado, cortou os pulsos. Deitou-se com dificuldade ao lado do corpo inerte de Demétrio, a aguardar a morte, na esperança de que tivessem compaixão de seu coração ulcerado.

Tempo depois, aqueles corações pararam de pulsar.

Enquanto isso, no invisível, seres angelicais tentavam acolhê-los, mas o vínculo de ódio entre Adelinda e Demétrio afastava a luz que os cercavam.

Envolvidos por uma sombra densa sobre suas mentes e corações, foram ali recolhidos por seres transformados para as trevas, e de lá seguiram um caminho de ódio, mágoa e morte, que os vincularia por muitas e muitas vidas.

Na residência do rabino Enoque, um serviçal, ao entrar no aposento de Demétrio, deparou-se com ele e Adelinda caídos no chão. Com rapidez, relatou o ocorrido.

Eliezer, espantado, perguntou:

— O que deve ter acontecido com esse infeliz?

Servio, com visível frieza, disse:

— Ora, pelo cenário, tudo me leva a crer que isso foi resultado de um caso de amor não correspondido, mas o que me importa são meus interesses e nada mais. Espero apenas que nossos planos não sejam afetados por esta ocorrência. Recolha o corpo de Demétrio e suma com ele, para que Daniel não saiba que ainda estamos aqui. No momento oportuno, será informado de minha chegada.

— Fique tranquilo, nada mudará nossos objetivos — disse Eliezer, com desprezo.

— E quanto à mulher? O que faremos? — perguntou Enoque. — Não posso permitir que isto turve nossa aparente índole. Como explicarei este fato diante da sociedade?

O serviçal, com medo, ousou intervir:

— Senhores, eu sei quem é ela!

— Vamos, diga-nos logo o que sabe — ordenou Enoque.

— Ela é filha do comerciante e cristão Daniel.

O rosto de Servio não escondeu ódio e, com frieza, disse:

— Temos que retirá-la daqui. Lhe darei uma boa quantia pelo seu sigilo e pelo sumiço do cadáver.

O serviçal, cheio de ganância, aceitou a proposta e retirou-se para cumprir o acordo. Decorridos alguns instantes, divisou um local ermo na via pública. Após ter certeza de que ninguém o espreitava, deixou Adelinda estendida no chão e partiu rapidamente.

Tempo depois, um homem chamado Guilhermo, sua esposa e seu filho passaram pelo lugar, conduzindo uma espécie de carroça, quando, então, viram a jovem. Guilhermo parou, desceu da carroça e abaixou-se para tentar identificar quem era. Surpreso, disse:

— Por Deus, é a filha de Daniel, o cristão.

— O que deve ter acontecido? — perguntou sua esposa.

— Não sei, mas Daniel sempre foi um homem bondoso e caridoso. Não podemos deixá-la aqui. Nosso filho aprendeu a ler com Teodoro, o grego. Tenho por ele grande gratidão — em gesto espontâneo, colocou-a nos braços, acomodou-a no veículo e disse: — Vamos levá-la para a família, assim ela receberá um sepultamento digno.

Sem perda de tempo, seguiram para o triste destino, entregar o corpo inerte de Adelinda à sua família.

Na residência de Daniel, alheios às últimas ocorrências, todos organizavam as mercadorias para o comércio, quando foram surpreendidos por Guilhermo.

Teodoro, com espontaneidade, o recepcionou carinhosamente. Imediatamente, Guilhermo relatou as últimas ocorrências, mostrando o corpo de Adelinda.

O grego, com uma expressão triste e preocupada, acariciou o rosto da jovem com complacência. Neste ínterim, Hermes e Pompeu aproximaram-se e inteiraram-se dos fatos:

— Como Daniel e Débora receberão a notícia? — disse Pompeu. — Temo por eles.

— De fato, compartilho de suas preocupações — disse Teodoro — entretanto, sejamos fortes para apoiar nossos amigos. Vamos, levemos Adelinda para o salão de oração.

Rapidamente encaminharam-se para lá e, com agilidade, tentaram arrumá-la, para evitar o choque no coração dos pais.

Momentos depois, Guilhermo, com respeito e mais aliviado, retirou-se, com o sentimento de dever cumprido, deixando-os com os trabalhos ali iniciados.

Já quando as estrelas bordavam intensamente com seu brilho o céu, Daniel, Débora e Nina foram chamados e, preocupados, encaminharam-se até aos amigos.

Ao chegarem, o cenário triste anunciava o inevitável. Com carinho, Teodoro relatou-lhes os fatos.

Débora aproximou-se lentamente de Adelinda. Ao certificar-se de sua morte, não suportou a emoção e, entre lágrimas, desmaiou.

Com cuidado, Pompeu acomodou-a em um assento próximo, enquanto Nina não se afastava do lado da mãe.

Algum tempo depois, a esposa de Daniel se refez, mas sua dor era digna de compaixão e o ambiente foi preenchido com uma paz inexplicável.

Daniel tentou acalmá-la e carinhosamente disse:

— A morte física não soluciona todas as situações que nos conduzem às trevas, mas nos faz repensar no quanto devemos nos esforçar para buscar a libertação das paixões nocivas, que ferem e que são o reflexo do desperdício de muitas vidas. Devemos aceitar a morte como uma sequência de vida e um propósito de aperfeiçoamento de nossa fonte inesgotável de amor e fé. Retornar ao núcleo de origem significa receber as recompensas após a luta individual de cada um de nós, mas, no caso de Adelinda, devemos apenas entregá-la às mãos de Jesus e nos reservar em oração — buscando inspiração, continuou: — "Senhor Jesus: Ensina-nos a receber a provação da morte como uma porta para a verdadeira vida; amadurece-nos no entendimento quando estivermos debruçados sobre o berço vazio, entre a inconformidade sobre as suas Leis e as lágrimas por não poder acariciar o rosto do filho que se calou; ajuda-nos a deixar as lembranças serem a contemplação da felicidade vivida e não a angústia que transforma a vida em abismos de remorsos; livra-nos da estagnação do desespero incontido, quando agarramos as roupas ou objetos como se eles fossem deuses com o poder de trazer de volta aqueles que não mais possuem o hálito da vida; fortalece-nos, novamente com o tesouro da saudade bem sentida, que confirma a vida no além-túmulo e une para sempre os caminhos daqueles que se vincularam em amor, seja na Terra ou no mundo celeste; reconforta-nos para que possamos retomar os nossos deveres eternos de filhos de Deus e servidores de tua tarefa; compreende-nos, Senhor, corações enfraquecidos quando não mais desfrutarmos da companhia dos amigos que partiram e liberta-nos do egoísmo de querermos ter para sempre refugiados entre nós os filhos seus; cura-nos a dor da partida sem lamentosas interrogações sobre sua magnanimidade; traze-nos a visão para reconhecermos que o nosso reestabelecimento estará em aceitarmos que se cumpram os seus desígnios e não o nosso querer. Agora, Senhor, com as feridas de ontem totalmente cuidadas pelo remédio da oração, lhe rendemos a gratidão por se compadecer de nós."[67]

Enquanto isso, no invisível, figuras celestiais dividiam o recinto, envolvendo-os com uma luz azulada e tranquilizante. Para aqueles corações, bastava apenas aceitar e se preparar para as exéquias logo ao amanhecer.

Passaram-se os dias...

Naquela manhã, Eliezer, acompanhado por Enoque e outros rabinos, caminhava pelas ruas do comércio, quando viu Daniel e Pompeu conversando com um grupo de pessoas interessadas em ouvir as histórias de Jesus Cristo.

— Veja, Enoque, aquele é o filho de Servio, e quem está ao lado dele? — com dificuldade para identificar, continuou: — Ora, aquele homem era meu servo! Demétrio havia me dito que ele estava morto.

— Recordo-me vagamente desse servo, mas, pelo que soubemos, estava morto. Deve haver algum engano, pois esse homem é o esposo da filha de Daniel. Converteu-se ao cristianismo e, desde então, segue os passos de Daniel. Dizem que ele é sua sombra.

— Não estou enganado, esse miserável é o meu servo. Não tardará para ele sentir o peso de minha ira. Agora ainda maior, por ter se tornado um cristão.

---

67 (N.M.) A página "Oração aos que Ficaram na Terra" aqui citada foi publicada no livro *Esperança viva*, do espírito Ferdinando – psicografado por Gilvanize Balbino Pereira.

— Esses cristãos nos afrontam sempre — disse Enoque. — Desde que chegaram aqui, param em nossas vias públicas para evangelizar em nome de Jesus. As sombras de Saulo de Tarso ainda ecoam em nosso meio e muitos nos afrontam, dizendo que seguiram os passos deixados por aquele traidor.

— Acalme-se, já pensei em algo para atraí-los até nós. Vamos providenciar que Pompeu seja acusado de furto e seja levado ao cárcere. Não tardará a Daniel vir até nós para salvá-lo. Quando ambos estiverem sob nossa custódia, os executaremos, sem o mínimo de comiseração.

— Tenho como conseguir isso com muita facilidade. Nesta região, em meio ao comércio, um código é muito severo àqueles que furtam. Aqui não se tolera tal ato. Hoje mesmo providenciarei a acusação. Não podemos mais perder tempo.

Na tarde daquele mesmo dia, enquanto Daniel e Pompeu evangelizavam um grupo de pessoas, três homens, devidamente orientados e pagos por Enoque, aproximaram-se.

Um deles abriu caminho e encenou gritando:

— Sim, eu o reconheço — apontou para Pompeu. — Esse é o homem que furtou minhas mercadorias. Quero justiça.

Um tumulto iniciou.

Daniel tentava inutilmente defender o amigo, mas tudo era em vão. Sem que pudessem fazer nada, Pompeu foi conduzido a uma espécie de cárcere, que ficava ao lado da sinagoga, mantido pelos rabinos.

— Filho, não se preocupe — disse Daniel. — Farei de tudo para esclarecer esse equívoco. Mantenha-se na fé e confie em Jesus.

Com firmeza, aqueles homens partiram. Daniel imediatamente retornou a sua residência e relatou as últimas ocorrências a sua família.

— Infelizmente, o homem que o acusou tinha o apoio dos rabinos. Então, ele será julgado por eles, o que muito me preocupa, pois somos cristãos.

— Pai — disse Nina —, sabemos que ele é inocente. Por que essa mentira? Por misericórdia, o que faremos?

— Acalme-se, filha. Irei até lá e tentarei provar a inocência de Pompeu. Não consigo compreender, pois nosso objetivo era passarmos o dia juntos, evangelizando os vilarejos próximos. Paramos no comércio para dar água aos cavalos, quando nos demos conta, um grupo de pessoas se aproximou e nos solicitou que falássemos de Jesus. De súbito, um homem começou a gritar. Quero estar equivocado, mas em meu coração algo me diz que estamos sendo vítimas de alguma emboscada. Por isso temos de ser cautelosos. Quero que permaneçam aqui, em segurança.

— Jamais permitirei que vá só — disse Hermes. — Eu o acompanharei. As mulheres ficarão aqui e aguardarão Teodoro retornar de suas aulas. Confiando em Jesus, logo terão noticias nossas.

Daniel, mesmo contrariado com a decisão do amigo, pois também estava preocupado com seu bem-estar, aceitou o apoio e, com agilidade, partiram.

Na parte judaica de Bizâncio, Pompeu foi levado para um local ao lado da sinagoga, mantido pelos rabinos para seus estudos, reuniões e também para disciplinar aqueles que os afrontavam a religião.

Com destreza, Enoque organizou o local e, contando com amigos de sua total confiança, esperou a chegada do Daniel. Servio se mantinha sentado em um assento de destaque, onde uma coluna romana lhe garantia uma melhor posição.

De súbito, Daniel e Hermes adentraram o recinto.

Servio, ao ver o filho, levantou-se. O ódio avermelhava seus olhos e, com frieza e fúria, aproximou-se dele:

— Ora, ora, se não é Daniel, o ingrato. Aquele que renunciou uma vida promissora e a própria família, especialmente a mim, para se tornar um mísero cristão. Agiu como meu maldito primo Saulo de Tarso, que renegou sua origem para ser um seguidor do ensandecido Jesus Cristo — postou-se frente a frente com o filho e prosseguiu. — Por todos estes anos, acreditei que estava morto. Fui duramente enganado — com ironia, continuou: — mas isso fazia com que, de alguma forma, minha honra tivesse sido preservada e, sobretudo, vingada.

Naquele momento, Daniel entendeu que Pompeu apenas tinha servido de isca para levá-lo até ali. O objetivo daqueles homens era ele.

Ali estava o filho de Servio, introspectivo, silencioso e humilde, mantendo o pensamento em Jesus, buscando equilíbrio diante daquele cenário hostil. Enquanto ouvia as duras palavras de seu pai, era ofendido pelos demais inimigos implacáveis, envolvendo-o com uma bruma espessa de ódio.

— Rogo a compaixão dos senhores e peço que libertem Pompeu. Ele é inocente — disse Daniel, com firmeza.

— Após tantos anos — disse Servio — encontro-o vivo. Construiu uma nova família e aqui está, diante de mim. Em outros tempos, sua empáfia e arrogância me agradavam, mas agora isso é uma ofensa.

Daniel, percebendo que o ambiente estava cada vez mais hostil, tentou ganhar tempo:

— O jovem é inocente. Deixem-no partir. Se querem sacrificar alguém, que este alguém seja eu. Eu ficarei no lugar dele, pois sei qual é o objetivo de vocês.

Hermes, visivelmente contrariado, tentou persuadir Daniel a mudar de ideia, mas seu esforço foi inútil.

Servio, tomado por uma ira incontrolável, feriu-o no queixo de punho cerrado, sem compaixão.

— Maldito, prefiro que esteja morto, você não é o filho que criei. Durante todos os dias de minha vida, odiei o seguidor do carpinteiro, aquele de nome Marcos. Ele foi o responsável por transformá-lo nisto que agora se posta diante de mim. O orgulho que tinha por você quando se preparava para ser um rabino se transformou em desprezo e ódio.

Daniel recebeu o golpe em silêncio e, após limpar o sangue que marcava seu lábio e refazer-se, interveio:

— Há muito já fui sentenciado ao seu desprezo, mas jamais carreguei em meu coração ódio por você. Simplesmente entendo sua posição que, afinal, jamais hei de ocupar. Compreendo sua crença e as diferenças entre nós, que nos afastaram. Entreguei às mãos de Jesus seu espírito. Nesta vida podemos estar em condição de pai e filho, mas sei que resgatamos fatos que desconhecemos. Ao longo de minha vida, aprendi com Jesus: "Os verdadeiros parentes de Jesus" "Chegaram então sua mãe e seus irmãos e, ficando do lado de fora, mandaram chamá-lo. Havia uma multidão sentada em torno dele. Disseram-lhe: 'Eis que tua mãe, teus irmãos e tuas irmãs estão lá fora e te procuram'. Ele perguntou: 'Quem é minha mãe e meus irmãos?' E, repassando com o olhar os que estavam sentados ao seu redor, disse: 'Eis a minha mãe e os meus irmãos. Quem fizer a vontade de Deus, esse é meu irmão, irmã e mãe'" [68]. Hoje sei que aqueles que fazem e aceitam a vontade do Senhor, que entendem suas posições e trabalham em nome de Jesus, sim, é minha família. Marcos foi para mim um pai e, se hoje sou quem sou, devo a ele, pois amo meu credo, ao qual entreguei minha existência.

Entretanto, outra catástrofe chamou a atenção de todos.

Rapidamente uma agitação geral e súbita espalhou terror e medo.

Sob os pés, a terra violentamente era vitimada por sucessivos "abalos sísmicos"[69].

Sem que houvesse tempo, colunas tombaram, enquanto paredes ruíam e desabavam impiedosamente.

De súbito e em meio ao desespero, uma coluna despencou sobre Servio. Eliezer, ignorando os pedidos de socorro de seus amigos, começou a correr, mas um obstáculo o fez cair ao chão e, em seguida, uma parte de uma parede o sentenciou à morte. Enoque também teve a mesma sorte e foi vitimado sob os destroços.

Servio gemia de dor sob os escombros. Daniel, cheio de compaixão, correu para tentar inutilmente salvar o pai, quando foi violentamente atingido por outra coluna, fazendo-o permanecer desacordado.

Tempo depois, o cenário era triste...

Pelas vias públicas aglomeravam-se as pessoas apavoradas, que tentavam resguardar-se e ajudavam

---

68 (N.A.E. Bernard) Marcos 3: 31-35

69 (N.A.E. Bernard) Esse fato não foi registrado pelos historiadores nas páginas da História Antiga. Entretanto, buscamos, sem fantasias, relatar os fatos que puderam ser resgatados. por serem de muita importância para esta história e seus personagens.

os feridos como podiam. Após o abalo maior, pequenas vibrações continuavam sem compaixão.

A cidade de Bizâncio havia sido praticamente massacrada.

Enquanto isso, do outro lado da cidade, a residência de Daniel não fora poupada.

Parte da casa havia sido destruída, restando-lhe apenas o salão de oração. Durante o desabamento, Teodoro havia sido ferido. Nina cuidava do amigo com carinho.

Débora apoiava a filha, mas, desesperada, disse:

— Meus amores, pela graça de Jesus estamos bem e apenas perdemos bens materiais que o tempo nos auxiliará a recuperar. Apesar de ter sido ferido com o desabamento de parte de nossa casa, Teodoro está bem — entre convulsivas lágrimas, prosseguiu: — Meu coração está angustiado. Por Deus, onde estarão Daniel, Hermes e Pompeu após este desastre inesperado?

Teodoro, cheio de compaixão, abraçou-a, tentando inutilmente reconfortá-la:

— Estou muito preocupado com o paradeiro de nossos amigos. Não entendemos ao certo o que aconteceu, mas não podemos perder mais tempo. Vamos encontrá-los.

— Iremos com você — sugeriu Débora. — Rogo a Jesus que eles estejam vivos...

Sem perda de tempo, saíram, levando em seus corações a esperança de encontrar seus amores...

Pompeu, mesmo ferido, atravessava os escombros do salão principal em busca de seus dois amigos. Entre diversos corpos dilacerados, soterrados, para sua tristeza, encontrou Hermes. Tentou resgatá-lo, mas percebeu que não possuía mais vida; Hermes estava morto.

Atordoado, continuou sua busca, quando encontrou Daniel desacordado. Rapidamente correu para tentar salvá-lo. Mesmo sozinho, lançava palavras soltas no ar.

— Ele está vivo. Jesus, me dê forças para retirar estes destroços de cima dele... Rogo-lhe que ele continue conosco, pois é para mim tal qual um pai, do qual não posso prescindir. Por misericórdia, Senhor, dê-me coragem para enfrentar tão sofrida situação.

Aquele coração lutava bravamente para ter forças, quando conseguiu livrá-lo do peso das pedras.

Com dificuldade, livrou Daniel daquele grande infortúnio. Pompeu, buscando em seu foro íntimo forças hercúleas, colocou-o em seus braços e saiu com rapidez, pois o perigo de se manter ali era eminente.

Já do lado de fora, deitou cuidadosamente o amigo no solo e, com carinho de um filho, acomodava-lhe a cabeça para dar um pouco de conforto.

De súbito, foi surpreendido por Teodoro, Nina e Débora.

Nina, ao vê-lo, correu feliz para abraçá-lo. Teodoro, com um sorriso discreto, saudou-o e perguntou:

— Onde está Hermes?

Pompeu abaixou a cabeça, não omitindo as lágrimas, e disse:

— Ele está morto.

— Temos que voltar lá para resgatar o corpo — disse Teodoro, triste. — Vamos dar ao nosso amigo um sepultamento digno.

Enquanto Daniel recebia a atenção das mulheres, os dois homens trouxeram o corpo de Hermes.

Desesperada, Débora fazia o que podia para salvar seu esposo. Seu coração batia descompassadamente, enquanto seu sofrimento era digno de comiseração.

— Meu carinho, por Jesus, não me deixe. Volta para nós e permita-me sentir seu hálito de vida novamente. Oh, Deus, ensina-me a enfrentar a difícil realidade sem culpar a ninguém, mas se a realidade significa o calor de meu amor, por misericórdia, ensina-me a viver...

Com dificuldade, Daniel segurou a mão da esposa, deitou-lhe um beijo e, em seguida, desfaleceu.

Com cuidado, retiraram-no daquele ambiente hostil, onde a morte era evidente. Enfrentaram o grande desafio de atravessar as vias agitadas e aglomeradas até chegarem à residência.

Ao retornarem, um leito foi improvisado no salão de oração e acomodaram Daniel com carinho pois, para a preocupação de todos, ele estava vivo, mas mantinha-se envolvido por um sono profundo.

Ao se certificarem de que ele estava em segurança e bem, prepararam o sepultamento de Hermes, com simplicidade e respeito.

Já noite alta, todos permaneciam ao lado de Daniel, pois seu estado de saúde não era o melhor.

Enquanto isso, no invisível, de súbito, o salão simples foi invadido por uma luz azulada que preencheu com uma indescritível paz o coração dos emissários celestiais, que cuidavam de Daniel.

Em meio ao grande clarão, a figura de Marcos fez-se radiante.

O apóstolo de Jesus caminhou calmo e reluzente até o leito de seu amado. Daniel, desprendido pelo sono profundo do corpo ulcerado e liberto das úlceras que o massacravam, gozava de saúde e robustez naquele momento.

Ao vê-lo, Daniel ajoelhou-se e beijou-lhe a destra. Marcos, com amor intenso, segurou-o pelos braços e o abraçou, tal qual um pai amoroso.

— Marcos — disse Daniel, entre lágrimas abundantes —, se aqui estou é porque morri. Sempre sonhei um dia poder reencontrá-lo e isto, para mim, é um bálsamo que serena minha alma.

— Meu filho, que levo em meu coração na condição de elevada estima e de um amor desenhado pelas mãos do Senhor. Não está morto, apesar de seu corpo ter sido massacrado. Por meio de um sono profundo o trouxe até minha presença porque é necessário. Venho porque qual seria um pai que vê um filho em sofrimento e o ignora? Jamais o abandonaria. Grandiosa é a tarefa de conduzir as almas ao refazimento das mentes, estabelecendo sobre os alicerces da instrução o esclarecimento dos filhos de Deus. Muitos morreram nos circos, postes de azeite, fogueiras e na cruz e isto não pode ter sido inútil ou desprezado. Deus, nosso Senhor, pretende que os ensinamentos deixados por Jesus sejam o alicerce da humanidade e estabeleçam um império de amor sobre seus filhos. A Terra é o berço acolhedor dos espíritos que retornam para iniciarem a grande trajetória de transformação individual. Muitos homens que hoje ocupam as posições opostas ao Senhor, também foram presenteados pelo Senhor com a verdade da imortalidade vitoriosa sobre todos. Um dia ocuparam suas posições e entenderam que Jesus não só estabeleceu um império de luz, amor e razão, como também, atormentados com a própria consciência, se curvaram redimidos e iniciaram uma nova história em suas existências. Viver na carne representa uma perfeita obra em constante habilitação do espírito para uma realidade maior, a própria transformação para o bem. Para conquistar o triunfo desta transformação, os filhos de Deus devem conhecer o Evangelho e nele construir uma ponte que os levará ao Senhor. O Cristo pode ter sido sentenciado ao madeiro duro da cruz, mas continua radiante intercedendo em favor da Terra. Os apóstolos podem ter sido calados, mas a força do evangelho permanece entre os convertidos verdadeiramente. É importante que os ensinamentos de Jesus triunfem sobre as controvérsias dos homens. Deus conhece os corações de seus filhos e compreende a limitação de cada um quanto ao poder de seu amor. Por isto, Ele determinou que as verdades do Cristo fossem anunciadas indistintamente por meio do Evangelho, a boa nova, e não do isolamento egoísta. Devemos respeitar todas as religiões, suas leis e aguardar o tempo, que trará a luz de Jesus sobre os conceitos religiosos da Terra, porque eles também exaltaram o nome do Deus único. Não podemos desprezar as oportunidades de preparar o caminho para aqueles que virão depois de vocês e farão Jesus vivo, assim como fizeram até o momento. Por isso e muito mais, ainda é importante para nós que continue vivo e conceda condições a Pompeu de assumir o trabalho cristão de evangelização desta região e prepará-la para o futuro núcleo do cristianismo designado por Jesus.

Daniel, olhando para seu corpo, indagou:

— Como continuar, se meu corpo está limitado e me impedirá de seguir até onde estarão os necessitados por Jesus?

— Não se perturbe com que os olhos veem. No passado, também questionou se estava preparado para servir ao Senhor. Veja sua história e o que construiu ao longo de sua trajetória. Não será um acidente que o fará desistir. Volte apenas a viver. Confie no poder da oração, porque ela sempre vinculou nossas mentes. Lembre-se que, antes de sermos indivíduos que agem sozinhos, nossas existências são comandadas por Deus, que está acima de nós. Aprenderá na adversidade a ver a grandeza do amor de Deus, que nos sustenta e nos impulsiona para o alto. Ninguém pode parar a marcha diante de uma limitação, mas, sim, aprender que muitos outros caminhos se abrem quando outros já cumpriram sua missão. Levante-se renovado, orando e confiando, porque as sombras podem permanecer por um tempo, mas não por toda eternidade.

— Perdoe-me a fraqueza temporária. Aceito os desígnios dos céus e me curvo resignado diante de Deus. Queria poder lembrar-me de todas suas palavras... Mas sei que isso é impossível, então me permita apenas guardar sua imagem, porque isso me basta para lembrar a coragem de continuar e reforçar minha fé...

Marcos, carinhosamente, abraçou-o novamente com brandura.

Aproximando-se de Débora, que estava ajoelhada orando pelo restabelecimento de Daniel, beijou-lhe a fronte, mas ela não percebeu, apenas sentiu uma paz indescritível. Logo depois, impôs a mão sobre Daniel, emitindo um indiscernível magnetismo imantado de amor.

Em seguida, despediu-se e deixou Daniel emocionado sob o amparo dos emissários benditos, que, ao longo daquela noite, permaneceram cuidando de seus ferimentos... E preparando-o para um novo despertar.

Dois dias seguiram-se. Aqueles corações lutavam para dar a Daniel um pouco de alívio às suas dores, e oravam fervorosamente ao Senhor pela sua recuperação.

Quando o Sol radiante anunciava a força de um novo dia, a família e os amigos de Daniel, mesmo exaustos, não se omitiam do seu lado, tentando lhe oferecer um pouco de conforto diante daquela situação limitada.

Entretanto, para a surpresa de todos, Daniel pediu um pouco de água. Débora, feliz e amorosa, deu-lhe de beber:

— Meu carinho, que Jesus seja louvado, porque pensamos que não retornaria mais para o nosso lado.

— Amor meu, retorno porque sei que entre vocês hei de vencer — tentando mexer as pernas sem sucesso, prosseguiu: — Tenho consciência de meu estado atual. Minhas pernas, que antes eram minhas conselheiras, agora são minhas inimigas. Terei de aprender a recomeçar.

Débora, com lágrimas orvalhando suas faces, interveio:

— Serei seus pés para guiá-lo onde Jesus necessitar dar instrução, mas não permita que eu mesma me perca nas estradas das sombras; serei suas pernas para sustentá-lo e lembrá-lo do quanto Jesus é a fonte de luz, coragem e fé; serei seu corpo e juntos triunfaremos e não permitiremos que o Evangelho de Jesus silencie; mas não poderei ser sua mente, porque será ela que nos instruirá em direção aos céus, como sempre fez, tampouco suas palavras, porque nelas o apóstolo Marcos fala por intermédio de você e de seu amor... E se meus braços fraquejarem pela passagem tempo, que nevará impiedosamente meus cabelos anunciando que a velhice não me foi poupada, buscarei no Senhor forças para dizer apenas: seguirei silenciosamente amando você.

Daniel não escondia as lágrimas e, com carinho, recebeu a demonstração de amor de sua esposa. Selou em seu coração a coragem para enfrentar os dias que viriam.

A emoção tomou o coração de todos, enquanto o ambiente foi envolvido por uma paz emanada do invisível, porque a eles restaria apenas continuar.

O tempo escoava-se dia a dia e as pessoas do vilarejo reparavam seu cotidiano como podiam.

Os abalos sísmicos haviam deixado marcas profundas nas vidas daqueles que haviam perdido seus bens materiais e, sobretudo, encontravam no calor da fé forças para enfrentarem suas perdas mais preciosas: seus amores.

Em meio a muito sacrifício, as pessoas reconstruíam suas casas e a eles cabiam apenas aceitar, trabalhar e carregar a esperança na vida após a morte.

Com a destruição do templo judeu, da morte de Enoque, de Eliezer e de Servio, os rabinos locais se organizavam para manter seu credo vivo no povoado.

Por outro lado, o cristianismo se solidificava com o empenho da família de Daniel. Os escritos de Marcos continuavam sendo reproduzidos, distribuídos e interpretados pelos convertidos, que se espalhavam por muitas regiões.

Entretanto, não podemos prescindir que os atritos entre judeus, religiões locais diversas e os seguidores do Cristo eram evidentes. Dissabores, conflitos e acusações injustas dividiam o cotidiano daquela sociedade.

Os escritos do apóstolo Bartolomeu, Mateus, Marcos e João também chegavam ali e serviam de base para a evangelização daqueles corações.

Enquanto isso, Daniel recebia o carinho de seus amores e, aos poucos, se recuperava. Entretanto, a coluna de mármore que havia caído sobre ele deixara-lhe uma marca profunda. Ele não caminhava mais. Restou-lhe apenas aceitar a nova situação.

Débora era, para ele, o anjo bendito que Deus havia lhe presentado para conviver ao seu lado. O amor entre ambos se fortificou e, mesmo diante de muitas adversidades, Daniel aceitava a nova condição sem nenhuma reclamação.

Com muita coragem, reconstruíram o salão de oração e ali fundaram a primeira "igreja" de Bizâncio.

Daniel e Teodoro não perderam tempo e dedicaram seus dias a preparar Pompeu para dar seguimento aos trabalhos de evangelização.

Sem abandonarem os trabalhos para subsistência, quando dividiam o tempo no comércio, mantinham como principal objetivo as tarefas cristãs, apoiando os necessitados, os que buscavam notícias de Jesus. Além disso, dedicavam-se às cópias e distribuição os Evangelhos.

Naquela noite, homens e mulheres, sequiosos do Mestre, esperavam o momento em que se iniciaria a pregação.

Como de hábito, para dar forças a Pompeu, amorosamente Daniel disse:

— Amigos, sei que enxugam as lágrimas que marcam suas faces ao ouvirem minhas palavras, trazendo notas sobre nosso Jesus Cristo. Rogo aos presentes que acolham em seus corações Pompeu, que é para mim um filho, pois ele trará os ensinamentos do apóstolo Marcos às suas almas afoitas...

Pompeu não escondeu a emoção, mas não titubeou e encontrou no ambiente uma atmosfera favorável e carinhosa que o envolveu com intensa luz.

Com objetividade, leu o que segue:

— "Um dos escribas que ouvira a discussão, reconhecendo que respondera muito bem, perguntou-Lhe: 'Qual é o primeiro de todos os mandamentos?'. Jesus respondeu: 'O primeiro é: Ouve, ó Israel, o Senhor nosso Deus é o único Senhor, e amarás o Senhor teu Deus de todo teu coração, de toda tua alma, de todo teu entendimento, e com toda a tua força. O segundo é este: Amarás o teu próximo como a ti mesmo. Não existe outro mandamento maior do que esses'. O escriba disse-Lhe. 'Muito bem, Mestre, tens razão de dizer que Ele é o único e não existe outro além dEle, e amá-Lo de todo o coração, de toda a inteligência com toda a força, e amar o próximo como a si mesmo é mais do que todos os holocaustos e todos os sacrifícios'. Jesus, vendo que ele respondera com inteligência, disse-lhe: 'Tu não estás longe do Reino de Deus'. E ninguém mais ousava interrogá-Lo."[70]

Pompeu envolvido por uma inspiração superior, disse:

— Quando Jesus foi indagado sobre leis, as resumiu em duas máximas que nos remete ao amor. Entretanto, não poderemos falar de amor e nos esquecermos do trabalho e da libertação da inação. Como fazer para o amor se perpetuar em nossos corações além de nossos conhecimentos? Por meio da conversão autêntica e verdadeira. Aquela que tudo suporta e não culpa o Senhor pelos obstáculos que surgem ao longo da vida. O espírito de Jesus habita em nós e dele vem a força que nos impulsiona para o futuro, reconhecendo que necessitamos transformar nossas sombras íntimas em luz. Estas leis atravessarão os portais do tempo e quando retornarmos em outras vidas, elas nos vincularão ao Senhor. Para que o amor se perpetue, não podemos nos reservar a apenas uma única existência, pois somos filhos de muitas e muitas vidas. Não há morte e nada será oculto diante da sabedoria celestial. Todos nós fomos convidados a experimentar as leis de amor e elas não se silenciam no túmulo, mas reforçam que o amor é eterno e sempre será o alicerce de nossa transformação. Jesus falava das vidas sucessivas e, sobretudo, do amor universal

70 (N.A.E. Ferdinando) Marcos, 12:28-34

e não unilateral entre as criaturas, mas, sim, daquele sentimento generoso descrito nos Evangelhos. Marcos amou o Senhor e não o conheceu. Estabeleceu em seus registros sobre Jesus Sua ação constante, embasada no amor racional, aquele que compreende, ensina e liberta. A cada um foi concedida a responsabilidade por suas existências, mas a fé é o sustentáculo que eleva voluntariamente, por meio da razão e instrução, a libertação do sofrimento. Mesmo diante dos obstáculos naturais ou não, há oportunidades de praticarmos as leis de amor ao Senhor e ao próximo. Para isso, lembremos que Jesus exalta amarmos a nós mesmos, para registrarmos em nós a fortaleza do Reino de Deus. Estaremos sempre diante de lutas incessantes que começam e que, por vezes, não têm fim, mas Jesus é conosco e isto nos basta para obtermos o divino triunfo. Sustentemo-nos na oração, porque ela nos renova e nos aproxima de Deus: "Senhor Jesus Cristo, o saudamos como o imperador dos homens e como o senador legítimo de todas as leis. Temos consciência de que nossa elevação ao Reino de Deus também pode significar lágrimas, então, por misericórdia, transforme-as em joias eternas que nos façam não nos esquecermos jamais que nossa causa se chama: Evangelho Renovador. Ensine-nos a recomeçar com dignidade, aceitando a sua vontade e não somente o nosso querer. Dê-nos o poder da palavra para que elas traduzam os nossos sentimentos e que os nossos corações sejam um grande reservatório de amor e entendimento de seus ensinamentos. Liberte-nos do medo avassalador e que cada testemunho de amor nos eleve aos portais dos céus, conceda-nos Suas mãos para que sejamos fortes diante da vida e compreensivos diante da morte. Portanto, em cada lágrima ou sacrifício, levaremos a certeza de que não vamos sós e estamos preparados para lutar com armas corretas chamadas: amor, fé racional, esperança no porvir e coragem para seguirmos adiante..."

A atitude simples e sincera de Pompeu sensibilizou os presentes que, em silêncio, absorviam o magnetismo daquelas palavras de amor.

Encerrando o encontro de luz, buscou em seu íntimo inspiração e orou, enquanto os presentes repetiam em voz alta suas palavras, entoando um cântico de amor que preenchia seus corações com fé, coragem e amor, pois estariam, a partir daquele instante, sob o Sol de um novo amanhecer...

"Pai nosso que estais nos céus.
Santificado seja o seu nome.
Venha a nós o seu reino.
Seja feita a sua vontade,
assim na Terra como no Céu.
O pão nosso de cada dia nos dê hoje.
Perdoa as nossas ofensas,
assim como perdoamos os nossos inimigos.
E não nos deixe cair em tentação,
mas livra-nos do mal.
Assim seja..."

Fim

Galeria dos personagens

Nome	Descrição
Abdias	Amigo de Daniel filho de Servio.
Adelinda	Filha de Zafira, que foi adotada por Daniel e Débora.
Ambrosio	Comerciante, convertido à fé cristã, esposo de Otila, pai de Tamara, irmão de Tercio e amigo de Marcos (o apóstolo – evangelista)
Ananias	Homem que fazia parte do grupo de segurança dos rabinos em Bizâncio.
André	O primeiro pescador de homens, irmão de Pedro. "Foi o primeiro dos doze a ser chamado por Jesus. Era irmão de Pedro e também pescador. Antes de seguir o Mestre, era discípulo de João Batista, que o mandou junto com um outro não identificado (talvez João Evangelista), para segui-lo. As tradições indicam que ele tenha ido a lugares distantes para pregar o Evangelho, e que tenha morrido em uma cruz em forma de X na Grécia, de onde o seu corpo foi levado para Constantinopla, tornando-se padroeiro desta cidade." Disponível em: <http://www.espirito.org.br/portal/palestras/geap/os12apost.html>. Acesso em: 9 de abril de 2015.

Bartolomeu	Nathanael "Bar-Tolmai filho (Bar) de Tolomeu (Tholmal ou Talmai)", que nasceu em Canaã, mais tarde foi conhecido pelo nome de Bartolomeu, apóstolo do nosso Senhor Jesus Cristo, citado em João I, 45:51. Também conhecido como apóstolo do coração. Sua história foi narrada nos livros *Horizonte das cotovias* e *Salmos de redenção*, ambos romances do espírito Ferdinando, psicografados por Gilvanize Balbino Pereira.
Benjamin	Servo cristão, que trabalha na casa de Servio.
Daniel	Filho de Servio, judeu convertido ao cristianismo, que teve grande importância na difusão do cristianismo no Egito e em Bizâncio.
Davi	Filho de Daniel (filho de Servio) e Tamara (filha de Ambrosio e Otila).
Débora	Esposa de Daniel e mãe de Nina.
Demétrio	Egípcio, homem de confiança de Eliezer, que vai para Bizâncio em busca de Daniel e se relaciona com Adelinda.
Eliezer	O rabino, amigo de Servio.
Enoque	Rabino, líder religioso de Bizâncio, amigo de Eliezer.
Ezequiel	Cristão, amigo de Daniel, Teodoro e Hermes.
Filipe	Apóstolo de Cristo, Filipe era originário de Betsaida da Galiléia. João o menciona várias vezes no seu Evangelho. Narra que Jesus chamou por Filipe no dia seguinte das vocações de Pedro e André.
Guilhermo	Cristão amigo de Daniel.
Hermes	Homem infiltrado no meio cristão sob as ordens de Servio e do rabino Eliezer.
Ian	Judeu, 1º esposo de Débora.
João Marcos	"Carismático evangelista de Cristo, judeu de uma tribo de Levi, inicialmente João depois tomou um nome romano, criador do gênero literário Evangelho

	como autor do segundo dos evangelhos sinóticos e considerado fundador da igreja do Egito e da cidade italiana de Veneza. A principal fonte de informações sobre sua vida está no livro Atos dos Apóstolos." Disponível em: <http://www.dec.ufcg.edu.br/biografias/SaoMarco.html>. Acesso em: 9 de abril de 2015. Mais a frente, apresentamos a biografia resumida de São Marcos.
Joel	Homem que acolhe Marcos e Bartolomeu, em Luxor.
José	Pastor que acolhe Marcos.
Nina	Filha de Daniel e Débora.
Otila	Convertida à fé cristã, esposa do comerciante Ambrosio e mãe de Tamara.
Paulo (ou Saulo para os hebreus) de Tarso, o apóstolo dos gentios	"Apóstolo do cristianismo nascido em Tarso, cidade principal da Cilicia, o mais importante nome para a perduração dos ensinamentos de Cristo". Disponível em: <http://www.dec.ufcg.edu.br/biografias/SaoPaulo.htm>. Acesso em: 9 de abril de 2015.
Pedro, o príncipe dos Apóstolos	"Irmão do Apóstolo André, era um pescador no mar da Galiléia, mais precisamente da cidade de Cafarnun. Seu nome era Simão, mas recebeu de Jesus o sobrenome de Pedro ou Cefas, que significa pedra em grego e hebraico, respectivamente. Junto com os irmãos Tiago e João Evangelista, fez parte do círculo íntimo de Jesus entre os doze, participando dos mais importantes milagres do mestre sobre a terra. Existe uma passagem peculiar nos Evangelhos, em que Pedro nega por três vezes que seria Apóstolo de Jesus. Quando, como Jesus predissera, o galo

	cantou depois da terceira negativa, Pedro verteu-se em lágrimas. É tido como fundador da Igreja Cristã em Roma, considerado pela Igreja Católica como o primeiro Papa. Depois da morte de Jesus, despontou-se como líder dos doze Apóstolos, aparecendo em destaque em todas as narrativas evangélicas. Exerceu autoridade na recém-nascida comunidade Cristã, apoiou a iniciativa de Paulo de Tarso de incluir os não judeus na fé cristã, sem obrigá-los a participarem dos rituais de iniciação judaica. Foi morto em Roma no ano de 64 D.C., na perseguição feita por Nero aos cristãos, crucificado de cabeça para baixo, conforme a sua vontade, pois não se achava digno de morrer como Jesus. Seu túmulo se encontra sob a catedral de S. Pedro, no Vaticano, e é autenticado por muitos historiadores, sendo validado pelo Papa no ano de 1968." Disponível em: <http://www.espirito.org.br/portal/palestras/geap/os12apost.html>. Acesso em: 9 de abril de 2015.
Pompeu	Grego, homem de confiança de Eliezer, que vai para Bizâncio em busca de Daniel e se apaixona por Nina.
Rabiah	Mãe de Daniel, 1ª esposa de Servio (judeu, o mercador).
Ruth	Esposa de Bartolomeu – apóstolo, sua história foi narrada nos livros *Horizonte das cotovias* e *Salmos de redenção*, ambos romances do espírito Ferdinando, psicografados por Gilvanize Balbino Pereira.
Servio	Judeu mercador, pai de Daniel. Da linhagem familiar de Paulo de Tarso.

Tamara	Convertida à fé cristã, Filha de Ambrosio e Otila, sobrinha de Tercio.
Teodoro	Grego amigo de Daniel.
Tercio	Comerciante, convertido à fé cristã, irmão de Ambrosio, cunhado de Otila e amigo de Marcos (o apóstolo, evangelista).
Versus Lucius Antipas	A história deste personagem foi relatada no livro Salmos de Redenção pelo Espírito Ferdinando, psicografado por Gilvanize Balbino Pereira. "Ele é romano de nascença e tem grande influência junto ao povo que o teme devido ao seu rentável comércio de escravos."
Yara	Segunda esposa de Servio, que se apaixona por Ambrosio (um dos irmãos de Damasco).
Zafira	Serva de Débora.

Índice bíblico

Nota de esclarecimento da médium: todos os textos bíblicos foram extraídos da versão da "A Bíblia de Jerusalém", nova edição revista e ampliada. Paulus, São Paulo, 2002

Breve Relato – João I, 45:51

Reencontro

Capítulo 1 – Marcos 4:26-29

Capítulo 2 – Marcos 4:23-24 - Marcos 2:14 - Marcos 12:29-31

Capítulo 3 – Marcos 2:15 - Atos 9:1-9

Capítulo 4 – Marcos 2:22 - Mateus 6:26

Capítulo 5 – Marcos 4:11-12 - Marcos 8:34-35 - Marcos 2:1-12 - Marcos 12:28-31

Capítulo 6 – Marcos 2:17 - João 8:12

Capítulo 7 – Marcos 1-15 – Paulo, Efésios 4:23-24 - Mateus 5:17

Capítulo 8 – Marcos 14:3-6 – Paulo, Romanos 12:16 - Marcos 4:13-23

Capítulo 9 – Marcos 6:23

Capítulo 10 – Marcos 9:43

Capítulo 11 – Marcos 2:21 - Marcos 12:29-31

Capítulo 12 – Marcos 13:31

Capítulo 13 – Marcos 13:30

Capítulo 14 – Marcos 10:52 - Eclesiástico 44:1-15

Capítulo 15 – Marcos 4:40-41 - Marcos 4:1-9 - Marcos 4:21-23 - Salmo 23

Capítulo 16 – Marcos 1:17

Capítulo 17 – Marcos 16:15

Capítulo 18 – Marcos 10:45

Capítulo 19 – Marcos 1:38

Capítulo 20 – Marcos 2:14 - Marcos 8:34-38

Capítulo 21 – Marcos 8:12-13 - Marcos 5:35-43

Capítulo 22 – Marcos 4:21 - Marcos 5:21-34

Capítulo 23 – Marcos 12:41-44

Capítulo 24 – Marcos 9:40 - Salmo 91

Capítulo 25 – Marcos 4:29 - Marcos 4:35-41

Capítulo 26 – Marcos 4:28 – Paulo, Efésios 6:10-20

Capítulo 27 – Marcos 1:28

Capítulo 28 – Marcos 9:1

Capítulo 29 – Marcos 5:20 - Marcos 7-14:23 - Lucas 15:11-32

Capítulo 30 – Marcos 16:15 - Salmo 63

Capítulo 31 – Marcos 11:22 - Marcos 7:1-13

Capítulo 32 – Marcos 11:25 - Marcos 3:31-35 - Marcos 12:28-34

Encarte

Amigos, após ter estudado os maravilhosos e surpreendentes evangelhos apócrifos e os manuscritos do Mar Morto, para a psicografia do livro *Verdades que o tempo não apaga*, dos espíritos Ferdinando e Bernard, revisitei o fragmento 7Q5, em que busquei informações sobre o Evangelho do apóstolo Marcos narrado neste livro.

Nessa pesquisa, também me deparei com um suposto Evangelho Secreto de Marcos e encontrei apenas uma carta de Clemente de Alexandria, descoberta por Morton Smith em 1958, que, segundo diversas fontes, havia desaparecido.

Como outrora, muitos leitores se interessaram pelo tema apócrifo, então, deixo aqui um resumo da pesquisa realizada especificamente para este livro. Espero contribuir com o estudo de todos.

Desejo-lhes uma excelente viagem nas páginas da história, sobretudo nos textos que envolvem o especial e iluminado apóstolo Marcos...

Abraço,
Gilvanize

"Os **livros apócrifos** (*Apokryphos*, secreto, oculto) são os livros escritos por comunidades cristãs e pré-cristãs (ou seja, há livros apócrifos do Antigo Testamento) nos quais os pastores e a primeira comunidade cristã não reconheceram a Pessoa e os ensinamentos de Jesus Cristo e, portanto, não foram incluídos no cânon bíblico."

Fonte: http://pt.wikipedia.org/wiki/Ap%C3%B3crifos; acesso em 8 de abril de 2015.

7Q5 e a Historicidade dos Evangelhos

por Celso Vicente Mitchell

1. Descoberta das grutas de Qumrân

"Em 1947, dois beduínos (pastores de cabras) descobriram por acaso a primeira gruta de Qumrân, no deserto localizado à beira do Mar Morto. Foram encontrados fragmentos e rolos escritos em hebraico. No início, pouco valor foi dado, mas logo se percebeu a grandiosidade desta descoberta. A partir de então, outras grutas foram sendo encontradas, contendo muito material em grande parte identificado como sendo do Antigo Testamento. Outros documentos também faziam parte das descobertas, como a Regra da Comunidade que ali viveu. "

Vista parcial das grutas de Qumrân

2. A gruta 7

Em 1955, foi descoberta uma gruta com características especiais: a gruta 7. Todas as grutas até então encontradas continham material escrito em hebraico ou aramaico. Mas a gruta 7 continha fragmentos e jarros com escrita em grego.

Cavernas 7 e 8

No momento dessa descoberta não se percebeu o seu valor. O Dr. C. H. Roberts datou alguns fragmentos como sendo muito antigos: o fragmento 7Q5 seria do ano 50 d.C.. Os conteúdos, porém, destes fragmentos em grego não foram, neste momento, identificados.

3. Identificação do fragmento 7Q5

Fragmento 7Q5 do Evangelho de Marcos

Em 1972, o papirólogo e paleógrafo jesuíta Pe. José O'Callaghan trabalhando com o fragmento, 7Q5 fez sua identificação visual com uma passagem do Evangelho de Marcos, Mc 6,52-53. Entrou em contato com o Pe.Ignace de la Potterie, que o aconselhou a fazer os testes no computador, para que não houvesse dúvidas quanto à identificação. Foi então usado o sofisticado programa Ibycus, que fazia pesquisas em toda a literatura greco-romana até então conhecida e em todos os outros textos da antiguidade. A única identificação que o programa acusava era a mesma passagem do Evangelho de Marcos apontada por O'Callaghan. Não havia dúvida quanto à identificação: ela estava correta!

4. A controvérsia a respeito do 7Q5

Mesmo assim, muitos da comunidade internacional de teologia se levantaram contra a identificação de O'Callaghan. Estavam acostumados com as teorias de Bultmann, que dizia que muito pouco se podia saber historicamente a respeito do conteúdo dos Evangelhos. A Escola das Formas de Bultmann e os teólogos liberais datavam os Evangelhos muito tardiamente, dizendo que eles foram escritos pelas comunidades posteriores aos apóstolos e não pelos próprios evangelistas. Para Bultmann, tudo o que não pudesse ser comprovado historicamente, era enquadrado na categoria dos mitos, daí o seu trabalho de desmistificação dos Evangelhos. Para aqueles que queriam seguir o cristianismo só restava a fé, e a fé sem constatação histórica. Mas a fé pressupõe uma base racional. Fé e razão não são dois pólos contrários que se digladiam, mas a razão concorre para a solidificação da fé. Somente uma fé ingênua se implanta em bases não históricas. A Escola das Formas foi em parte aceita (com o seu método histórico-crítico) pela Igreja Católica com a Encíclica "Divino afflante spiritu", de Pio XII, de 30 de setembro de 1943, quando ainda não havia sido descoberto nem identificado o fragmento 7Q5. Hoje, porém, a Escola das Formas é vista com sérias reservas.

5. Os fragmentos de Mateus do Magdalen

Em 1994, o papirólogo alemão Carsten Peter Thiede, revendo fragmentos antigos do Novo Testamento, deparou-se com os do Evangelho de São Mateus guardados no Magdalen College, em Oxford, na Inglaterra. São três fragmentos do capítulo 26 de S. Mateus, escritos na frente e no verso. Observando-os melhor, constatou que eles possuíam uma escrita que não era de uma data tardia (início do segundo século, como se presumia anteriormente), mas deveriam ter sido escritos, no máximo, pelo ano 50 d.C.. Isso era extraordinário! Esses fragmentos pertenciam a uma cópia do Evangelho de Mateus, o que significa que o original era ainda anterior a essa data.

Frente e verso dos fragmentos do Magdalen College, do Evangelho de Mateus

6. O nascimento dos Evangelhos Sinóticos

Durante a década de 70 e parte da de 80, até a sua morte em 1986, o Pe. Jean Carmignac dedicou-se ao estudo da origem dos Evangelhos Sinóticos. Trabalhando com as descobertas de Qumrân e sendo o principal autor de artigos na Revue de Qumran por um longo período, ele se aprofundou nos estudos de tradução dos Evangelhos para o hebraico. Descobriu, então, na tradução, versos e rimas que não aparecem nos textos gregos. Isto acontecia aos milhares. Os indícios de que os Evangelhos de Marcos e de Mateus foram escritos originalmente em hebraico estavam se confirmando. Antes de morrer, ele estava preparando grossos volumes técnicos para os especialistas da área, com farta documentação que comprovava a sua tese. Além disso, verificou que o Evangelho de Marcos teria sido escrito originalmente por Pedro em hebraico, e Marcos teria sido o seu tradutor para o grego.

7. Historicidade dos Evangelhos

Evangelista São Marcos. Mestre Portillo (séc. XVI). Pintura a óleo conservada no Museo Diocesano y Catedralicio de Valladolid (Espanha).

O primeiro Evangelho a ser escrito teria sido o de Marcos, por volta do ano 42 d.C., quando ainda estavam vivas as testemunhas oculares dos eventos ali narrados. Logo em seguida, e antes do ano 50 d.C., foi escrito o Evangelho de Mateus, com um texto um pouco mais longo que o de Marcos. Pelo ano 62 d.C., o mais tardar, Lucas escreve a sua díade: o Evangelho e os Atos dos Apóstolos, talvez em defesa de Paulo, que estava preso em Roma. Alguns acreditam que antes mesmo dos anos 70 d.C., João teria escrito o seu Evangelho, que contém uma elaboração teológica muito maior que os outros. A questão central está em que, com essas recentes descobertas, podemos com muita segurança, ao menos para os sinóticos, colocar a data de composição dos Evangelhos para bem antes do ano 70 d.C., quando ainda estavam vivas as testemunhas oculares dos eventos dos quais Jesus Cristo participou. Muitos da Escola das Formas achavam que a descrição da destruição de Jerusalém, predita por Jesus no Evangelho de Mateus, fora ali colocada porque a comunidade que teria escrito o Evangelho também haveria presenciado a destruição, e não porque Jesus tivesse a capacidade de prever tal acontecimento. Ora, isto se devia a uma deturpação ao quanto que é histórico no Evangelho. Hoje em dia esta hipótese não se sustenta mais: Jesus tinha, sim, a capacidade de prever o que aconteceria no futuro, e a queda de Jerusalém foi prevista por Ele e documentada no Evangelho de Mateus, antes que o fato acontecesse.

8. Evidência interna no Evangelho de Lucas

Lucas, que escreveu o seu Evangelho a partir de Paulo e que foi dos três sinóticos o mais tardio, como vimos anteriormente, tem em seu Prólogo o seguinte texto (Lc 1:1-4):

1 Visto que muitos já tentaram compor uma narração dos fatos que se cumpriram entre nós -

2 conforme no-los transmitiram os que, desde o princípio, foram testemunhas oculares e ministros da Palavra -

3 a mim também pareceu conveniente, após acurada investigação de tudo desde o princípio, escrever-te de modo ordenado, ilustre Teófilo,

4 para que verifiques a solidez dos ensinamentos que recebeste.

Ora, Lucas afirma não ser o primeiro a escrever um Evangelho e diz que se baseou nos fatos narrados pelas testemunhas oculares dos acontecimentos ocorridos com, e que envolveram, Jesus Cristo, tendo providenciado uma "acurada investigação de tudo desde o princípio".

Este é um relato que evidencia a autenticidade e a historicidade do Evangelho de Lucas.

9. Conclusões do Pe. Carmignac

Na conclusão de seu livro *La naissance des évangiles synoptiques* (*Troisième édition avec réponse aux critiques*, François-Xavier de Guibert, Paris, 1995, p. 95-96), o Pe. Jean Carmignac faz a seguinte apresentação de resultados de vinte anos de pesquisas sobre a formação dos Evangelhos Sinóticos:

"1) É certo que Marcos, Mateus e os documentos utilizados por Lucas foram redigidos numa língua semítica.

2) É provável que esta língua semítica seja o hebraico de preferência ao aramaico.

3) É assaz provável que nosso segundo Evangelho tenha sido composto em língua semítica pelo apóstolo S. Pedro.

4) É possível que o apóstolo S. Mateus ajudou a redigir a Coleção dos Discursos ou que ele ajudou a redigir a Fonte Comum utilizada no nosso primeiro e no nosso terceiro Evangelho.

5) Se alguém levar em conta as indicações da segunda epístola aos Coríntios, não é verossímil colocar a redação de Lucas em grego mais tarde que os anos

50-53, não é verossímil colocar a redação definitiva em língua semítica de nosso primeiro Evangelho muito mais tarde que Lucas, não é verossímil colocar a redação em língua semítica de nosso segundo Evangelho muito mais tarde que os meados dos anos 42-45.

6) É provável que o Evangelho semítico de Pedro tenha sido traduzido em grego, talvez com algumas adaptações por Marcos, em Roma, o mais tardar pelo ano 63 d.C.; esse é o nosso segundo Evangelho, o qual tem guardado o nome de seu tradutor, em lugar daquele de seu autor.

7) É verossímil que o tradutor grego de Mateus tenha utilizado o texto de Lucas.

Tal será, eu espero, a base da exegese dos Evangelhos Sinóticos pelo ano 2000."

10. O Testemunho de Pápias

No início das primeiras comunidades cristãs, surgiram os escritos dos Padres Apostólicos, assim chamados por sua proximidade histórica com os apóstolos. Dentre eles destaca-se Pápias, que viveu, aproximadamente, entre os anos 70 a 140 d.C.. Segundo os testemunhos que se têm, era bispo de Hierápolis, na Frígia, atual Pambukcallesi turca. É importante o seu testemunho relativo às origens dos Evangelhos Sinóticos. Este é o relato de Pápias a respeito de Marcos (Eusébio de Cesaréia, HE, III, 39, 15):

"O presbítero dizia também o seguinte: Marcos, que foi o intérprete de Pedro, escreveu fielmente, embora desordenadamente, tudo o que recordava sobre as palavras e as ações do Senhor. De fato, ele não tinha ouvido o

Senhor, nem o havia seguido. Mais tarde, como já disse, ele seguiu a Pedro, que lhe dava instruções conforme as necessidades, mas não como quem compõe um relato ordenado das sentenças do Senhor. Assim, Marcos em nada errou, escrevendo algumas daquelas coisas da forma como as recordava. Com efeito, sua preocupação era uma só: não omitir nada do que tinha ouvido, nem falsificar nada do que transmitia."

Sobre Mateus, Pápias diz o seguinte (Eusébio de Cesaréia, HE, III, 39, 16):

"Mateus reuniu ordenadamente, em língua hebraica, as sentenças (de Jesus), e cada um as interpretava conforme a sua capacidade."

Assim, o testemunho de Pápias só confirma os estudos e descobertas mais recentes apresentados acima.

[OBS: Muitos contestam os escritos de Pápias (apoiando-se em Eusébio de Cesaréia), porque ele sustentava a esperança no Milenarismo, ou seja, a segunda vinda iminente de Cristo que iria fundar um Reino de mil anos. Ora, sabemos que o Milenarismo não é aceito pela Igreja, mas na época das primeiras comunidades cristãs ele era muito difundido e esperava-se a vinda iminente de Cristo, tanto que Paulo escreve aos Tessalonicenses em 2Ts 3,10-12 alertando para que eles não parassem de trabalhar por conta desta esperança. Assim, não é porque Pápias chegou a sustentar o Milenarismo que os seus outros escritos perdem o valor. O testemunho de Pápias, em relação às origens dos Evangelhos, é *válido* e deve ser tomado como mais uma prova histórica a respeito deste tema.]

João Marcos, por Angelo Bronzino (1525-1528)

“O Evangelho Secreto de Marcos (100-205 d.C.)

O Evangelho Secreto de Marcos é descrito em uma carta atribuída a Clemente de Alexandria (150-215 d.C.), apesar dessa carta ter sido considerada como uma fraude por muitos eruditos. A carta atribuída a Clemente é a única fonte que se refere ao evangelho, já que não existem manuscritos do texto. Aparentemente Clemente estava escrevendo para outro líder cristão chamado Teodoro, o avisando sobre a existência de uma versão mais expandida do Evangelho de Marcos que contém histórias e frases de Jesus adicionais. Essa versão mais extensa do Evangelho de Marcos era aparentemente lida pelo círculo mais íntimo dos seguidores de Jesus. A carta de Clemente alerta Teodoro para ter cuidado com um mestre herege chamado Carpocretes, que expandiu ainda mais essa versão de Marcos com seus próprios ensinos hereges.

Por que não é considerado confiável?

Muitos eruditos simplesmente rejeitam as afirmações de Morton Smith (que disse ter encontrado a carta de Clemente no monastério de Mar Saba em 1958) e afirmam que a carta é uma fraude. Alguns desses eruditos têm observado similaridade entre as afirmações de Smith e um romance de 1940 *The Mystery of Mar Saba* (O Mistério de Mar Saba). Adicionalmente, o evangelho não encontra suporte externo, nenhum outro líder antigo menciona esse evangelho secreto ou mesmo que tal evangelho foi sequer escrito. A maioria dos eruditos que aceita a legitimidade da carta acredita que o evangelho é uma adaptação gnóstica tardia do Evangelho de Marcos.

Como esse texto confirma a vida de Jesus?

Independente da legitimidade do Evangelho Secreto, ele na verdade confirma muitos detalhes históricos precisos relacionados a vida de Jesus. Os poucos elementos que estão incluídos na carta afirmam que Jesus fazia milagres (como trazer um morto de volta à vida), tinha discípulos e seguidores (Tiago, João e Salomé especificamente) e ensinava sobre o Reino de Deus.

Onde (e por que) ele difere dos relatos confiáveis?

Como descrito na carta de Clemente, o Evangelho Secreto de Marcos contém ensinos escondidos de Jesus que eram dirigidos para alguns poucos seguidores. De fato, uma passagem do Evangelho descreve Jesus ensinando algumas dessas verdades secretas para um jovem que ele acabara de ressuscitar dos mortos. Se a carta for legítima, parece que essas alterações no texto confiável do Evangelho de Marcos são modificações tardias feitas pelo grupo Gnósticos descrita por Clemente."

Fonte: http://mauevivian.blogspot.com.br/2011/06/evangelho-secreto-marcos.html - <acesso em 9 de abril de 2015.>

A carta de Clemente de Alexandria a Teodoro
Tradução a partir de Morton Smith

"Das cartas do mais santo Clemente, o autor do Stromateis, para Teodoro

Fizeste bem em silenciar os ensinos inqualificáveis dos Carpocracianos, pois estes são as "estrelas cadentes" referidas na profecia, que vagueiam da estrada estreita dos mandamentos para um abismo ilimitado de pecados completamente carnais. Pois, orgulhando-se eles de conhecimento, como eles dizem, "das coisas profundas de Satanás" não sabem que eles estão a lançar-se em "um mundo inferior da escuridão" de falsidade, e, ostentando que eles são livres, eles se tornaram os escravos de desejos servis. Tais homens devem ser postos completamente de parte e de todos os modos. Pois, até mesmo se eles disserem algo verdadeiro, quem ama a verdade não deve, mesmo assim, concordar com eles. Pois nem todas as coisas verdadeiras são a Verdade, nem a verdade que somente parece verdadeira, de acordo com opiniões humanas, deve ser preferida à verdadeira Verdade, de acordo com a fé. Agora das coisas que eles têm dito acerca do divinamente inspirado Evangelho de acordo com Marcos, algumas são completas falsificações, e outras, mesmo se contiverem alguns elementos verdadeiros, ainda assim não devem ser verdadeiramente consideradas. Porque as verdadeiras coisas que estão misturadas com invenções estão falsificadas, de forma que, enquanto vão sendo dito, até mesmo o sal perde o seu sabor. Marcos, então, durante a estadia de Pedro em Roma escreveu um relato das ações do Senhor, porém, não as declarando todas, nem tão pouco indicando as secretas, mas selecionando o que ele pensou mais útil para aumentar a fé dos que estavam para ser instruídos. Porém, quando Pedro morreu mártir, Marcos veio para Alexandria, trazendo tanto as próprias notas quanto as de Pedro, das quais ele transferiu para o seu primeiro livro as coisas mais satisfatórias para tudo o que pudesse trazer progresso ao conhecimento. Assim ele compôs um Evangelho mais espiritual para o uso desses que estavam sendo instruídos. Não obstante, ele não divulgou ainda as coisas que não eram para ser proferidas, nem subscreveu os ensinamentos hierofânticos do Senhor, mas, às histórias já escritas ele somou ainda outras e, além disso, trouxe certas declarações das quais conheceria a interpretação que, como um mestre de mistérios, conduzia os ouvintes até ao santuário mais íntimo da verdade escondida por detrás de sete véus. Assim, em suma, ele preparou estes assuntos, não de forma presunçosa nem descuidada, em minha opinião, e, depois de morto, ele deixou a sua composição à igreja de Alexandria onde é ainda mais cuidadosamente guardada, sendo lida apenas pelos que estão a ser iniciados nos grandes mistérios. Mas como os demônios sujos estão sempre a inventar a destruição da raça humana, os Carpocratas, instruídos por eles e usando artes enganosas, seduziram certo presbítero da igreja de Alexandria para que ele obtivesse uma cópia do Evangelho secreto que eles interpretaram de acordo com a sua doutrina blasfema e carnal, e, além disso, o poluíram, misturando com as palavras imaculadas e santas mentiras completamente vergonhosas. Desta mistura foi despejado o ensino dos Carpocracianos. Então, como eu disse acima, uma pessoa nunca lhes deve dar crédito; nem, quando eles avançaram com as suas falsificações, nem se deverá conceder que o Evangelho secreto é de Marcos, mas antes se deverá negar isto até mesmo em juramento. Pois, "Nem todas as verdadeiras coisas serão ditas a todos os homens". Por isto a Sabedoria de Deus, desde Salomão, aconselha, "Responde ao louco com a linguagem da sua loucura", ensinando que a luz da verdade deverá ser escondida dos que são mentalmente cegos. Novamente está dito, "Dele que não terá que ser deitado fora" e, "Deixemos o tolo andar na escuridão". Mas nós somos "as crianças de luz", tendo sido iluminados pela "fonte dos dias" do espírito do Senhor "do alto" e "Onde o Espírito do Deus está", se diz, "há ali liberdade", porque "Todas as coisas são puras para o puro". A ti, então, eu não hesitarei em responder às perguntas que tu formulaste, enquanto refutando as falsificações pelas mesmas palavras do Evangelho. Por exemplo, depois de, "Eles estavam na estrada que sobe para Jerusalém," e o que se segue, até." Ele ressuscitará depois que três dias," o Evangelho secreto traz o seguinte material, palavra por palavra:(Marcos 10: 32 Eles estavam a caminho de Jerusalém, e Jesus ia adiante deles, e os discípulos estavam surpresos enquanto os que o seguiam estavam atemorizados. Novamente ele levou os Doze à parte e lhes contou o que lhes ia acontecer. 33 "Nós estamos subindo para Jerusalém," disse ele "e o Filho de Homem será entregue aos sumo-sacerdotes e professores da lei. Eles o condenarão à morte e o entregarão aos Gentios 34 que o escarnecerão e cuspirão nele, o açoitarão e o hão de matar. Três dias depois ele ressuscitará".) E eles foram para Betânia onde estava uma mulher cujo irmão tinha morrido. E, aproximando-se, ela se prostrou diante de Jesus e lhe disse: "Filho de David, tem clemência de mim". Mas os discípulos afastaram-na. Irritando-se, Jesus foi com ela para o jardim onde estava o túmulo. E imediatamente um grande som saiu do túmulo, e Jesus, enquanto ia ao seu encontro, rodou a pedra de fora da entrada do túmulo. E entrando imediatamente onde o jovem estava, ele esticou uma mão e o levantou, enquanto lhe segurava a mão. Então, o homem olhou para ele e o amou e ele começou a chama-lo para junto de si, porque ele queria estar com ele. E saindo do túmulo, eles foram para a casa do jovem, porque ele era rico. E depois de seis dias, Jesus o instruiu. E pela tarde, o jovem foi ter com Ele. Ele tinha posto uma faixa de linho fino em volta do seu corpo nu, (que retirou?) e, por aquela noite, ele permaneceu com ele (de homem nu para homem nu). Pois Jesus lhe ensinou o mistério do reino de Deus. Depois que ele saiu de lá, ele voltou à região do Jordão. Depois destas palavras vem o texto seguinte: "E, aproximaram-se dele Tiago e João" e toda esta secção. Mas "homem nu para homem nu," e outras coisas sobre que escreveste não se encontraram ali. 35 E aproximaram-se dele Tiago e João, filhos de Zebedeu, dizendo: Mestre queremos que nos faças o que pedirmos. 36 E ele lhes disse: Que quereis que vos faça? 37 E eles lhe disseram: Concede-nos que, na tua glória, nos as sentemos, um à tua direita, e outro à tua esquerda.

38 Mas Jesus lhes disse: Não sabeis o que pedis; podeis vós beber o cálice que eu bebo e ser batizados com o batismo com que eu sou batizado? 39 E eles lhe disseram: Podemos. Jesus, porém, disse-lhes: Em verdade vós bebereis o cálice que eu beber e sereis batizados com o batismo com que eu sou batizado, 40, mas o assentar-se à minha direita ou à minha esquerda não me pertence a mim concedê-lo, mas isso é para aqueles a quem está reservado. 41 E os dez, tendo ouvido isso, começaram a indignar-se contra Tiago e João. 42, mas Jesus, chamando-os a si, disse-lhes: Sabeis que os que julgam serem príncipes das gentes delas se assenhoreiam, e os seus grandes usam de autoridade sobre elas; 43, mas entre vós não será assim; antes, qualquer que, entre vós, quiser ser grande será vosso serviçal. {ou criado} 44 E qualquer que, dentre vós, quiser ser o primeiro servido, mas para servir e dar a sua vida em resgate de muitos. 46 Depois foram para Jericó. E depois das palavras "De seguida, foram para Jericó" o evangelho secreto adianta apenas: E a irmã do jovem a quem Jesus amou estava lá, como também a mãe dele e Salomé. Mas Jesus não lhes deu as boas-vindas. Mas, as muitas outras coisas sobre as quais escreveste ambos parecem ser e são falsificações. Assim, é esta a verdadeira explicação e a que mais concorda com a verdadeira filosofia..."

[Aqui o texto para abruptamente a meio da página]

Biografia resumida de São Marcos

Fonte: Estudos de Ciências Antigas http://www.sca.org.br/uploads/news/id152/SaoMarcos.pdf; acesso em 9 de abril de 2015.

São Marcos Evangelista
De discípulo e evangelizador a evangelista

Marcos era filho de Maria de Jerusalém e primo de Barnabé. Os Atos dos Apóstolos falam da "casa de Maria, mãe de João, de sobrenome Marcos"; e dizem que, ao ser libertado da prisão por um anjo, alta noite, Pedro dirigiu-se a essa casa, "onde numerosos fiéis estavam reunidos a orar" (At 12,12).

Ou seja: no tempo em que não havia igrejas, a "igreja doméstica" da casa da mãe de Marcos seria um dos vários lugares de encontro, oração e culto dos cristãos da cidade. E terá sido nessa comunidade familiar que o futuro evangelista foi iniciado na fé em Jesus Cristo.

Já convertido ao cristianismo, quando Paulo e Barnabé chegaram a Jerusalém trazendo os auxílios da Igreja de Antioquia (At 11,30), acompanhou-os na viagem de volta (12,25) e na primeira viagem apostólica à ilha de Chipre (13,4-5). Mas quando, de Chipre, passou-se a evangelizar a Ásia Menor, Marcos, em decorrência de alguns conflitos, separou-se de Paulo e Barnabé em Perge (Panfília) e voltou para Jerusalém (13,13). Por volta do ano 50, voltou a Chipre acompanhado apenas de Barnabé (15,39). Depois foi para Roma como colaborador de Paulo, prisioneiro naquela cidade (Cl 4,10; Fm 24).

É possível que tenha deixado Roma antes da perseguição de Nero (64), pois, no ano 67, Paulo, prisioneiro pela segunda vez, escrevia a Timóteo pedindo-lhe que levasse consigo, de Éfeso para Roma, o seu "colaborador" Marcos, já que este lhe era muito útil em seu ministério

(2Tm 4,11). Em Roma, também entrou em contato com Pedro. Segundo uma antiga tradição — confirmada pelo testemunho de Pedro — Pedro dirige-se aos fiéis do Ponto, da Galácia, Capadócia, Ásia e Bitínia, saúda-os em nome de Marcos, a quem afetuosamente chama de filho (1Pd 5,13). Esse detalhe levou alguns exegetas a pensar que Marcos tivesse sido batizado pelo próprio Pedro, na ocasião em que este se hospedara na casa de Maria de Jerusalém.

Nos livros do Novo Testamento, Marcos é lembrado dez vezes com o nome hebraico de João, com o nome romano de Marcos ou com o duplo nome de João Marcos. Para alguns estudiosos, deveríamos distinguir dois ou mesmo três Marcos. No entanto, a opinião mais comum é a de um só Marcos, filho daquela Maria, em cuja casa reuniam-se os primeiros cristãos de Jerusalém e onde foi se refugiar o próprio Pedro, após a libertação prodigiosa do cárcere.

O "Intérprete de Pedro"

Após a execução de Tiago, quando Herodes maltratava e prendia alguns membros da Igreja de Jerusalém (At 12,1-3), Marcos foi levado pelo apóstolo Barnabé, seu primo, e por Paulo para Antióquia (At 12,25). E será Barnabé – que "era um homem bom, cheio do Espírito Santo e de fé" e já fora mestre de Paulo no apostolado (At 11,22-25) – quem iniciará Marcos na evangelização, levando-o com eles "como auxiliar" (At 13,5), durante a 1ª Viagem Missionária de São Paulo, promovida pela igreja de Antióquia.

Na 2ª Viagem, Barnabé queria também levar João, chamado Marcos. Mas Paulo não concordava com a ida do companheiro, quem deles se havia afastado na Panfília e não os tinha acompanhado no trabalho. Seguiu-se uma discussão tão violenta que se separaram um do outro e Barnabé tomou Marcos consigo, embarcando para Chipre. Por seu turno, Paulo, tomou Silas por companheiro e partiu (At 15,37-40).

Deste aparente escândalo nasce uma nova equipe missionária. E Marcos certamente aprendeu a lição, pois estará novamente ao lado de Paulo, quando este se encontra preso em Roma e pensa enviá-lo à Igreja de Colossas (Cl 4,10). Finalmente, em Roma, vai encontrar-se de novo com Pedro, que o trata por "meu filho" na sua 1ª Carta (5,13).

O Evangelho de Marcos

Segundo a voz praticamente unânime da tradição, foi em Roma que Marcos escreveu o seu livro, entre o ano 65 e 70, para transmitir o fundamental da mensagem que tinha ouvido de Pedro acerca de Jesus. Para isso, cria o gênero literário "Evangelho", com que dá aos cristãos oriundos do paganismo esta boa notícia: "Jesus Cristo é Filho de Deus" (Mc 1,1).

Como eles não conheciam a Lei nem os profetas que tinham preparado a vinda do Messias, Jesus é envolvido num mistério, chamado "segredo messiânico", desvelado a espaços entre a interrogação "Que é isto?" (Mc 1,27) ou "Quem é este...?" (Mc 7,37) e o assombro "Nunca vimos coisa assim!" (Mc 2,12).

Pelo meio, ouvimos o testemunho dos demônios (Mc 1,23-24), do Pai (Mc 1,11; 9,1-7), do cego Bartimeu (Mc 10,47-48) e do próprio Jesus (Mc 14,61). Mas o maior testemunho será dado por um pagão, o centurião romano, ao vê-lo morrer na cruz: "Verdadeiramente este homem era Filho de Deus!" (Mc 16,16). Entre estes dois pólos, o livro tem o seu vértice precisamente a meio, com a confissão de Pedro (em Mc 8,29): "Tu és o Messias!"

Marcos é o mais breve dos quatro Evangelhos: apenas dezesseis capítulos, perante os 21 de João, 24 de Lucas e 28 de Mateus. E é o mais simples, direto e colorido, valorizando pormenores, em apoio de uma fé sensível ao extraordinário. Precisamente por isso, até ao século XIX esteve bastante subalternizado. Sobretudo ao de Mateus, em que a Igreja aparece mais organizada com os seus ministérios e sacramentos.

Havia, então, a ideia de que os Evangelhos eram vidas de Jesus, e tendia-se a constituir uma só biografia dispondo os quatro textos em concordância. Só depois se descobriu a pedagogia e os objetivos de cada um conforme as comunidades a que se destinavam; e a reforma litúrgica do Vaticano II fez surgir três ciclos em que é valorizado cada um dos Sinópticos — Mateus, Marcos e Lucas — e servindo-se de João, o evangelista da fé, para os Tempos do Natal e da Páscoa.

Esse seu Evangelho baseado na pregação de São Pedro, visa provar aos gentios a divindade de Jesus Cristo, pois expõe muitos dos seus numerosos milagres e aduz exemplos do seu poder sobre os demônios, algo que devia impressionar seus leitores vindos do paganismo.

De acordo com uma hipótese bastante autorizada, embora ainda objeto de discussão, os antigos papiros encontrados nas grutas de Qumran já traziam um trecho do Evangelho de Marcos. Este Evangelho começa, segundo o esquema a que se alude em At 1,22, com a pregação de João Batista e termina com a aparição do anjo que anuncia a ressurreição de Cristo às mulheres reunidas no sepulcro. Os últimos versículos atuais (16,9-20) são um acréscimo que a Igreja, de acordo com uma definição do Concílio de Trento, considera de inspiração divina, mesmo que não tenham sido necessariamente escritos por Marcos. Tais versículos, que certamente já existiam por volta da metade do séc. II, parecem provir dos ambientes apostólicos. Tudo o que afirmam encontra-se também em Mateus e Lucas, o que lhes dá credibilidade histórica.

O Evangelho de Marcos limita-se a resumir os discursos e as parábolas de Jesus (que, ao contrário, são relatados por Lucas e Mateus com profusão de detalhes), mas detém-se especialmente na descrição dos milagres e, dentre estes, das curas dos endemoninhados, uma vez que vislumbra neles o sinal tangível da superioridade de Jesus em relação às forças misteriosas do mal, além da garantia de que o reino de Deus, já iniciado, está próximo de alcançar a plenitude. Reserva atenção especial à figura de Pedro, do qual ressalta o caráter impulsivo, além das perguntas ingênuas e fraquezas, ao passo que omite episódios que poderiam enaltecer o apóstolo.

Apenas alguns versículos do Evangelho de Marcos não encontram correspondentes nos outros Evangelhos sinóticos: por exemplo, os vv. 51-52 do c. 14, que trazem a informação curiosa de um rapaz que presencia a prisão de Jesus e, agarrado pela túnica por um soldado, foge nu. Alguns viram nesse episódio um dado autobiográfico, ou seja, pensaram em uma identificação de Marcos com o jovem.

Por outro lado, vários indícios confirmariam a tradição patrística comum que vê em Marcos não a testemunha da vida pública de Jesus, mas um discípulo de Pedro, que compila a pregação deste.

A antiga tradição patrística já afirmava que Marcos escreveu em Roma o Evangelho que traz o seu nome e que compila e reproduz a catequese de Pedro. Menos antiga e provavelmente lendária é, ao contrário, a atribuição a Marcos de uma atividade missionária no Egito, onde teria fundado a Igreja de Alexandria. Duvidosa é também a tradição segundo a qual Marcos teria sofrido o martírio.

O nome de Marcos está ligado à cidade de Veneza, para onde, em 828, mercadores venezianos provenientes de Alexandria transportaram o que diziam serem as suas relíquias. A antiguidade cristã, a começar por Pápias († 130), chama-o de "intérprete de Pedro". Marcos, um intérprete de Pedro, escreveu exatamente tudo aquilo que se lembrava. Escreveu, porém, o que o Senhor disse ou fez, não segundo uma ordem. Marcos não escutou o Senhor, nem o acompanhou; ele ouviu São Pedro, que dispunha seus ensinamentos conforme as necessidades. Em 66, São Paulo nos dá a última informação de Marcos, escrevendo na prisão romana a Timóteo: "Traga Marcos com você. Posso necessitar de seus serviços." Os dados cronológicos da vida de São Marcos permanecem duvidosos. Ele morreu provavelmente em 68 de morte natural, segundo uma tradição e, conforme outra tradição, foi mártir em Alexandria no Egito. Os Atos de Marcos, um escrito da metade do século IV, referem que Marcos, no dia 24 de abril, foi arrastado pelos pagãos pelas ruas de Alexandria, amarrado com cordas ao pescoço. Jogado ao cárcere, no dia seguinte, sofreu o mesmo tormento atroz e sucumbiu. O transporte do seu corpo por dois comerciantes e mercadores de Veneza não passa de lenda (828).

Porém, é graças a essa lenda que, de 976 a 1071, foi construída a estupenda basílica veneziana dedicada ao autor de segundo Evangelho, simbolizado pelo Leão.

Orações

Oração a São Marcos – 1

Ó São Marcos, desejo vos louvar e agradecer por terdes dado vossa vida a serviço de Nosso Senhor Jesus Cristo, deixando-nos conhecer muito da vida de Nosso Senhor, através de vossos valiosos escritos. Que possa eu também ser, como fostes alguém que realmente ama Jesus em Verdade e Vida e um divulgador de Suas maravilhosas obras. Por Cristo Nosso Senhor. Amém.

Oração a São Marcos – 2

Louvado seja Nosso Senhor Jesus Cristo, que deu a Seu discípulo Marcos a graça do apostolado cristão e a narração do seu Santo Evangelho. São Marcos rogai por nós, para que sejamos iluminados pela força do Evangelho. Amém.

Oração a São Marcos – 3

Deus Eterno e Todo Poderoso, nós vos pedimos as bênçãos e graças necessárias, para a nossa Salvação, pela intercessão poderosíssima do evangelista São Marcos. Tudo isto vos pedimos, Pai Celeste, em nome de nosso Senhor Jesus Cristo, na Unidade do Espírito Santo. Amém.

Referência

O Evangelho de São Marcos – fonte: Bíblia Livre.

Evangelho Segundo Marcos

Capítulo 1

1. Princípio do Evangelho de Jesus Cristo, Filho de Deus.
2. Como está escrito nos profetas:
Eis que eu envio meu mensageiro diante de tua face, que preparará teu caminho diante de ti.
3. Voz do que clama no deserto:
Preparai o caminho do Senhor, endireitai suas veredas.
4. João estava batizando no deserto, e pregando o batismo de arrependimento para perdão dos pecados.
5. E saía até ele toda a província da Judeia, e os de Jerusalém; e eram todos batizados por ele no rio Jordão, confessando seus pecados.
6. E João andava vestido com [roupa de] pelos de camelo, e com um cinto de couro ao redor de sua cintura; e comia gafanhotos e mel do campo.
7. E pregava, dizendo:
Após mim vem o que é mais forte que eu; ao qual eu não sou digno de me abaixar [para] desatar a tira de suas sandálias.
8. Eu bem vos tenho batizado com água, mas ele vos batizará com Espírito Santo.
9. E aconteceu naqueles dias, que veio Jesus de Nazaré, da Galileia, e foi batizado por João no Jordão.
10. E logo, saindo da água, viu os céus se abrirem, e ao Espírito, que como pomba descia sobre ele.
11. E ouviu-se uma voz dos céus, [que dizia]: Tu és meu Filho amado, em quem me agrado.
12. E logo o Espírito o conduziu ao deserto.
13. E esteve ali no deserto quarenta dias, tentado por Satanás; e estava com as feras, e os anjos o serviam.

14. E depois que João foi entregue [à prisão], veio Jesus para a Galileia, pregando o Evangelho do Reino de Deus;
15. E dizendo:
O tempo é cumprido, e o Reino de Deus está perto; arrependei-vos, e crede no Evangelho.
16. E andando junto ao mar da Galileia, viu a Simão, e a André seu irmão, que lançavam a rede ao mar (porque eram pescadores);
17. E disse-lhes Jesus: Vinde após mim, e farei serdes pescadores de gente.
18. E deixando logo suas redes, o seguiram.
19. E passando dali um pouco mais adiante, viu a Tiago [filho] de Zebedeu, e a João seu irmão, que [estavam] no barco, consertando suas redes.
20. E logo os chamou; e eles deixando a seu pai Zebedeu no barco com os empregados, foram após ele.
21. E entraram em Cafarnaum; e logo no sábado, entrando na sinagoga, ensinava.
22. E espantavam-se de sua doutrina, porque os ensinava como tendo autoridade, e não como os escribas.
23. E estava na sinagoga deles um homem com um espírito imundo, e clamou,
24. Dizendo:
Ah, que temos contigo, Jesus Nazareno? Vieste para nos destruir? Bem sei quem és, o Santo de Deus.
25. E Jesus o repreendeu, dizendo: Cala-te, e sai dele.
26. E o espírito imundo, fazendo convulsão nele, e clamando com grande voz, saiu dele.
27. E de tal maneira se espantaram todos, que perguntavam entre si, dizendo: Que é isto? Que nova doutrina é esta? Com que poder ele manda até aos espíritos imundos, e eles lhe obedecem?

28. E logo sua fama saiu por toda a província do redor da Galileia.
29. E saindo logo da sinagoga, vieram à casa de Simão, e de André, com Tiago e João.
30. E a sogra de Simão estava deitada com febre, e logo lhe disseram sobre ela.
31. Então ele, chegando-se a ela, tomou-a pela mão, e a levantou; e logo a febre a deixou, e ela os servia.
32. E vinda a tarde, quando já o sol se punha, traziam-lhe a todos os que se achavam mal, e aos endemoninhados.
33. E toda a cidade se juntou à porta.
34. E curou a muitos, que se achavam mal de diversas enfermidades; e expulsou muitos demônios; e não deixava os demônios falarem, porque o conheciam.
35. E levantando-se de manhã muito [cedo], ainda escuro, saiu, e foi para um lugar deserto, e ali orava.
36. E o seguiu Simão, e os que [estavam] com ele;
37. E achando-o, disseram-lhe:
Todos te buscam.
38. E ele lhes disse: Vamos para as aldeias vizinhas, para que eu também pregue ali, porque para isso eu vim.
39. E pregava em suas sinagogas por toda a Galileia, e expulsava aos demônios.
40. E veio um leproso a ele, suplicando-lhe, e pondo-se de joelhos diante dele, e dizendo-lhe: Se quiseres, tu podes me limpar.
41. E Jesus, comovido de íntima compaixão, estendeu a mão, e tocou-o, e disse-lhe:
Quero; sê limpo.
42. E havendo ele dito [isto], logo a lepra saiu dele, e ficou limpo.
43. E advertindo-o, logo o despediu de si.

44. E disse-lhe: Olha que não digas nada a ninguém; mas vai, mostra-te ao Sacerdote, e oferece por tua limpeza o que Moisés mandou, para que lhes haja testemunho.
45. Mas tendo ele saído, começou a anunciar muitas coisas, e a divulgar a palavra [sobre o que acontecera]; de maneira que [Jesus] já não podia entrar publicamente na cidade; mas estava fora em lugares desertos, e [pessoas] de todas as partes vinham até ele.

Capítulo 2

1. E dias depois, entrou outra vez em Cafarnaum, e ouviu-se que estava em casa.
2. E logo se juntaram tantos, que nem ainda junto à porta [os] cabiam; e falava a palavra para eles.
3. E vieram a ele [uns] que traziam um paralítico carregado por quatro.
4. E não podendo chegar a ele, por causa da multidão, descobriram o telhado onde estava, e fazendo um buraco, abaixaram [por ele] o leito em que jazia o paralítico.
5. E vendo Jesus a fé deles, disse ao paralítico:
Filho, teus pecados te são perdoados.
6. E estavam ali sentados alguns dos escribas, que questionavam em seus corações:
7. Por que este fala tais blasfêmias? Quem pode perdoar pecados, a não ser somente Deus?
8. E Jesus logo conhecendo em seu espírito, que assim se questionavam dentro de si, disse-lhes:
Por que questionais estas coisas em vossos corações?
9. O que é mais fácil? Dizer ao paralítico: Teus pecados te são perdoados? ou dizer: Levanta-te, e toma teu leito, e anda?

10. Mas para que saibais que o Filho do homem tem poder na terra para perdoar pecados, (disse ao paralítico):
11. A ti eu te digo: levanta-te, toma teu leito, e vai para tua casa.
12. E logo se levantou; e tomando o leito, saiu na presença de todos; de tal maneira, que todos se espantaram, e glorificaram a Deus, dizendo: Nunca vimos [algo] assim.
13. E voltou a sair para o mar, e toda a multidão vinha até ele, e ensinava-os.
14. E ele passando, viu a Levi, o [filho] de Alfeu, sentado na coletoria de impostos, e disse-lhe:
Segue-me; e levantando-se, [Levi] o seguiu.
15. E aconteceu que, estando ele sentado [à mesa] em sua casa, muitos cobradores de impostos e pecadores também estavam também sentados [à mesa] com Jesus e seus discípulos; porque eram muitos, e o tinham seguido.
16. E os escribas e os fariseus, vendo-o comer com os cobradores de impostos e pecadores, disseram a seus discípulos:
Por que [motivo] que [Jesus] come e bebe com os cobradores de impostos e pecadores?
17. E Jesus, ouvindo, disse-lhes: Os sãos não necessitam de médico, mas sim os que estão doentes; eu não vim para chamar os justos, mas sim os pecadores ao arrependimento.
18. E os discípulos de João e os dos fariseus jejuavam; e vieram, e lhe disseram:
Por que os discípulos de João e os dos fariseus jejuam, e teus discípulos não jejuam?
19. E Jesus lhes disse: Podem os convidados do casamento jejuar, enquanto o noivo estiver com eles? Enquanto tiverem o noivo consigo, eles não podem jejuar. {convidados – lit. filhos}

20. Mas dias virão, quando o noivo lhes for tirado; e então naqueles dias jejuarão.
21. E ninguém costura remendo de pano novo em roupa velha; senão o remendo novo rompe o velho, e se faz pior rasgo.
22. E ninguém põe vinho novo em odres velhos; senão o vinho novo rompe os odres, e derrama-se o vinho, e os odres se danificam; mas o vinho novo deve ser posto em odres novos.
23. E aconteceu que, passando ele pelas plantações no sábado, e seus discípulos começaram a arrancar espigas [enquanto] andavam.
24. E disseram-lhe os fariseus:
Vês [isto]? Por que fazem o que não é lícito no sábado?
25. E ele lhes disse:
Nunca lestes o que fez Davi, quando tinha necessidade e fome, ele e os que [estavam] com ele?
26. Como entrou na Casa de Deus, no tempo de Abiatar sumo sacerdote, e comeu os pães da proposição (dos quais não é lícito comer, a não ser aos sacerdotes), e também deu aos que estavam com ele?
27. E dizia-lhes:
O sábado foi feito por causa do ser humano, não o ser humano por causa do sábado.
28. Portanto o Filho do homem é Senhor até do sábado.

Capítulo 3

1. E entrou outra vez na sinagoga; e estava ali um homem, que tinha uma mão ressequida.
2. E prestavam atenção nele, se no sábado o curaria, para o acusarem.
3. E disse ao homem que tinha a mão ressequida:
Levanta-te, [e fica] no meio [da sinagoga].

4. E disse-lhes:
[O que] é lícito no sábado? Fazer o bem, ou fazer mal? Salvar uma pessoa, ou matá-la?
E eles calavam.
5. E olhando para eles ao redor com irritação, sentindo incômodo pela dureza do coração deles, disse ao homem:
Estende tua mão; e ele estendeu; e foi sua mão restaurada sã como a outra.
6. E saindo os fariseus, tiveram logo conselho juntamente com os herodianos contra ele, [sobre] como o matariam.
7. E retirou-se Jesus com seus discípulos para o mar; e seguiu-o uma grande multidão da Galileia, e da Judeia.
8. E de Jerusalém, e da Idumeia, e de além do Jordão; e grande multidão dos de perto de Tiro, e de Sídon, ouvindo quão grandes coisas fazia, vieram a ele.
9. E disse a seus discípulos que o barquinho ficasse constantemente perto dele, por causa das multidões; para que não lhe tumultuassem.
10. Porque tinha curado a muitos, de tal maneira que todos quantos tinham [algum] mal, caíam sobre ele, para tocá-lo.
11. E os espíritos imundos, vendo-o, se prostravam diante dele, e clamavam, dizendo:
Tu és o Filho de Deus.
12. E ele os ameaçava muito, que não manifestassem [quem] ele [era].
13. E subiu ao monte, e chamou a si aos que quis, e vieram a ele.
14. E ordenou aos doze para que estivessem com ele, e para mandá-los para pregar.
15. E para que tivessem poder para curarem as enfermidades, e lançarem fora aos demônios.

16. [Ele chamou a] Simão, [a quem] pôs por nome, Pedro;
17. E a Tiago [filho] de Zebedeu, e a João, irmão de Tiago; e pôs-lhes por nome, Boanerges, que é: filhos do trovão.
18. E a André, e a Filipe, e a Bartolomeu, e a Mateus, e a Tomé, e a Tiago [filho] de Alfeu, e a Tadeu, e a Simão o Cananeu.
19. E a Judas Iscariotes, o que também o traiu.
20. E indo para casa, outra vez se juntou a multidão, de tal maneira, que nem sequer podiam comer pão.
21. E quando os seus [conhecidos] ouviram isto, saíram para prendê-lo; porque diziam:
Está fora de si.
22. E os escribas, que desceram de Jerusalém, diziam: [Ele] tem a Belzebu, e pelo chefe dos demônios lança fora aos demônios.
23. E chamando-os a si, disse-lhes por parábolas:
Como pode Satanás lançar fora a Satanás?
24. E se algum reino contra si mesmo estiver dividido, tal reino não pode permanecer.
25. E se alguma casa estiver dividida contra si mesma, tal casa não pode permanecer.
26. E se Satanás se levantar contra si mesmo, e for dividido, não pode permanecer, mas tem fim.
27. Ninguém pode roubar os bens do valente, entrando em sua casa, se antes não amarrar ao valente; e então roubará sua casa.
28. Em verdade vos digo, que todos os pecados serão perdoados aos filhos dos homens, e todas as blasfêmias com que blasfemarem;
29. Porém qualquer que blasfemar contra o Espírito Santo, para sempre não tem perdão; mas é culpado do eterno juízo.

30. Porque diziam:
[Ele] tem espírito imundo.
31. Vieram pois seus irmãos e a sua mãe; e estando de fora, mandaram [avisar] a ele, chamando-o.
32. E a multidão estava sentada ao redor dele; e disseram-lhe:
Eis que tua mãe e teus irmãos te buscam lá fora.
33. E ele lhes respondeu, dizendo:
Quem é minha mãe, e meus irmãos?
34. E olhando ao redor para os que estavam sentados perto dele estavam assentados, disse:
Eis aqui minha mãe, e meus irmãos.
35. Porque qualquer que fizer a vontade de Deus, este é meu irmão, e minha irmã, e [minha] mãe.

Capítulo 4

1. E começou outra vez a ensinar junto ao mar, e uma grande multidão se juntou a ele, de tal maneira que, entrando em um barco, se sentou no mar; e toda a multidão estava em terra junto ao mar.
2. E ensinava-lhes muitas coisas por parábolas; e dizia--lhes em sua doutrina:
3. Ouvi: eis que o semeador saiu para semear;
4. E aconteceu que, semeando ele, caiu uma [parte das sementes] junto ao caminho, e vieram os pássaros do céu, e a comeram.
5. E outra caiu em pedregais, onde não tinha muita terra; e logo nasceu, porque não tinha terra profunda.
6. Mas saindo o sol, queimou-se; e porque não tinha raiz, secou-se.
7. E outra caiu entre espinhos, e cresceram os espinhos, e sufocaram-na, e não deu fruto.
8. E outra caiu em boa terra, e deu fruto, que subiu, e cresceu; e deu um trinta, e outro sessenta, e outro cem.

9. E disse-lhes:
Quem tem ouvidos para ouvir, ouça.
10. E quando esteve só, perguntaram-lhe os que [estavam] junto a ele, com os doze, sobre a parábola.
11. E disse-lhes:
A vós é dado saber os mistérios do Reino de Deus; mas aos que [são] de fora, todas estas coisas se fazem por parábolas.
12. Para que vendo, vejam, e não percebam; e ouvindo, ouçam, e não entendam; para que não venham a se converter, e lhes sejam perdoados os pecados.
13. E disse-lhes:
Não sabeis esta parábola? Como pois entendereis todas as parábolas?
14. O semeador [é o que] semeia a palavra.
15. E estes são os de junto ao caminho: nos que a palavra se semeia; mas havendo a ouvido, vem logo Satanás, e tira a palavra que foi semeada em seus corações.
16. E semelhantemente estes são os que se semeiam em pedregais: os que havendo ouvido a palavra, logo a recebem com alegria.
17. Mas não têm raiz em si mesmos; antes são temporários. Depois, levantando-se a tribulação, ou perseguição por causa da palavra, logo se ofendem.
18. E estes são os que se semeiam entre espinhos: os que ouvem a palavra.
19. E as preocupações deste mundo, e o engano das riquezas, e as cobiças pelas outras coisas, entrando, sufocam a palavra, e fica sem fruto.
20. E estes são os que foram semeados em boa terra: os que ouvem a palavra, e a recebem, e dão fruto, um trinta, e outro sessenta, e outro cem.
21. E ele lhes disse:
Por acaso a lâmpada vem para ser posta debaixo da caixa de grãos ou debaixo da cama?

Ora, não [é ela] para se pôr na luminária?
22. Porque não há nada encoberto que não venha a ser manifesto; nem nada se faz [para ficar] encoberto, mas para ser descoberto.
23. Se alguém tem ouvidos para ouvir, ouça.
24. E disse-lhes:
Prestai atenção ao que ouvis: com a medida que medirdes vos medirão; e será acrescentado a vós o que ouvis.
25. Porque ao que tem, lhe será dado; e ao que não tem, até o que tem lhe será tirado.
26. E dizia:
Assim é o Reino de Deus, como se o homem lançasse semente na terra.
27. E dormisse, e se levantasse de noite e de dia, e a semente brotasse, e crescesse, não sabendo ele como.
28. Porque de si mesma frutifica a terra, primeiro erva, depois espiga, depois grão cheio na espiga.
29. E quando já o fruto se mostra, logo lhe envia a foice, porquanto chegada é a ceifa.
30. E dizia:
A que faremos o Reino de Deus semelhante? Ou com que parábola o compararemos?
31. Com o grão da mostarda, que quando se semeia na terra, é o menor de todas as sementes que [há] na terra.
32. E sendo já semeado, cresce, e se faz a maior de todas as hortaliças, e cria grandes ramos, de tal maneira que os pássaros do céu possam fazer ninhos debaixo de sua sombra.
33. E com muitas tais parábolas lhes falava a palavra, segundo o que podiam ouvir.
34. E não lhes falava sem parábola; mas a seus discípulos declarava tudo em particular.

35. E disse-lhes aquele dia, vinda já a tarde:
Passemos para o outro lado.
36. E deixando a multidão, o tomaram consigo assim como estava no barco, e havia também com ele outros barquinhos.
37. E levantou-se uma grande tempestade de vento, e davam as ondas por cima do barco, de tal maneira que já se enchia.
38. E ele estava na popa dormindo sobre uma almofada, e despertaram-no, e disseram-lhe:
Mestre, não te preocupas de que nos perecemos?
39. E tendo ele despertado, repreendeu ao vento, e disse ao mar:
Cala-te, aquieta-te!
E o vento se aquietou, e fez-se grande bonança.
40. E disse a eles:
Por que sois tão covardes? Como não tendes fé?
41. E temeram com grande temor, e diziam uns aos outros:
Mas quem é este, que até o vento e o mar lhe obedecem?

Capítulo 5

1. E vieram para o outro lado do mar, à terra dos Gadarenos.
2. E saindo ele do barco, logo lhe saiu ao encontro um homem das sepulturas com um espírito imundo,
3. Que tinha [sua] morada nas sepulturas, e ninguém podia prendê-lo, nem mesmo com cadeias.
4. Porque muitas vezes fora ligado com grilhões e cadeias, e as cadeias foram por ele feitas em pedaços, e os grilhões em migalhas, e ninguém o podia amansar.

5. E sempre dia e noite andava clamando pelos montes, e pelas sepulturas, e ferindo-se com pedras.
6. E quando viu a Jesus de longe, correu, e adorou-o.
7. E clamando com grande voz, disse:
Que tenho eu contigo Jesus, Filho do Deus Altíssimo? Ordeno-te por Deus, que não me atormentes.
8. (Porque lhe dizia:
Sai deste homem, espírito imundo.)
9. E perguntou-lhe:
Qual é teu nome?
E respondeu, dizendo:
Legião é meu nome, porque somos muitos.
10. E suplicava-lhe muito que não os enviasse fora daquela terra.
11. E estava ali junto aos montes uma grande manada de porcos se alimentando.
12. E suplicaram-lhe todos [aqueles] demônios, dizendo: Manda-nos para aqueles porcos, para que entremos neles.
13. E Jesus logo permitiu-lhes. E saindo aqueles espíritos imundos, entraram nos porcos; e a manada se lançou do alto abaixo no mar; (e eram quase dois mil [porcos]) e afogaram-se no mar.
14. E os que alimentavam os porcos fugiram, e avisaram na cidade, e nos campos; e saíram para ver o que era aquilo que tinha acontecido.
15. E vieram a Jesus, e viram ao endemoninhado sentado, e vestido; e em sã consciência ao que tivera a legião; e temeram.
16. E os que aquilo tinham visto contaram-lhes o que acontecera ao endemoninhado, e [também] sobre os porcos.

17. E começaram a suplicar-lhe que se saísse dos limites de sua terra.
18. E entrando ele no barco, o que fora endemoninhado suplicava-lhe que [o deixasse] estar com ele.
19. Mas Jesus não lhe permitiu, mas disse-lhe:
Vai para tua casa, aos teus, e anuncia-lhes quão grandes coisas o Senhor te fez, e [como] teve misericórdia de ti.
20. E [ele] se foi, e começou a anunciar em Decápolis quão grandes coisas Jesus lhe fizera; e todos se maravilhavam.
21. E passando Jesus outra vez em um barco para o outro lado, uma grande multidão se juntou a ele; e ele estava junto ao mar.
22. E eis que veio um dos chefes da sinagoga, por nome Jairo; e quando o viu, prostrou-se a seus pés.
23. E suplicava-lhe muito, dizendo:
Minha filhinha está quase morta; [rogo-te] que venhas, e ponhas as mãos sobre ela, para que sare, e ela viverá.
24. E foi com ele, e uma grande multidão o seguia, e o apertavam.
25. E uma certa mulher, que tinha um fluxo de sangue havia doze anos,
26. E tinha sofrido muito por meio de muitos médicos, e gastado tudo quanto tinha, e nada tinha lhe dado bom resultado, mas ao invés disso ela tinha piorado.
27. [Ela], ao ouvir sobre Jesus, veio entre a multidão por detrás, e tocou a roupa dele.
28. Porque dizia:
Se tão somente tocar sua roupa, sararei.
29. E logo a fonte de seu sangue se secou; e sentiu em [seu] corpo que já tinha sido curada daquele flagelo.
30. E Jesus, logo percebendo em si mesmo a virtude que dele tinha saído, virando-se na multidão, disse:
Quem tocou minhas roupas?

31. E seus discípulos lhe disseram:
Eis que a multidão te aperta, e dizes:
Quem me tocou?
32. E ele olhava ao redor, para ver quem tinha lhe feito isto.
33. Então a mulher temendo, e tremendo, sabendo o que havia sido feito em si, veio, e prostrou-se diante dele, e disse-lhe toda a verdade.
34. E ele lhe disse:
Filha, tua fé te salvou, vai em paz, e estejas sarada deste teu flagelo.
35. Estando ele ainda falando, vieram [alguns] do chefe da sinagoga, dizendo:
Tua filha está morta; por que ainda incomodas ao Mestre?
36. E Jesus, logo [depois de] ouvir esta mensagem que estava sendo falada, disse ao chefe da sinagoga:
Não temas, crê somente.
37. E não permitiu que ninguém o seguisse, a não ser Pedro, Tiago, e João o irmão de Tiago.
38. E veio à casa do chefe da sinagoga, e viu o tumulto, [e] os que muito choravam, e pranteavam.
39. E ao entrar, disse-lhes:
Por que vós tumultuais e chorais? A menina não está morta, mas sim está dormindo.
40. E riam dele. Porém ele, tendo expulsado a todos, tomou consigo ao pai e à mãe da menina, e aos que [estavam] com ele; e entrou onde a menina estava deitada.
41. E tomando a mão da menina, disse-lhe:
Talita cumi;
(que traduzido é:
Menina, eu te digo, levanta-te).
42. E logo a menina se levantou, e andava, porque já era de doze anos; e espantaram-se com grande espanto.

43. E mandou-lhes muito, que ninguém o soubesse; e disse que dessem a ela de comer.

Capítulo 6

1. E partiu-se dali, e veio à sua terra, e seus discípulos o seguiram.
2. E chegado o sábado, começou a ensinar na sinagoga; e muitos, ouvindo-o, se espantavam, dizendo:
De onde [vem] a este estas coisas? E que sabedoria é esta que lhe é dada? E tais maravilhas que por suas mãos se fazem?
3. Não é este o carpinteiro, filho de Maria, e irmão de Tiago, e de José, e de Judas, e de Simão?
E não estão aqui conosco suas irmãs?
E ofendiam-se nele.
4. E Jesus lhes dizia:
Não há profeta sem honra, a não ser em sua terra, e entre [seus] parentes, e em sua casa.
5. E não podia ali fazer nenhuma maravilha; somente, pondo as mãos sobre uns poucos enfermos, os curou.
6. E estava maravilhado da incredulidade [deles]. E percorria as aldeias do redor, ensinando.
7. E chamou a si aos doze, e começou a enviar de dois em dois; e deu-lhes poder sobre os espíritos imundos.
8. E mandou-lhes que não tomassem nada para o caminho, senão somente um bastão de apoio; nem bolsa, nem pão, nem dinheiro na cinta.
9. Mas que calçassem sandálias; e não se vestissem de duas túnicas.
10. E dizia-lhes:
Onde quer que entrardes em casa alguma, ficai ali até que dali saiais.

11. E todos aqueles que não vos receberem, nem vos ouvirem, saindo dali, sacudi o pó que estiver debaixo de vossos pés, em testemunho contra eles. Em verdade vos digo, que mais tolerável será a[os de] Sodoma ou Gomorra no dia do juízo, do que a[os d]aquela cidade.
12. E saindo eles, pregavam que se arrependessem.
13. E expulsavam a muitos demônios, e ungiam com azeite a muitos enfermos, e os curavam.
14. E ouviu-o o rei Herodes (porque já seu nome era notório) e disse:
João, o que batizava, é ressuscitado dos mortos; e portanto estas maravilhas operam nele.
15. Outros diziam:
É Elias;
e outros diziam:
É profeta, ou [é] como algum dos profetas.
16. Porém ouvindo Herodes [isto], disse:
Este é João, ao qual eu cortei a cabeça; [ele] é ressuscitado dos mortos.
17. Porque o mesmo Herodes tinha enviado, e prendido a João, e tinha o acorrentado na prisão, por causa de Herodias, mulher de Filipe seu irmão, porque se casara com ela.
18. Porque João dizia a Herodes:
Não te é lícito ter a mulher de teu irmão.
19. E Herodias o espiava, e o queria matar, e não podia.
20. Porque Herodes temia a João, sabendo que era homem justo e santo, e o estimava; e ao ouvi-lo, fazia[-lhe] muitas coisas, e o ouvia com agrado.
21. E vindo um dia oportuno, em que Herodes, no dia de seu nascimento, dava uma ceia a seus grandes, e comandantes, e aos chefes da galileia;

22. E entrando a filha da mesma Herodias, e dançando, e agradando a Herodes, e aos que estavam juntamente [com ele]; disse o Rei à menina:
Pede-me quanto quiseres, e eu darei a ti.
23. E jurou-lhe:
Tudo o que me pedirdes te darei, até a metade de meu reino.
24. E saindo ela, disse a sua mãe:
Que pedirei?
E ela disse:
A cabeça de João Batista.
25. E entrando ela logo apressadamente ao rei, pediu, dizendo:
Quero que agora logo me dês em um prato a cabeça de João Batista.
26. E o rei se entristeceu muito; [mas] por causa dos juramentos, e dos que juntamente à mesa estavam, não quis negar a ela.
27. E logo o rei, enviando o executor, mandou trazer ali sua cabeça. E ele, tendo ido, decapitou-o na prisão;
28. E trouxe sua cabeça em um prato, e o deu à menina; e a menina a deu a sua mãe.
29. E ouvindo-o seus discípulos, vieram e tomaram seu corpo morto, e o puseram em um sepulcro.
30. E os apóstolos [voltaram] a se juntar a Jesus, e anunciaram-lhe tudo, tanto o que tinham feito, como o que tinham ensinado.
31. E ele lhes disse:
Vinde vós aqui à parte a um lugar deserto, e repousai um pouco; porque havia muitos que iam e vinham, e não tinham lugar de comer.
32. E foram-se em um barco, a um lugar deserto à parte.

33. E as multidões os viram ir, e muitos o conheceram; e correram para lá a pé de todas as cidades, e vieram antes que eles, e chegavam-se a ele.
34. E saindo Jesus, viu uma grande multidão, e moveu-se a íntima misericórdia deles; porque eram como ovelhas que não têm pastor, e começou-lhes a ensinar muitas coisas.
35. E quando já era a hora tardia, vieram seus discípulos a ele, e disseram:
O lugar é deserto, e a hora já é tardia;
36. Despede-os, para que vão aos lugares e aldeias ao redor, e comprem pão para si; porque não têm que comer.
37. Porém respondendo ele, disse-lhes:
Dai-lhes vós de comer.
E eles lhe disseram:
Iremos [pois], e compraremos duzentos dinheiros de pão, e lhes daremos de comer?
38. E ele lhes disse:
Quantos pães tendes? Ide, e vede.
E eles sabendo-o, disseram:
Cinco, e dois peixes.
39. E mandou-lhes que fizessem sentar a todos em grupos sobre a erva verde.
40. E sentaram-se repartidos de cem em cem, e de cinquenta em cinquenta.
41. E tomando ele os cinco pães e os dois peixes, levantou os olhos ao céu, abençoou, e partiu os pães, e deu-os a seus discípulos, para que os pusessem diante deles. E os dois peixes repartiu a todos.
42. E comeram todos, e fartaram-se.
43. E levantaram dos pedaços doze cestos cheios, e dos peixes.
44. E eram os que comeram os pães quase cinco mil homens.

45. E logo ordenou a seus discípulos a subirem no barco, e ir diante para o outro lado, em Betsaida, enquanto que ele despedia a multidão.
46. E havendo-os despedido, foi ao monte para orar.
47. E vinda a tarde, estava o barco no meio do mar, e ele só em terra.
48. E viu que se cansavam muito remando, (porque o vento lhes era contrário); e perto da quarta vigília da noite, veio a eles andando sobre o mar, e queria passar deles.
49. E eles, vendo-o andar sobre o mar, pensaram que era fantasma, e deram grandes gritos.
50. Porque todos o viam, e se perturbaram; e logo falou com eles, e disse-lhes:
Tende bom ânimo, sou eu, não temais.
51. E subiu a eles no barco, e o vento se aquietou; e grandemente se espantavam entre si, e se maravilhavam.
52. Porque não tinham entendido [ainda o milagre] dos pães; porque o coração deles estava endurecido.
53. E quando terminaram de atravessar o mar, vieram à terra de Genesaré, e ali aportaram.
54. E saindo eles do barco, logo o conheceram.
5. [E] correndo de toda a terra ao redor, começaram a trazer em camas os doentes, aonde quer que ouviam que estava.
56. E aonde quer que entrava, em lugares, ou cidades, ou aldeias, punham nas praças aos enfermos, e suplicavam-lhe que somente tocassem a borda de sua roupa; e todos os que o tocavam, saravam.

Capítulo 7

1. E juntaram-se a ele os fariseus, e alguns dos escribas, que tinham vindo de Jerusalém.

2. E vendo que alguns de seus discípulos comiam pão com mãos impuras, isto é, sem lavar, repreendiam[-lhes].
3. (Porque os fariseus, e todos os judeus, retendo a tradição dos antigos, se não lavarem bastante as mãos, não comem.
4. E [voltando] do mercado, se não se lavarem, não comem; e há muitas outras coisas, que procuram guardar, [como] o lavar dos copos, e das vasilhas, e dos vasos de metal, e das camas).
5. Depois lhe perguntaram os fariseus e os escribas:
Por que teus discípulos não andam conforme a tradição dos antigos, mas comem pão com as mãos sem lavar?
6. Porém respondendo ele, disse-lhes:
Bem profetizou Isaías sobre vós, hipócritas; como está escrito:
Este povo me honra com os lábios, mas seu coração está longe de mim.
7. Porém [eles] me honram em vão, ensinando doutrinas [e] mandamentos humanos.
8. Porque, deixando o mandamento de Deus, retendes a tradição humana, [como] o lavar das vasilhas, e dos copos; e fazeis outras muitas coisas semelhantes a estas.
9. E dizia-lhes:
Bem invalidais o mandamento de Deus, para guardardes vossa tradição.
10. Porque Moisés disse:
Honra a teu pai, e a tua mãe. E quem maldisser ao pai, ou à mãe, morrerá de morte.
11. Porém vós dizeis:
Se o homem disser ao pai ou à mãe:
Tudo o que te puder aproveitar de mim é Corbã (isto é, oferta), [fica livre da obrigação].

12. E não lhe deixais mais nada fazer por seu pai, ou por sua mãe.
13. Invalidando [assim] a palavra de Deus por vossa tradição, que vós ordenastes; e [fazeis] muitas coisas semelhantes a estas.
14. E chamando para si toda a multidão, disse-lhes:
Ouvi-me todos, e entendei:
15. Nada há fora do ser humano que nele entre, que o possa contaminar; mas o que dele sai, isso é o que contamina o ser humano.
16. Se alguém tem ouvidos para ouvir, ouça.
17. E quando entrou em casa, [saindo] da multidão, seus discípulos lhe perguntaram [sobre] a parábola.
18. E ele lhes disse:
Assim vós também estais sem entendimento? Não entendeis que tudo o que de fora entra no ser humano não o pode contaminar?
19. Porque não entra em seu coração, mas no ventre, e sai para a privada, limpando todas as comidas.
20. E dizia:
O que sai do ser humano, isso contamina o ser humano.
21. Porque de dentro do coração humano saem os maus pensamentos, os adultérios, as fornicações, os homicídios,
22. Os furtos, as avarezas, as maldades, o engano, a depravação, o mau olho, a blasfêmia, a soberba, a estupidez.
23. Todos estes males de dentro procedem, e contaminam o ser humano.
24. E levantando-se dali, foi para os limites de Tíro e de Sídon; e entrando em uma casa, não quis que ninguém o soubesse, e [contudo] não pôde se esconder;
25. Porque uma mulher, cuja filhinha tinha um espírito imundo, ouvindo dele, veio, e lançou-se a seus pés.

26. E esta mulher era grega, de nacionalidade siro-fenícia; e suplicava-lhe que expulsasse ao demônio de sua filha.
27. Mas Jesus lhe disse:
Deixa primeiro fartar aos filhos; porque não é bom tomar o pão dos filhos, e lançá-lo aos cachorrinhos.
28. Porém ela respondeu, e disse-lhe:
Sim, Senhor; mas também os cachorrinhos comem debaixo da mesa, das migalhas dos filhos.
29. Então ele lhe disse:
Por esta palavra, vai, o demônio já saiu de tua filha.
30. E vindo ela a sua casa, encontrou que o demônio já havia saído, e a filha deitada sobre a cama.
31. E voltando ele a sair dos limites de Tiro e de Sídon, veio para o mar da Galileia, por meio dos limites de Decápolis.
32. E trouxeram-lhe um surdo, que dificilmente falava, e rogaram-lhe que pusesse a mão sobre ele.
33. E tomando-o à parte da multidão, meteu-lhe seus dedos nos ouvidos, e cuspindo, tocou-lhe a língua.
34. E levantando os olhos ao céu, suspirou, e disse:
Efatá, (isto é, abre-te).
35. E logo seus ouvidos se abriram, e o que prendia sua língua se soltou, e falava bem.
36. E mandou-lhes que a ninguém o dissessem; mas quanto [mais] lhes mandava, tanto mais o divulgavam.
37. E se espantavam muito mais, dizendo:
Tudo [ele] tem feito bem; e aos surdos faz ouvir, e aos mudos falar.

Capítulo 8

1. Naqueles dias, havendo uma multidão muito grande, e não tendo que comerem, Jesus chamou seus discípulos para si, e lhes disse:
2. Tenho compaixão da multidão, porque já há três dias que estão comigo, e não têm o que comer.

3. E seu eu os deixar ir em jejum para suas casas desmaiarão no caminho; porque alguns deles têm vindo de longe.
4. E seus discípulos lhe responderam:
De onde poderá alguém fartar a estes de pão aqui no deserto?
5. E perguntou-lhes:
Quantos pães tendes?
E eles disseram:
Sete.
6. E mandou à multidão que se sentassem pelo chão. E tomando os sete pães, e tendo dado graças, partiu--os, e os deu a seus discípulos, para que os pusessem diante deles. E eles os puseram diante da multidão.
7. E tinham uns poucos peixinhos, e tendo dado graças, disse que também os pusessem diante deles.
8. E comeram, e se fartaram; e levantaram, do que sobrou dos pedaços, sete cestos.
9. E eram os que comeram quase quatro mil; e despediu-os.
10. E logo entrando no barco com seus discípulos, veio para a região de Dalmanuta.
11. E saíram os Fariseus, e começaram a disputar com ele, pedindo-lhe sinal do céu, tentando-o.
12. E ele, suspirando profundamente em seu espírito, disse:
Por que esta geração pede sinal? Em verdade vos digo, que não se dará sinal a esta geração.
13. E deixando-os, voltou a entrar no barco, e foi para a outro lado [do mar].
14. E [seus discípulos] tinham se esquecido de tomar pão, e nada tinham, a não ser um pão com eles no barco.
15. E mandou-lhes, dizendo:
Prestai atenção: tomai cuidado com o fermento dos fariseus, e o fermento de Herodes.

16. E questionavam uns com os outros, dizendo:
[Ele disse isto] porque não temos pão.
17. E Jesus, conhecendo [a dúvida deles], disse-lhes:
Por que questionais que não tendes pão? Não percebeis ainda, nem entendeis? Ainda tendes vosso coração endurecido?
18. Tendo olhos, não vedes? E tendo ouvidos, não ouvis?
19. E não vos lembrais, quando parti os cinco pães entre os cinco mil, quantos cestos cheios de pedaços levantastes?
Disseram-lhe:
Doze.
20. [Jesus disse]:
E quando [parti] os sete entre os quatro mil, quantas cestas cheias de pedaços levantastes?
E eles disseram:
Sete.
21. E ele lhes disse:
Como não entendeis?
22. E veio a Betsaida, e trouxeram-lhe um cego, e suplicaram-lhe que o tocasse.
23. E tomando ao cego pela mão, tirou-o para fora da aldeia, e cuspindo nos olhos dele, e pondo-lhe as mãos encima, perguntou-lhe se via alguma coisa.
24. E levantando ele os olhos, disse:
Vejo as pessoas; porque vejo que andam como árvores.
25. Depois voltou a pôr as mãos sobre os olhos dele, e os fez olhar atentamente, e ficou restaurado, e viu de longe e claramente a todos.
26. E o mandou para sua casa, dizendo:
Não entres na aldeia, nem digas a ninguém da aldeia.

27. E saiu Jesus e seus discípulos para as aldeias de Cesareia de Filipe; e no caminho perguntou a seus discípulos, dizendo-lhes:
Quem as pessoas dizem que eu sou?
28. E eles responderam:
João Batista, e outros, Elias; e outros, algum dos Profetas.
29. E ele lhes disse:
E vós, quem dizeis que eu sou?
E Pedro, respondendo, disse-lhe:
Tu és o Cristo.
30. E advertiu-lhes, que a ninguém dissessem [aquilo] dele.
31. E começou a ensinar-lhes que era necessário que o Filho do homem sofresse muito, e fosse rejeitado pelos anciãos, e pelos chefes dos sacerdotes e escribas, e fosse morto, e depois de três dias ressuscitasse.
32. E dizia abertamente esta palavra. E Pedro, tomando-o consigo, começou a repreendê-lo.
33. Mas ele, virando-se e olhando para seus discípulos, repreendeu a Pedro, dizendo:
Sai de diante de mim, satanás! Porque tu não compreendes as coisas de Deus, mas sim as coisas humanas.
34. E chamando para si a multidão com seus discípulos, disse-lhes:
Qualquer que quiser vir após mim, negue-se a si mesmo, e tome sua cruz, e siga-me:
35. Porque qualquer um que quiser salvar a sua vida, a perderá; mas qualquer um que perder a sua vida por causa de mim e do Evangelho, esse a salvará.
36. Pois que proveito haveria para alguém, se obtivesse o mundo todo, e perdesse sua alma?
37. Ou que daria alguém em resgate de sua alma?

38. Porque qualquer um que se envergonhar de mim e de minhas palavras nesta geração adúltera e pecadora, também dele o Filho do homem se envergonhará, quando vier na glória de seu Pai com os santos anjos.

Capítulo 9

1. Dizia-lhes também:
Em verdade vos digo, que há alguns dos que aqui estão, que não experimentarão a morte, até que tenham visto que o reino de Deus vem com poder.
2. E seis dias depois, tomou Jesus consigo a Pedro, e a Tiago, e a João, e os levou à parte sós para um monte alto; e transfigurou-se diante deles.
3. E suas roupas se tornaram resplandescentes, mui brancos como a neve, quais lavadeiro os não pode branquear na terra.
4. E apareceu-lhes Elias com Moisés, e falavam com Jesus.
5. E respondendo Pedro, disse a Jesus:
Mestre, é bom que nós estejamos aqui; e façamos três cabanas: uma para ti, e uma para Moisés, e uma para Elias.
6. Porque não sabia o que dizia, pois estavam assombrados.
7. E desceu uma nuvem, que os cobriu com sua sombra, e veio uma voz da nuvem, que dizia:
Este é meu Filho amado; a ele ouvi.
8. E olhando logo ao redor, não viram mais a ninguém, a não ser só Jesus com eles.
9. E descendo eles do monte, mandou-lhes que contassem a ninguém o que tinham visto, até que o Filho do homem já tenha ressuscitado dos mortos.
10. E eles retiveram o caso entre si, perguntando uns aos outros:

Que seria aquilo, ressuscitar dos mortos?
11. E perguntaram-lhe dizendo:
Por que dizem os Escribas que é necessário que Elias venha primeiro?
12. E ele respondendo, disse-lhes:
Em verdade Elias virá primeiro, e todas as coisas restaurará, [e] como está escrito sobre o Filho do homem, que sofra muito, e seja aniquilado.
13. Porém eu vos digo, que já Elias veio, e fizeram-lhe tudo o que quiseram, como está escrito sobre ele.
14. E quando veio aos discípulos, ele viu uma grande multidão ao redor deles, e [alguns] escribas, que argumentavam com eles.
15. E logo toda a multidão, vendo-o, se espantou, e correndo a ele, o saudaram.
16. E perguntou aos escribas:
O que argumentais com eles?
17. E respondendo um da multidão, disse:
Mestre, trouxe a ti meu filho, que tem um espírito mudo.
18. E onde quer que [espírito] o toma, faz-lhe convulsionar, e solta espuma [pela boca], e range os dentes, e vai se secando; e eu disse a teus discípulos que o expulsassem, e não puderam.
19. E respondendo-lhe ele, disse:
Ó geração incrédula! Até quando estarei ainda convosco? Até quando vos suportarei?
Trazei-o a mim.
20. E trouxeram-no a ele; e quando o viu, logo o espírito o fez convulsionar, e caindo em terra, rolava a si mesmo, espumando [pela boca].
21. E perguntou a seu pai:
Quanto tempo há que isto lhe sobreveio?
E ele lhe disse:
Desde [sua] infância;

22. E muitas vezes o lançou também no fogo, e na água, para o destruir; mas se podes alguma coisa, ajuda-nos, tendo compaixão de nós.
23. E Jesus lhe disse:
Se podes crer, ao que crê tudo é possível.
24. E logo o pai do menino, clamando, com lágrimas, disse: Creio, Senhor! Ajuda minha incredulidade.
25. E vendo Jesus que a multidão concorria, repreendeu ao espírito imundo, dizendo-lhe:
Espírito mudo e surdo, eu te mando, sai dele, e não entres nele mais!
26. E clamando, e fazendo-o convulsionar muito, saiu; e ficou [o menino] como morto, de tal maneira que muitos diziam que estava morto.
27. E tomando-o Jesus pela mão, ergueu-o, e ele se levantou.
28. E quando entrou em casa, seus discípulos lhe perguntaram à parte:
Por que nós não o pudemos expulsar?
29. E disse-lhes:
Este tipo com nada pode sair, a não ser com oração e jejum.
30. E partidos dali, caminharam pela Galileia, e não queria que alguém o soubesse, 31. Porque ensinava a seus discípulos, e lhes dizia:
O Filho do homem será entregue em mãos dos homens, e o matarão; e [estando] ele morto, ressuscitará ao terceiro dia.
32. Mas eles não entendiam esta palavra, e temiam lhe perguntar.
33. E veio a Cafarnaum, e entrando em casa, perguntou-lhes:
Que questionais entre vós pelo caminho?

34. Mas eles se calaram; porque eles haviam discutido uns com os outros pelo caminho, qual [deles seria] o maior.
35. E sentando-se ele, chamou aos doze, e disse-lhes:
Se alguém quiser ser o primeiro, seja o último de todos, e servo de todos.
36. E tomando um menino, ele o pôs no meio deles, e tomando-o entre seus braços, disse-lhes:
37. Qualquer que em meu nome receber a um dos tais meninos, recebe a mim; e qualquer que me receber, não [somente] recebe a mim, mas [também] ao que me enviou.
38. E respondeu-lhe João, dizendo:
Mestre, temos visto a um, que em teu nome expulsava aos demônios, o qual não nos segue;
e nós o proibimos, porque não nos segue.
39. Porém Jesus disse:
Não o proibais; porque ninguém há que faça milagre em meu nome, e logo possa dizer mal de mim.
40. Porque quem não é contra nós, é por nós.
41. Porque qualquer que vos der um pequeno vaso de água para beber em meu nome, porque sois de Cristo, em verdade vos digo, que não perderá sua recompensa.
42. E qualquer que ofender a um destes pequenos que creem em mim, melhor lhe fora que lhe pusesse ao pescoço uma grande pedra de moinho, e que fosse lançado no mar.
43. E se a tua mão te ofender, corta-a; melhor te é entrar na vida mutilado, do que tendo duas mãos ir ao inferno, ao fogo que nunca se apaga.
44. Onde seu verme não morre, e o fogo nunca se apaga.
45. E se teu pé te ofender, corta-o; melhor te é entrar na vida manco, do que tendo dois pés ser lançado no inferno, no fogo que nunca se apaga.

46. Onde seu verme não morre, e o fogo nunca se apaga.
47. E se teu olho te ofender, lança-o fora; melhor te é entrar no Reino de Deus com um olho, do que tendo dois olhos ser lançado no fogo do inferno.
48. Onde seu verme não morre, e o fogo nunca se apaga.
49. Porque cada um será salgado com fogo, e cada sacrifício será salgado com sal.
50. Bom é o sal; mas se o sal se tornar insípido, com que o temperareis? Tende sal em vós mesmos, e paz uns com os outros.

Capítulo 10

1. E levantando-se dali, foi-se aos limites da Judeia, por dalém do Jordão; e as multidões voltaram a se juntar a ele, e voltou a lhes ensinar, como tinha de costume.
2. E vindo a ele os fariseus, perguntaram-lhe se era lícito ao homem deixar a [sua] mulher, tentando-o.
3. Mas respondendo ele, disse-lhes:
Que Moisés vos mandou?
4. E eles disseram:
Moisés permitiu escrever carta de divórcio, e deixá-la.
5. E respondendo Jesus, disse-lhes:
Pela dureza de vossos corações ele vos escreveu este mandamento.
6. Porém desde o princípio da criação, macho e fêmea Deus os fez.
7. Por isso, deixará o homem a seu pai e a [sua] mãe, e se unirá à sua mulher.
8. E os dois serão uma [só] carne; assim então já não são dois, mas sim uma [só] carne.
9. Portanto o que Deus juntou, não separe o homem.

10. E em casa voltaram os discípulos a perguntar-lhe sobre isto mesmo.
11. E disse-lhes:
Qualquer que deixar a sua mulher, e se casar com outra, adultera contra ela.
12. E se a mulher deixar a seu marido, e se casar com outro, adultera.
13. E lhe traziam crianças para que ele as tocasse, mas os discípulos repreendiam aos que [as] traziam.
14. Porém Jesus, vendo, indignou-se, e lhe disse:
Deixai vir as crianças a mim, e não as impeçais; porque das tais é o Reino de Deus.
15. Em verdade vos digo, que qualquer um que não receber o Reino de Deus como criança, em maneira nenhuma nele entrará.
16. E tomando-as entre seus braços, pondo as mãos sobre elas, ele as abençoou.
17. E saindo ele ao caminho, um [homem] correu até ele; e pondo-se de joelhos diante dele, perguntou-lhe:
Bom Mestre, que farei para herdar a vida eterna?
18. E Jesus lhe disse:
Por que me chamas bom? Ninguém é bom, a não ser um: Deus.
19. Sabes os mandamentos:
Não adulterarás; não matarás; não furtarás; não darás falso testemunho; não serás enganador; honra a teu pai, e a [tua] mãe.
20. Porém respondendo ele, disse-lhe:
Mestre, tudo isto guardei desde minha juventude.
21. E olhando Jesus para ele, amou-o, e disse-lhe:
Uma coisa te falta: vai, vende tudo quanto tens, e dá aos pobres; e terás um tesouro no céu; e vem, segue-me, toma [tua] cruz.

22. Mas ele, pesaroso desta palavra, foi-se triste; porque tinha muitas propriedades.
23. Então Jesus olhando ao redor, disse a seus discípulos:
Quão dificilmente entrarão os que tem riquezas no Reino de Deus!
24. E os discípulos se espantaram destas suas palavras; mas Jesus, voltando a responder, disse-lhes:
Filhos, como é difícil aos que confiam em riquezas entrar no Reino de Deus!
25. Mais fácil é passar um camelo pelo olho de uma agulha, do que entrar o rico no Reino de Deus.
26. E eles se espantavam ainda mais, dizendo uns para os outros:
Quem pois poderá se salvar?
27. Porém olhando Jesus para eles, disse:
Para os seres humanos, é impossível; mas para Deus, não; porque para Deus tudo é possível.
28. E começou Pedro a dizer-lhe:
Eis que nós deixamos tudo, e te seguimos.
29. E respondendo Jesus, disse:
Em verdade vos digo, que não há ninguém que tenha deixado casa, ou irmãos, ou irmãs, ou pai, ou mãe, ou mulher, ou filhos, ou campos, por amor de mim e do Evangelho,
30. Que não receba cem vezes tanto, agora neste tempo, casas, e irmãos, e irmãs, e mães, e filhos, e campos, com perseguições; e a vida eterna, no tempo que virá.
31. Porém muitos primeiros serão últimos, e [muitos] últimos, primeiros.
32. E iam pelo caminho, subindo para Jerusalém; e Jesus ia diante deles, e espantavam-se, e seguiam-no atemorizados. E voltando a tomar consigo aos doze, começou-lhes a dizer as coisas que lhe viriam a acontecer:

33. Eis que subimos a Jerusalém, e o Filho do homem será entregue aos chefes dos sacerdotes, e aos escribas; e o condenarão à morte, e o entregarão aos gentios.
34. E escarnecerão dele, e o açoitarão, e cuspirão nele, e o matarão; e ao terceiro dia ressuscitará.
35. E vieram a ele Tiago e João, filhos de Zebedeu, dizendo:
Mestre, queríamos que nos fizesses o que pedirmos.
36. E ele lhes disse:
Que quereis que eu vos faça?
37. E eles lhe disseram:
Concede-nos que em tua glória nos sentemos, um à tua direita, e outro à tua esquerda?
38. Mas Jesus lhes disse:
Não sabeis o que pedis; podeis vós beber o copo que eu bebo, e ser batizados com o batismo com que eu sou batizado?
39. E eles lhe disseram:
Podemos.
Porém Jesus lhes disse:
Em verdade, o copo que eu bebo, bebereis; e com o batismo com que eu sou batizado, sereis batizados.
40. Mas sentar-se à minha direita, ou à minha esquerda, não é meu concedê-lo, mas sim, para aqueles a quem está preparado.
41. E quando os dez ouviram isto, começaram a se irritar contra Tiago e João.
42. Mas Jesus, chamando-os a si, disse-lhes:
Já sabeis que os que são vistos como governadores dos gentios, agem como senhores deles;
e os grandes usam de autoridade sobre eles.
43. Mas entre vós não será assim; antes qualquer que entre vós quiser ser grande, será vosso servidor.

44. E qualquer que de vós quiser ser o primeiro, será servo de todos.
45. Porque também não veio o Filho do homem para ser servido, mas para servir, e dar sua vida [em] resgate por muitos.
46. E vieram a Jericó. E saindo ele, e seus discípulos, e uma grande multidão de Jericó, estava Bartimeu o cego, filho de Timeu, sentado junto ao caminho, mendigando.
47. E ouvindo que era Jesus o nazareno, começou a clamar, e a dizer:
Jesus, Filho de Davi! Tem misericórdia de mim!
48. E muitos o repreendiam, para que se calasse; mas ele clamava ainda mais:
Filho de Davi! Tem misericórdia de mim!
49. E parando Jesus, disse que o chamassem; e chamaram ao cego, dizendo-lhe:
Tem bom ânimo, levanta-te, [ele] te chama.
50. E lançando ele sua capa, levantou-se, e veio a Jesus.
51. E respondendo Jesus, disse-lhe:
Que queres que [eu] te faça?
E o cego lhe disse:
Mestre, [quero] que veja.
52. E Jesus lhe disse:
Vai-te; tua fé te salvou.
E logo viu; e seguia a Jesus pelo caminho.

Capítulo 11

1. E quando chegaram perto de Jerusalém, em Betfagé e Betânia, ao monte das Oliveiras, [Jesus] mandou dois de seus discípulos,
2. E disse-lhes:
Ide à aldeia, que está em fronte de vós; e logo, nela entrando, achareis um jumentinho atado, sobre o qual ninguém se sentou; soltai-o, e trazei-o.

3. E se alguém vos disser:
Por que fazeis isso?,
dizei que:
O Senhor precisa dele, e logo o mandará de volta para cá.
4. E foram, e acharam o jumentinho atado à porta, [do lado de] fora em uma esquina, e o soltaram.
5. E alguns dos que ali estavam, lhes disseram:
Que fazeis, soltando o jumentinho?
6. Porém eles lhes disseram como Jesus [lhes] tinha mandado, e os deixaram ir.
7. E trouxeram o jumentinho a Jesus, e lançaram sobre ele suas roupas, e sentou-se sobre ele.
8. E muitos estendiam suas roupas pelo caminho, e outros cortavam ramos das árvores, e os espalhavam pelo caminho.
9. E os que iam adiante, e os que seguiam, clamavam:
Hosana, bendito o que vem no Nome do Senhor!
10. Bendito o Reino de nosso Pai Davi, que vem no Nome do Senhor! Hosana nas alturas!
11. E Jesus entrou em Jerusalém, e no Templo; e havendo visto tudo ao redor, e sendo já tarde, saiu se para Betânia com os doze.
12. E no dia seguinte, saindo eles de Betânia, teve fome.
13. E vendo de longe uma figueira, que tinha folhas, [veio ver] se acharia alguma coisa nela; e chegando a ela, nada achou, a não ser folhas; porque não era tempo de figos.
14. E respondendo Jesus, disse-lhe:
Nunca mais ninguém coma fruto de ti. E seus discípulos ouviram isto.

15. E vieram a Jerusalém; e entrando Jesus no Templo, começou a expulsar aos que vendiam e compravam no Templo; e revirou as mesas dos cambiadores, e as cadeiras dos que vendiam pombas.
16. E não consentia que ninguém levasse vaso [algum] pelo Templo.
17. E ensinava, dizendo-lhes:
Não está escrito:
Minha casa será chamada casa de oração de todas as nações?
Mas vós a tendes feito esconderijo de assaltantes!
18. E ouviram os escribas, e os chefes dos sacerdotes, e buscavam como o matariam; pois o temiam, porque toda a multidão estava espantada quanto a sua doutrina.
19. E como já era tarde, [Jesus] saiu fora da cidade.
20. E passando pela manhã, viram que a figueira estava seca desde as raízes.
21. E lembrando-se Pedro, disse-lhe:
Mestre, eis que a figueira, que amaldiçoaste, se secou.
22. E respondendo Jesus, disse-lhes:
Tende fé em Deus.
23. Porque em verdade vos digo, que qualquer que disser a este monte:
Levanta-te, e lança-te no mar;
e não duvidar em seu coração, mas crer que se fará o que diz, tudo o que disser lhe será feito.
24. Portanto eu vos digo, [que] tudo o que pedirdes orando, crede que recebereis, e vós [o] tereis.
25. E quando estiverdes orando, perdoai, se tendes alguma coisa contra alguém, para que vosso Pai, que [está] nos céus, vos perdoe vossas ofensas.
26. Mas se vós não perdoardes, também vosso Pai, que [está] nos céus, não vos perdoará vossas ofensas.

27. E voltaram para Jerusalém; e andando ele pelo Templo, vieram a ele os chefes dos sacerdotes, e os escribas, e os anciãos.
28. E disseram-lhe:
Com que autoridade fazes estas coisas? E quem te deu esta autoridade, para fazerdes estas coisas?
29. Mas respondendo Jesus, disse-lhes:
Também eu vos perguntarei uma palavra, e respondei--me; e [então] vos direi com que autoridade estas coisas [eu] faço.
30. O batismo de João era do céu ou dos homens? Respondei-me.
31. E eles argumentavam entre si, dizendo:
Se dissermos do céu, ele [nos] dirá:
Por que pois não crestes nele?
32. Porém se dissermos dos homens, tememos ao povo; porque todos consideravam que João era verdadeiramente profeta.
33. E respondendo, disseram a Jesus:
Não sabemos.
E respondendo Jesus, disse-lhes:
Também eu não vos direi com que autoridade eu faço estas coisas.

Capítulo 12

1. E começou a lhes dizer por parábolas:
Um homem plantou uma vinha, cercou-a, fundou [nela] um esmagador de uvas, edificou uma torre, e a arrendou a uns lavradores; e partiu-se para fora d[aquela] terra.
2. E chegado o tempo, mandou um servo aos lavradores, para que recebesse dos lavradores do fruto da vinha.

3. Mas eles tomando-o, feriram[-no], e mandaram [-no] vazio.
4. E voltou a mandar-lhes outro servo; e eles, apedrejando-o, feriram-no na cabeça e voltaram a mandá--lo maltratado.
5. E voltou a mandar outro, ao qual mataram, e [mandou] muitos outros, e a uns feriram, e a outros mataram.
6. Tendo ele pois ainda um, o seu filho amado, mandou--lhes também por último a este, dizendo:
Pelo menos terão respeito a meu filho.
7. Mas aqueles lavradores disseram entre si:
Este é o herdeiro; vinde, [e] o matemos; então a herança será nossa.
8. E pegando dele, mataram[-no], e lançaram[-no] fora da vinha.
9. Que pois fará o senhor da vinha? Ele virá, destruirá aos lavradores, e dará a vinha a outros.
10. Nem ainda esta escritura tendes lido?
A pedra que os edificadores rejeitaram, esta foi feita por cabeça de esquina.
11. Pelo Senhor foi feito isto, e é maravilhoso em nossos olhos.
12. E procuravam prendê-lo, mas temiam a multidão; porque entendiam que dizia aquela parábola [referindo-se] a eles; e deixando-o, foram embora.
13. E mandaram-lhe alguns dos fariseus e dos herodianos, para que o apanhassem em [alguma] palavra.
14. E eles, vindo, disseram-lhe:
Mestre, sabemos que és homem de verdade, e não te interessa [agradar] a ninguém, porque não olhas para a aparência humana, mas com verdade ensinas o caminho de Deus; é lícito pagar tributo a César, ou não? Devemos pagar, ou não devemos?
15. E ele, entendendo a hipocrisia deles, disse-lhes:
Por que me tentais? Trazei-me uma moeda, para que eu [a] veja.

16. E trouxeram. E disse-lhes:
De quem é esta imagem, e a inscrição?
E eles lhe disseram:
De César.
17. E Jesus, respondendo, disse-lhes:
Dai pois a César o que é de César, e a Deus o que é de Deus.
E maravilharam-se dele.
18. E vieram a ele os saduceus, que dizem que não há ressurreição, e perguntaram-lhe, dizendo:
19. Mestre, Moisés nos escreveu, que se o irmão de alguém morresse, e deixasse mulher, e não deixasse filhos, que seu irmão tomasse sua mulher, e levantasse semente a seu irmão.
20. Houve pois sete irmãos, e o primeiro tomou mulher, e morrendo, não deixou semente.
21. Tomou-a também o segundo, e morreu; e nem este deixou semente; e o terceiro da mesma maneira.
22. E a tomaram [todos] os sete, e não deixaram semente. Finalmente, depois de todos, morreu também a mulher.
23. Na ressurreição pois, quando ressuscitarem, de qual destes será a mulher? Porque os sete a tiveram por mulher.
24. E respondendo Jesus, disse-lhes:
Não é por isso que vós errais, por não conhecerdes as Escrituras, nem o poder de Deus?
25. Porque quando ressuscitarem dos mortos, nem se casarão, nem se darão em casamento; mas serão como os anjos que [estão] nos céus.
26. E sobre os mortos que ressuscitarão, não tendes lido no livro de Moisés, como Deus lhe falou com a sarça, dizendo:
Eu sou o Deus de Abraão, e o Deus de Isaque, e o Deus de Jacó?

27. Deus não é [Deus] de mortos, mas de vivos. Portanto [vós] errais muito.
28. E vindo a ele um dos escribas, que os ouvira discutir, sabendo que lhes tinha bem respondido, perguntou-lhe: Qual de todos é o primeiro mandamento?
29. E Jesus lhe respondeu:
O primeiro mandamento de todos os mandamentos [é]: Ouve Israel, o SENHOR nosso Deus é o único Senhor:
30. Amarás pois ao Senhor teu Deus de todo teu coração, e de toda tua alma, e de todo teu entendimento, e de todas tuas forças;
este é o primeiro mandamento.
31. E o segundo, semelhante [a este] é:
Amarás a teu próximo como a ti mesmo;
não há outro mandamento maior que estes.
32. E o Escriba lhe disse:
Muito bem, Mestre, com verdade disseste, que há um só Deus, e não há outro além dele.
33. E [que] amá-lo de todo coração, e de todo entendimento, e de toda a alma, e de todas as forças; e amar ao próximo como a si mesmo é mais que todas as ofertas de queima e sacrifícios.
34. E Jesus, vendo que ele tinha respondido sabiamente, disse-lhe:
Tu não estás longe do Reino de Deus.
E ninguém mais ousava lhe perguntar.
35. E respondendo Jesus, dizia, enquanto ensinava no Templo:
Como os escribas dizem que o Cristo é Filho de Davi?
36. Porque o mesmo Davi disse pelo Espírito Santo:
Disse o Senhor a meu Senhor, senta-te à minha direita, até que ponha a teus inimigos por suporte de teus pés.

37. Pois [se] Davi mesmo o chama [seu] Senhor, como, pois, é seu filho?
E a grande multidão o ouvia de boa vontade.
38. E dizia-lhes em sua doutrina:
Tomai cuidado com os escribas, que gostam de andar com roupas compridas, [amam] as saudações nas praças;
39. E as primeiras cadeiras nas sinagogas, e os primeiros assentos nas ceias.
40. Que comem as casas das viúvas, e [isso] com pretexto de longa oração. Estes receberão mais grave condenação.
41. E estando Jesus sentado de frente à arca do tesouro, observava como a multidão lançava dinheiro na arca do tesouro; e muitos ricos lançavam muito.
42. E vindo uma pobre viúva, lançou dois leptos, que são duas pequenas moedas.
43. E [Jesus], chamando a si seus discípulos, disse-lhes:
Em verdade vos digo que esta pobre viúva lançou mais que todos os que lançaram na arca do tesouro;
44. Porque todos lançaram [nela] daquilo que lhes sobra; mas esta de sua pobreza lançou [nela] tudo o que tinha, todo seu sustento.

Capítulo 13

1. E saindo ele do Templo, um de seus discípulos lhe disse:
Mestre, olha que pedras, e que edifícios!
2. E respondendo Jesus, disse-lhe:
Vês estes grandes edifícios? Não será deixada pedra sobre pedra, que não seja derrubada.
3. E sentando-se ele no monte das Oliveiras, de frente ao Templo, perguntaram-lhe à parte Pedro, e Tiago, e João, e André:

4. Dize-nos, quando serão estas coisas? E que sinal haverá de quando todas estas coisas se acabarão?
5. E respondendo-lhes Jesus, começou a dizer:
Olhai que ninguém vos engane;
6. Porque virão muitos em meu nome, dizendo:
Eu sou o [Cristo],
e enganarão a muitos.
7. E quando ouvirdes de guerras, e de rumores de guerras, não vos perturbeis; porque [assim] convém acontecer; mas ainda não será o fim.
8. Porque nação se levantará contra nação, e reino contra reino, e haverá terremotos de lugar em lugar, e haverá fomes, e revoltas. Estes serão princípios de dores.
9. Mas olhai por vós mesmos; porque vos entregarão em tribunais, e em sinagogas; sereis açoitados, e sereis apresentados ante governadores e reis, por causa de mim, para que lhes haja testemunho.
10. E primeiramente o Evangelho deve ser pregado entre todas as nações.
11. Porém, quando vos levarem a entregar, não estejais ansiosos antecipadamente do que deveis dizer, nem o penseis; mas o que naquela hora for dado, isso falai. Porque não sois vós os que falais, mas o Espírito Santo.
12. E o irmão entregará ao irmão à morte, e o pai ao filho; e os filhos se levantarão contra os pais, e os matarão.
13. E sereis odiados de todos por amor de meu nome; mas quem perseverar até o fim, esse será salvo.
14. E quando virdes a abominação da desolação, que foi dita pelo Profeta Daniel, estar onde não deve, (quem lê, entenda), então os que estiverem na Judeia, fujam para os montes.

15. E o que estiver sobre telhado, não desça para a casa, nem entre para tomar alguma coisa de sua casa.
16. E o que estiver no campo, não volte atrás, para tomar sua roupa.
17. Mas ai das grávidas, e das que amamentarem naqueles dias!
18. Orai, porém, que não aconteça vossa fuga no inverno.
19. Porque serão aqueles dias de tal aflição, qual nunca foi desde o princípio da criação das coisas, que Deus criou, até agora, nem tão pouco será.
20. E se o Senhor não encurtasse aqueles dias, nenhuma carne se salvaria; mas por causa dos escolhidos, que escolheu, ele encurtou aqueles dias.
21. E então se alguém vos disser:
Eis aqui está o Cristo; ou vede-o ali está, não creiais nele.
22. Porque se levantarão falsos cristos, e falsos profetas, e farão sinais e prodígios, para enganar, se fosse possível, até aos escolhidos.
23. Mas vós tomai cuidado, eis que vos tenho dito tudo antes.
24. Porém naqueles dias, depois daquela aflição, o sol se escurecerá, e a lua não dará seu brilho.
25. E as estrelas do céu cairão, e as forças que [estão] nos céus abalarão.
26. E então verão ao Filho do homem vir nas nuvens, com grande poder e glória.
27. E então enviará seus anjos, e juntará seus escolhidos dos quatro ventos, desde a extremidade da terra, até a extremidade do céu.
28. E aprendei a parábola da figueira: Quando já seu ramo se vai fazendo tenro, e brota folhas, bem sabeis que já o verão está perto.

29. Assim também vós, quando virdes suceder estas coisas, sabei que já está perto às portas.
30. Em verdade vos digo, que não passará esta geração, até que todas estas coisas aconteçam.
31. O céu e a terra passarão, mas minhas palavras em maneira nenhuma passarão.
32. Porém daquele dia e hora ninguém sabe, nem os anjos que estão no céu, nem o Filho, a não ser somente o Pai.
33. Olhai, vigiai, e orai; porque não sabeis quando será o tempo.
34. Como o homem que, partindo-se para fora de sua terra, deixou sua casa, e deu autoridade a seus servos, e a cada um seu trabalho, e mandou ao porteiro que vigiasse,
35. Vigiai pois, porque não sabeis quando virá o Senhor da casa; se à tarde, se à meia-noite, se ao canto do galo, se pela manhã,
36. Para que não venha de surpresa, e vos ache dormindo.
37. E as coisas que vos digo, digo a todos: Vigiai.

Capítulo 14

1. E dali a dois dias era a Páscoa, e [a festa dos pães] asmos; e os chefes dos sacerdotes, e os escribas buscavam um meio de prendê-lo através de engano, e [o] matarem.
2. Diziam, porém:
Não na festa, para que não venha a haver tumulto entre o povo.
3. E estando ele em Betânia, em casa de Simão o Leproso, sentado [à mesa], veio uma mulher, que tinha um vaso de alabastro, de óleo perfumado de nardo puro, de muito preço, e quebrando o vaso de alabastro, derramou-o sobre a cabeça dele.

4. E houve alguns que se irritaram em si mesmos [com aquilo], e disseram:
Para que foi feito este desperdício do óleo perfumado?
5. Porque isto podia ter sido vendido por mais de trezentos dinheiros, e seria dado aos pobres.
E reclamavam contra ela.
6. Porém Jesus disse:
Deixai-a; por que a incomodais? Ela tem me feito boa obra.
7. Porque pobres sempre [os] tendes convosco; e quando quiserdes, podeis lhes fazer bem; porém a mim, nem sempre me tendes.
8. Esta fez o que podia; se adiantou para ungir meu corpo, para [preparação de minha] sepultura.
9. Em verdade vos digo, que onde quer que em todo o mundo este Evangelho for pregado, também o que esta fez será dito em sua memória.
10. E Judas Iscariotes, um dos doze, foi aos chefes dos sacerdotes, para o entregar a eles.
11. E eles ouvindo, alegraram-se; e prometeram lhe dar dinheiro; e buscava como o entregaria em tempo oportuno.
12. E o primeiro dia dos [pães] asmos, quando sacrificavam [o cordeiro da] Páscoa, seus discípulos lhe disseram:
Onde queres, que vamos preparar para comerdes a Páscoa?
13. E mandou dois de seus discípulos, e disse-lhes:
Ide à cidade, e um homem que leva um cântaro de água vos encontrará, a ele segui.
14. E onde quer que ele entrar, dizei ao senhor da casa:
O Mestre diz:
Onde está o cômodo onde comerei Páscoa com meus discípulos?

15. E ele vos mostrará um grande salão, ornado e preparado; ali preparai [a ceia] para nós.
16. E seus discípulos saíram, e vieram à cidade, e acharam como lhes tinha dito, e prepararam a Páscoa.
17. E vinda a tarde, veio com os doze.
18. E quando se sentaram [à mesa], e comeram, Jesus disse:
Em verdade vos digo, que um de vós, que está comendo comigo, me trairá.
19. E eles começaram a se entristecer, e a lhe dizer um após outro:
Por acaso sou eu?
E outro:
Por acaso sou eu?
20. Porém respondendo ele, disse-lhes:
[É] um dos doze, o que está molhando [a mão] comigo no prato.
21. Em verdade o Filho do homem vai, como está escrito sobre ele; mas ai daquele homem, por quem o Filho do homem é traído; bom lhe fosse ao tal homem não haver nascido.
22. E comendo eles, tomou Jesus o pão; e bendizendo partiu-o, e deu-lhes, e disse:
Tomai, comei, isto é o meu corpo.
23. E tomando o copo, e dando graças, deu-lhes; e todos beberam dele.
24. E disse-lhes:
Isto é o meu sangue, [o sangue] do novo testamento, que é derramado por muitos.
25. Em verdade vos digo, que não beberei mais do fruto da vide, até aquele dia, quando o beber novo no Reino de Deus.
26. E cantando um hino, saíram para o monte das Oliveiras.

27. E Jesus lhes disse:
Todos vós vos ofendereis em mim esta noite; porque está escrito:
Ferirei ao pastor, e as ovelhas serão dispersas.
28. Mas depois de eu haver ressuscitado, irei adiante de vós para a Galileia.
29. E Pedro lhe disse:
Ainda que todos se ofendam, não porém eu.
30. E disse-lhe Jesus:
Em verdade te digo, que hoje, nesta noite, antes que o galo cante duas vezes, me negarás três vezes.
31. Mas ele muito mais dizia:
Ainda que me seja necessário morrer contigo, em maneira nenhuma te negarei.
E todos diziam também da mesma maneira.
32. E vieram ao lugar, cujo nome era Getsêmani, e disse a seus discípulos:
Sentai-vos aqui, enquanto eu oro.
33. E tomou consigo a Pedro, e a Tiago, e a João, e começou a se apavorar, e a angustiar-se em grande maneira.
34. E disse-lhes:
Minha alma totalmente está triste até a morte; ficai-vos aqui, e vigiai.
35. E indo-se um pouco mais adiante, prostrou-se em terra; e orou, que se fosse possível, passasse dele aquela hora.
36. E disse:
Aba, Pai, todas as coisas te são possíveis; passa de mim este copo; porém não [se faça] o que eu quero, mas sim o que tu [queres].
37. Então veio, e os achou dormindo; e disse a Pedro:
Simão, estás dormindo? Não podes vigiar uma hora?

38. Vigiai, e orai, para que não entreis em tentação; o espírito em verdade [está] pronto, mas a carne [é] fraca.
39. E indo novamente, orou, dizendo as mesmas palavras.
40. E voltando, achou-os outra vez dormindo; porque seus olhos estavam pesados, e não sabiam o que lhe responder.
41. E veio a terceira vez, e disse-lhes:
Dormi já e descansai. Basta, vinda é a hora. Eis que o Filho do homem é entregue em mãos dos pecadores.
42. Levantai-vos, vamos; eis que o que me trai está perto.
43. E logo, falando ele ainda, veio Judas, que era um dos doze, e com ele uma grande multidão, com espadas e bastões, da parte dos chefes dos sacerdotes, e dos escribas, e dos anciãos.
44. E o que o traía lhes tinha dado um sinal comum, dizendo:
Ao que eu beijar, é esse; prendei-o, e levai-o em segurança.
45. E quando veio, logo foi-se a ele, e disse-lhe:
Rabi, Rabi, e o beijou.
46. E lançaram suas mãos nele, e o prenderam.
47. E um dos que estavam presentes ali puxando a espada, feriu ao servo do sumo sacerdote, e cortou-lhe a orelha.
48. E respondendo Jesus, disse-lhes:
Como a assaltante, com espadas e bastões, saístes para me prender?
49. Todo dia convosco estava no Templo ensinando, e não me prendestes; mas [assim se faz] para que as Escrituras se cumpram.
50. Então, deixando-o, todos fugiram.
51. E um certo rapaz o seguia, envolto em um lençol sobre o [corpo] nu. E os rapazes o seguraram.
52. E ele, largando o lençol, fugiu deles nu.

53. E levaram Jesus ao sumo sacerdote; e juntaram-se a ele todos os chefes dos sacerdotes, e os anciãos, e os escribas.
54. E Pedro o seguiu de longe até dentro da sala do sumo sacerdote, e estava sentado juntamente com os trabalhadores, e esquentando-se ao fogo.
55. E os chefes dos sacerdotes, e todo o tribunal buscavam [algum] testemunho contra Jesus, para o matarem, e não [o] achavam.
56. Porque muitos testemunhavam falsamente contra ele; mas os testemunhos não concordavam entre si.
57. E levantando-se uns testemunhava falsamente contra ele, dizendo:
58. Nós o ouvimos dizer:
Eu derrubarei este templo feito de mãos, e em três dias edificarei outro, feito sem mãos.
59. E nem assim era o testemunho deles concordante.
60. E levantando-se o sumo sacerdote no meio, perguntou a Jesus, dizendo:
Não respondes nada? Que testemunham estes contra ti?
61. Mas ele calava, e nada respondeu. O sumo sacerdote voltou a lhe perguntar, e disse-lhe:
Tu és o Cristo, o Filho do [Deus] bendito?
62. E Jesus disse:
Eu sou; e vereis ao Filho do homem sentado à direita do poder [de Deus], e vir nas nuvens do céu.
63. E o sumo sacerdote, rasgando suas roupas, disse:
Para que mais necessitamos de testemunhas?
64. Tendes ouvido a blasfêmia; que vos parece?
E todos o condenaram por culpado de morte.

65. E alguns começaram a cuspir nele, e a cobrir-lhe o rosto; e a dar-lhe de socos, e dizer-lhe:
Profetiza.
E os trabalhadores lhe davam bofetadas.
66. E estando Pedro embaixo na sala, veio uma das servas do sumo sacerdote;
67. E vendo a Pedro, que se sentava esquentando, olhou para ele, e disse:
Também tu estavas com Jesus o Nazareno.
68. Mas ele o negou, dizendo:
Não [o] conheço, nem sei o que dizes:
E saiu-se fora ao alpendre; e cantou o galo.
69. E a serva vendo-o outra vez, começou a dizer aos que ali estavam:
Este é um deles.
70. Mas ele o negou outra vez. E pouco depois disseram os que ali estavam outra vez a Pedro:
Verdadeiramente tu és um deles; pois também és galileu, e tua fala é semelhante.
71. E ele começou a amaldiçoar e a jurar, [dizendo]:
Não conheço a esse homem que dizeis.
72. E o galo cantou a segunda vez. E Pedro se lembrou da palavra que Jesus lhe tinha dito:
Antes que o galo cante duas vezes, tu me negarás três vezes.
E retirando-se dali, chorou.

Capítulo 15

1. E logo ao amanhecer, os sumos sacerdotes tiveram conselho com os anciãos, e com os escribas, e com todo o tribunal; e amarrando a Jesus, levaram[-no] e [o] entregaram a Pilatos.
2. E perguntou-lhe Pilatos:
És tu o Rei dos Judeus?

E respondendo ele, disse-lhe:
Tu o dizes.
3. E os chefes dos sacerdotes o acusavam de muitas coisas, porém ele nada respondia.
4. E outra vez Pilatos lhe perguntou, dizendo:
Não respondes nada? Olha quantas [coisas] testemunham contra ti!
5. Mas Jesus nada mais respondeu; de maneira que Pilatos se maravilhava.
6. E na festa [Pilatos] lhes soltava um preso, qualquer que eles pedissem.
7. E havia um chamado Barrabás, preso com [outros] revoltosos, que em uma rebelião tinha cometido uma morte.
8. E a multidão, dando gritos, começou a pedir [que fizesse] como sempre lhes tinha feito.
9. E Pilatos lhes respondeu, dizendo:
Quereis que vos solte ao Rei dos Judeus?
10. (Porque ele sabia, que os chefes dos sacerdotes o entregaram por inveja).
11. Mas os Príncipes dos Sacerdotes agitaram a multidão, para que, ao invés disso, lhes soltasse a Barrabás.
12. E respondendo Pilatos, disse-lhes outra vez:
Que pois quereis que eu faça do que chamais Rei dos Judeus?
13. E eles voltaram a clamar:
Crucifica-o!
14. Mas Pilatos lhes disse:
Pois que mal ele fez?
E eles clamavam ainda mais:
Crucifica-o!
15. Mas Pilatos, querendo satisfazer à multidão, soltou-lhes a Barrabás, e entregou a Jesus açoitado, para que fosse crucificado.

16. E os soldados o levaram para dentro da sala, que é o tribunal; e convocaram toda a tropa.
17. E o vestiram de vermelho; e tecendo uma coroa de espinhos, puseram-na em sua [cabeça].
18. E começaram a saudá-lo, [dizendo]:
Alegra-te, Rei dos Judeus!
19. E feriram sua cabeça com uma cana, e cuspiam nele, e prostrados de joelhos, o adoravam.
20. E havendo o escarnecido, despiram-lhe a [capa] vermelha, e o vestiram de suas próprias roupas, e o levaram fora, para o crucificarem.
21. E forçaram a um Simão cireneu, que passava [por ali], e vinha do campo, o pai de Alexandre e de Rufo, que levasse sua cruz.
22. E o levaram ao lugar de Gólgota, que traduzido é: o lugar da caveira.
23. E deram-lhe a beber vinho misturado com mirra; mas ele não [o] tomou.
24. E havendo o crucificado, repartiram suas roupas, lançando sortes sobre elas, quem levaria cada uma [delas].
25. E era a hora terceira, e o crucificaram.
26. E a descrição de sua causa estava por cima [dele] escrita: O REI DOS JUDEUS.
27. E crucificaram com ele dois ladrões, um à sua direita, e outro à esquerda.
28. E cumpriu-se a Escritura que diz:
E foi contado com os malfeitores.
29. E os que passavam, blasfemavam dele, balançando suas cabeças, e dizendo:
Ah! tu que derrubas o templo, e em três dias o edificas;
30. Salva-te a ti mesmo, e desce da cruz!
31. E da mesma maneira também os chefes dos sacerdotes, com os escribas, diziam uns para os outros, escarnecendo:

Ele salvou a outros, a si mesmo não pode salvar!
32. Que o Cristo, o Rei de Israel, desça agora da cruz, para que o vejamos, e creiamos!
Os que estavam crucificados com ele também o insultavam.
33. E vinda a hora sexta, foram feitas trevas sobre toda a terra, até a hora nona.
34. E à hora nona, Jesus exclamou com grande voz, dizendo:
ELOÍ, ELOÍ, LAMÁ SABACTÂNI, que traduzido é:
Deus meu, Deus meu, por que me desamparaste?
35. E ouvindo uns dos que ali estavam, diziam:
Eis que ele chama a Elias.
36. E correu um, e encheu de vinagre uma esponja, e pondo-a em uma cana, dava-lhe de beber, dizendo: Deixai, vejamos se Elias virá para tirá-lo.
37. E Jesus, dando uma grande voz, expirou.
38. E o véu do Templo se rasgou em dois do alto abaixo.
39. E o centurião, que estava ali em frente dele, vendo que expirara clamando assim, disse:
Verdadeiramente este homem era Filho de Deus.
40. E também estavam ali [algumas] mulheres olhando de longe, entre as quais estava também Maria Madalena, e Maria (mãe de Tiago o menor e de José), e Salomé.
41. As quais também, estando ele na Galileia, o seguiam, e o serviam; e outras muitas, que tinham subido com ele a Jerusalém.
42. E vinda já a tarde, porque era a preparação, que é o dia antes de sábado;
43. Veio José de Arimateia, honrado membro do conselho, que também esperava o Reino de Deus, e com ousadia foi até Pilatos, e pediu o corpo de Jesus.

44. E Pilatos se maravilhou de que já fosse morto. E chamando a si ao centurião, perguntou-lhe se era morto já havia muito [tempo].
45. E havendo sido explicado pelo centurião, deu o corpo a José.
46. O qual comprou um lençol fino, e tirando-o [da cruz], envolveu-o no lençol fino, e o pôs em um sepulcro escavado em uma rocha, e revolveu uma pedra à porta do sepulcro.
47. E Maria Madalena, e Maria [mãe] de José, olhavam onde o puseram.

Capítulo 16

1. E passado o sábado, Maria Madalena, e Maria [mãe] de Tiago, e Salomé, compraram especiarias, para virem, e o ungirem.
2. E manhã muito [cedo], o primeiro dia da semana, vieram ao sepulcro, o sol já saindo.
3. E diziam umas às outras:
Quem nos revolverá a pedra da porta do sepulcro?
4. Porque era muito grande. E observando, viram que já a pedra estava revolta.
5. E entrando no sepulcro, viram um rapaz sentado à direita, vestido de uma roupa comprida branca; e [elas] se espantaram.
6. Mas ele lhes disse:
Não vos espanteis; buscais a Jesus Nazareno crucificado; ele já ressuscitou; não está aqui; eis aqui o lugar onde o puseram.
7. Porém ide, dizei a seus discípulos e a Pedro, que ele vos vai adiante para a Galileia; ali o vereis, como ele vos disse.

8. E elas, saindo apressadamente, fugiram do sepulcro; porque o temor e espanto as tinha tomado; e não diziam nada a ninguém, porque temiam.
9. E [Jesus], tendo ressuscitado pela manhã, [n]o primeiro da semana, apareceu primeiramente a Maria Madalena, da qual tinha expulsado sete demônios.
10. Esta, tendo indo, anunciou aos que estiveram com ele, os quais estavam tristes e chorando.
11. E eles, ao ouvirem ouvindo que ele vivia, e [que] tinha sido visto por ela, não creram.
12. E depois se manifestou em outra forma a dois deles, que iam pelo caminho para o campo.
13. E estes, indo, anunciaram aos outros; [porém] nem ainda creram nestes [dois].
14. Finalmente se manifestou aos onze, estando eles juntamente sentados, e repreendeu [pela] incredulidade e dureza de coração deles, por não terem crido nos que já o tinham visto ressuscitado.
15. E disse-lhes:
Ide por todo o mundo, pregai o Evangelho a toda criatura.
16. Quem crer e for batizado será salvo; mas quem não crer será condenado.
17. E estes sinais seguirão aos que crerem: em meu nome expulsarão demônios; falarão novas línguas;
18. Pegarão serpentes com as mãos; e se beberem alguma coisa mortífera, não lhes fará dano algum; porão as mãos sobre os enfermos, e sararão.
19. Então o Senhor, depois de ter lhes falado, foi recebido acima no céu, e sentou-se à direita de Deus.

20. E eles saíram e pregaram por todas as partes, o Senhor operando com eles, e confirmando a palavra com os sinais que se seguiam. Amém.[71]

---

71 https://sites.google.com/site/biblialivre/biblia/marcos; acesso em 10 de abril de 2015. Licença de uso: Esta obra está sob a licença Creative Commons Atribuição 3.0 Brasil, ou seja, todos têm a liberdade de fazer cópias gratuitamente e de distribuí-las (inclusive para fins lucrativos), em seu conteúdo total e parcial. Além disso, todos podem criar de obras derivadas; Título: Bíblia Livre; Nome do revisor: Diego Renato dos Santos; Fonte: http://sites.google.com/site/biblialivre/; Licença: Creative Commons Atribuição 3.0 Brasil. Se houver restrição de espaço, basta usar a sigla BLIVRE. Um resumo da licença Creative Commons Atribuição 3.0 Brasil pode ser visto em: http://creativecommons.org/licenses/by/3.0/br/ e a versão oficial se encontra em: http://creativecommons.org/licenses/by/3.0/br/legalcode.

Rua Agostinho Gomes, 2.312 – SP
55 11 3577-3200

grafica@vidaeconsciencia.com.br
www.vidaeconsciencia.com.br